Dorothe Zürcher

Stabilitas loci – Der Weg der Wiborada

Historischer Roman

Die Veröffentlichung dieses Romans wurde verdankenswerterweise finanziell unterstützt durch die Kulturförderung von Stadt und Kanton St. Gallen.

Kanton St.Gallen
Kulturförderung

//st.gallen

Umschlagbild: CodSang602, S298, Wiborada im Gespräch mit Salomo III
Umschlaggestaltung: © Ulinne Design, Neuenkirchen
Satz: Fritz Frey, IL-Verlag, Basel
ISBN: 978-3-906240-78-7

Dorothe Zürcher

Stabilitas loci –
Der Weg der Wiborada

Historischer Roman

Wiborada
angeklagt, eingemauert,
heiliggesprochen

Anmerkung der Autorin:

Im Mittelalter kannte man noch keine allgemeingültigen Rechtschreibregeln. Der Ort Zürich zum Beispiel wird im 9. Jh. Turegum, Turico, aber auch Zurich geschrieben. Ich habe mich jeweils an die dem Deutschen am ähnlichste Version gehalten. Oft sind die Ortsnamen jedoch nur auf Lateinisch überliefert. Nach Anfragen beim „Schweizerisches Idiotikon. Wörterbuch der schweizerdeutschen Sprache" hat This Fetzer speziell für diesen Roman einige althochdeutsche Namen rekonstruiert, wofür ich ihm ganz herzlich danke. Ein Ortsverzeichnis, Personenverzeichnis sowie weitere Informationen sind am Schluss des Buches zu finden.

Der Name Wiborada ist die lateinische Form von Vuiberat, wie die Inkluse in den ältesten Quellen genannt wird. Darum benütze ich im Roman diesen Namen.

Neben dem Althochdeutschen hat Wiborada Mittellatein gesprochen. Alle lateinischen Zitate habe ich aus der Vulgata des Hieronymus aus der Biblioteca Augustana entnommen, da es zu umständlich wäre, ihren mittellateinischen Dialekt zu rekonstruieren. Die Nummerierung und deutsche Übersetzung entnahm ich der Einheitsübersetzung Altes und Neues Testament. (Herder)

Und nun wünsche ich viel Freude beim Lesen.

Inhalt

Kindheit und Jugend – Maria und Martha

1 Anno Domini 899 Langobardia

Sie hatte noch nie einen Mann fallen sehen.

Der Bogenschütze drehte sich um seine Achse, spannte sich wie eine Sehne, dann brach er zusammen. Sein Ächzen konnte sie selbst durch den Tumult hindurch hören.

Sie wusste, dass etwas nicht stimmte. Ganz und gar nicht stimmte. Doch sie konnte ihren Blick nicht von dem Mann lassen. Sie hörte weder die Schreie, noch roch sie den Rauch.

‚Wird seine Seele nun in den Himmel kommen?', fragte sie sich und bemerkte erst dann, dass jemand an ihrem Ärmel zupfte.

Der Krieger lehnte an der Wand. Sein Gesicht war weiß, die Haut faltig und trocken.

„Verschwinde Mädchen", krächzte er. Und dann, als würde es ihn alle Kraft kosten, hob er den Arm und streckte ihr einen Dolch entgegen. „Ramm ihn dir in den Bauch, wenn sie kommen", sagte er.

Vuiberats Hand umfasste den kalten, klebrigen Schaft. Und als hätte ihr die Berührung wieder Leben eingeflößt, eilte sie davon, den Wehrgang entlang, hastete an Körbe schleppenden Bauersfrauen vorbei die Treppe runter.

„Vuiberat!" Der Ruf war mehr ein Schrei. Sie hob den Kopf, blickte umher. Da wurde sie am Arm gepackt und mitgezerrt. Ihre Füße verhedderten sich im langen Gewand. Sie prallte gegen ihre Muhme, als sie das Gleichgewicht verlor.

„Woher hast du diesen Dolch?"

„Oben. Ein Mann hat ihn mir gegeben." Ihre Muhme entriss ihn ihr, hielt ihn entschlossen vor sich hin. Zwei Dienerinnen folgten ihnen zielstrebig durch die aufgewühlte Menge, die wie sie zur Kirche drängte. Ein Türflügel stand noch offen. Der Priester schob sie hinein ins kühle Dunkel. Murmelnde Stimmen umfingen sie. Einige Kerzen flackerten auf dem Altar. Ihre Muhme stieß bebende Leiber zur Seite, schob Vuiberat nach vorne. Diese drängte sich an die große Frau heran. Umschlang ihre Taille.

„Bete", befahl die Muhme und drücke sie auf die Knie. „Bete." Und Vuiberats Lippen bewegten sich von selbst: „Pater noster ..."

Mit einem lauten Knall fiel die Pforte hinter ihnen ins Schloss. Aus den Augenwinkeln erkannte Vuiberat, dass der Priester mit zwei Mönchen den Riegel zuschob. Ihre Arme zitterten, als sie sich gegen die mächtigen Türflügel stemmten.

„Bete", wiederholte die Muhme. Gehorsam senkte Vuiberat ihren Kopf. „Adveniat regnum tuum." Die Worte flossen in das Gemurmel, hüllten sie ein, überdeckten die Schreie, die von draußen hereindrangen. Nur das flackernde Licht der Feuersbrunst, das durch die Fensterschlitze drang, zuckte unruhig über die versammelte Menge.

Die Kälte drang durch ihre Knie in ihren Körper.

„Sed libera nos a malo." Hinter ihnen schluchzte jemand. Kurz fuhr die warme Hand ihrer Muhme über ihren Rücken. „Pater noster ..."

Vuiberat schloss ihre Augen. Zauberworte. Worte, in denen all ihre Hoffnung lag. „Sanctificetur nomen tuum."

Der erste Schlag gegen die Pforte hallte weit in den Raum hinein. Dann folgten weitere. Jemand schrie auf. Rufe und Jammern übertönten die Schreie.

Eine warme Hand legte sich auf ihren Nacken. „Bete, Vuiberat."

„Fiat voluntas tua, sicut in caelo, et in terra." Ihre Stimmen wurden lauter, versuchten den Hall der Schläge zu übertönen.

Als das Jammern anhielt, zog die Muhme sie an sich, drückte Vuiberats Kopf an die Brust und hielt ihr die Ohren zu.

„Pater noster ..." Vuiberat hörte ihre Stimme im Kopf. So klar tönte sie jetzt. Sie betete in den schnellen Herzschlag der Muhme hinein. Staub rieselte im Rhythmus der Schläge von der Decke.

„... sicut et nos dimisimus debitoribus nostris." Worte wie Zauberworte.

Die Muhme zitterte.

„Die Tür brennt!" Der Schrei hallte vielfach durch den Raum. Kreischende Frauen hasteten an ihnen vorbei, stolperten über ihre Beine, drängten sich hinter den Altar. Die Finger der Muhme drückten sich in ihre Schultern. Der wollene Stoff ihrer Tunika roch nach Schweiß.

„Sanctificetur nomen tuum." Vuiberats Lippen bewegten sich von selbst. Sie sah den Priester nicht, wie er mit erhobenem Kreuz zur Pforte schritt.

Sie hörte nur das Bersten, als ein Teil des Türflügels wegbrach. Begleitet von einem mehrfachen Aufschrei.

Die Muhme schluchzte, ihre Brust hob und senkte sich.

Das Holz brach auseinander. Brüllend drangen die Ungaren in die Kirche ein. Der Priester fiel mit gespaltenem Schädel.

Mit einem Aufschrei drückte die Muhme sie fester an sich, umklammerte sie so stark, dass ihr das Atmen schwerfiel. Sie versuchte, sich dem Griff zu entwinden, zappelte mit den Beinen. Dann wurde Vuiberat gepackt, weggezerrt. Das Schreien und Klagen um sie herum überflutete sie. Hände drückten sie zu Boden, rissen an ihren Kleidern, pressten ihre Schenkel auseinander. Sie bäumte sich auf, schrie jetzt auch. Jemand schlug ihren Kopf gegen den Steinboden. Es flimmerte vor ihren Augen, als ein Dolch zwischen ihre Beine drang. Sie heulte auf, versuchte, den Krieger von sich runterzustoßen. Er rammte sie wieder und wieder. Sein schwerer Leib presste den Atem aus ihr heraus.

Neben ihr verklangen die Schreie ihrer Muhme, die hochgerissen und weggeschleift wurde.

Rhythmisch schlug ihr Kopf gegen die Steinstufe zum Altar, bis ihr Geist in der Dunkelheit versank.

Als erstes roch sie den Rauch. Er kratzte in ihrer trockenen Kehle. Schließlich musste sie husten. Ihr Kopf brannte, ihr Schoß schmerzte. Wimmernd stützte sie sich auf und blickte umher. Leiber bedeckten den Kirchenboden. Mit verdrehten Gliedern, aufgerissenen Mündern, gebrochenen Augen. Nackte Verrenktheit, nur zerrissene Stofffetzen hingen dran. Vuiberat erhob sich schwankend. Erst jetzt stieg ihr der Gestank nach geronnenem Blut in die Nase. Sie japste, dann beugte sie sich nach vorne und erbrach sich. Speichel klebte auf Kinn und Hals. Mit schweißnassem Gesicht erhob sie sich.

„Muhme?“, fragte sie leise, schluckte den galligen Geschmack hinunter, hielt ihre zerrissene Tunika zusammen und stieg über erstarrte Glieder. Sie erkannte den dicken, braunen Zopf einer Dienerin, eine tiefe Wunde klaffte in ihrer Brust. Neben ihr lag nackt die andere.

„Muhme?“

Weiter hinten wimmerte jemand. Ein weiterer Schwall Rauch drang durch die Pforte herein. Ein Torflügel hing schräg und angekohlt in der Halterung. Dunkle Schwaden verdeckten die Sicht, draußen knackte das brennende Holz. So stellte sie sich das Tor zur Hölle vor.

Als sie darauf zuwankte, schepperte es plötzlich unter ihren Füßen. Sie war auf das metallene Kreuz getreten. Vorsichtig bückte sie sich, durch ihren Unterleib zuckte der Schmerz. Warmes Blut rann an ihren Schenkeln hinunter. Sie hob das Kreuz auf. Schwer lag es in ihren Händen. Das unruhige Licht der Flammen widerspiegelte sich im stumpfen Metall.

Vuiberat drehte sich um, stieg über die starren Leiber, wankte die Treppe hoch zum Altar und stellte es darauf.

Lautlos sank sie auf die Knie, senkte den Kopf und faltete die Hände.

„Pater noster", klang es rau aus ihrer Kehle. Sie räusperte sich. „Pater noster, qui in caelis es", klang die helle Stimme durch den hohen Raum.

2 Anno Domini 901 Turgouwi

„Schau nach, ob Gertrud Fleisch in der Suppe mitkocht." Sigrid verknotete die Fäden am Gewebe. Hitto sollte am Abend vor seiner Abreise ins Kloster noch etwas Richtiges essen.

„Ja, Mutter." Vuiberat legte ihre Spindel beiseite und eilte davon.

Sigrid schaute ihr nach, beobachtete, wie sie mit ihren dünnen Ärmchen ein Tuch um ihre langen, braunen Haare schlang.

‚Als wäre sie schon verheiratet', dachte sie. Seltsam war das Mädchen geworden, so ruhig und gehorsam. Und sie betete dauernd, aß nichts.

„Früher hast du dich immer beklagt, dass sie aufmüpfig und wild ist", hatte Hadamar ihr vorgeworfen. Aber jetzt ...

Wenn sie nur nicht so wird wie die jüngste Schwester. Die hatte sich geweigert die Hofkapelle zu verlassen, wollte nur noch beten. Und dann vergangenen Winter lag sie tot auf dem kalten Boden vor dem Altar.

Das dritte Kind, das sie zu Grabe trug. Sigrid seufzte. Mit den Kindern, das war ein Kreuz.

Von einem Wunder Gottes hatte man gesprochen, als man Vuiberat fand, dort in der Langobardia. Betend in der Kirche, mit zerrissenem Kleid und blutigen Schenkeln. Daneben all die Toten und Verletzten. Die Muhme lag erschlagen vor der Kirche.

Ein Wunder sei es - aber die ganze südliche Hunfrid-Sippe tot. Von den Barbaren niedergemetzelt. In der Wiege hatten sie Vuiberat dem Zweitältesten der Hunfriden versprochen. Ihr erster Sohn gehöre der Kirche, die Töchter den Freiklingen und Hunfriden, so war es ausgehandelt. Und jetzt stand Vuiberat ohne Gatten da. Und Hadamar - anstatt einen Mann für die Tochter zu suchen - hat nichts Besseres zu tun, als dem Ruf des Herzogs zu folgen und in den Kampf gegen die Barbaren zu ziehen. Er, selber ein Zweitältester ohne Erbe, musste sich seine Ländereien im Krieg verdienen und ließ die Familie bei seinem Bruder zurück.

Sigrid nahm Vuiberats Spinnzeug, klemmte sich den Rocken unter den Arm, zog an den daran herumgewickelten Wollfasern und drehte die Spindel.

„Die Weiber sterben ja dauernd im Kindbett weg", hatte Hadamar erklärt. „Da wird einer schon mal wieder eine Frau wollen."

Und nun aß Vuiberat nichts mehr, seit sie wieder im Fronhof weilte, wurde immer dünner. So eine nahm man nicht ohne weiteres.

Vuiberat lehnte im Hof an der Wand des Frauenhauses. Die Schwere auf ihr drückte ihren Rücken gegen den Lehmverputz, ließ die Füße im Boden versinken. Reglos schaute sie ins Nichts. Die Knechte, die weiter vorne die Schweine zur Eichelmast trieben, bemerkten sie nicht. Sie wurde zur Wand. Sie wurde leicht.

Die Mutter mochte es nicht, wenn sie nur herumstand. Der Wind fuhr durch Umhang und Tunika, kühlte sie aus. Der Wand machte die Kälte nichts aus.

Etwas in ihr regte sich, befahl, sie solle sich bewegen. Langsam bohrte sie sich den Nagel ihres Zeigefingers in den Unterarm. Der Schmerz trennte sie von der Wand. Sie kratzte über ihren Arm. Die Haut blieb an ihren Fingernägeln hängen. Erst jetzt konnte sie die Füße lösen, stampfen. Sie wickelte ihren Umhang enger um sich, kratzte nochmals über ihre Arme und schüttelte sich. Da legte sich die Schwere auch schon wieder auf sie. Besser, sie ging in die Kapelle und betete, versenkte ihren Geist im Zauber Seiner Worte.

Als sie sich wegdrehte, sah sie eine Gestalt auf sich zukommen und zuckte zusammen. Erleichtert erkannte sie den Bruder. Der Priester musste ihn früher entlassen haben. Hitto umarmte sie, hob sie hoch, wirbelte sie herum, und die Schwere flog davon.

„Hast du den Segen für die Reise bekommen?", fragte sie.

Hitto schüttelte den Kopf. „Der Priester hat Hartlieb eine Ohrfeige gegeben, weil er ihm den elften Psalm nicht aufsagen konnte. Dann hat er uns aus der Kirche gescheucht.“

Vuiberat zupfte ihr Kopftuch zurecht. Gestern hatte sie Hartlieb in den Finger gebissen, weil er ihr eine Brotkrume entwunden hatte. Sie würde ihn nachher suchen und ihm den elften Psalm ins Gesicht sagen. Wahrscheinlich schlich er vor dem Herrenhaus umher und versuchte, Berta aufzulauern.

„Ist der Onkel schon zurück?“, fragte Hitto und sah sich vorsichtig um, als würde der Onkel gleich auf ihn losstürmen. Vuiberat schüttelte den Kopf, schüttelte die Kälte aus ihrem Körper. Der Onkel jagte noch den Keiler, der letzthin das Gerstenfeld durchwühlt hatte.

„Wie bist du den Argusaugen deiner Mutter entkommen?“

„Sie sinniert darüber, mit wem sie mich als nächstes vermählen soll“, antwortete sie. „Dann unterrichtete euch der Priester gar nicht?“

„Allemal hat er das. Dauernd die Psalmen. Als gäbe es nichts Wichtigeres auf der Welt.“

Sie schob den Umhang zurecht. Das Wort des Herrn. Es führte ihren Geist ins Paradies.

„Welche Psalmen?“

„Ich weiß etwas Besseres. Komm.“ Hitto nahm sie bei der Hand und führte sie hinter das Herrenhaus.

„Wenn im Kloster Pilger rasten“, sagte sie, „die die heiligen Gräber der Apostel aufsuchten. Wirst du dann ...“

„Aber sicher“, unterbrach Hitto sie. „Ich werde dir berichten, und wenn wir groß sind ...“ Er blinzelte ihr zu. Zusammen würden sie an den Gräbern der Apostel beten, das hatte er ihr versprochen, nachdem Vuiberat aus der Langobardia zurückgebracht worden war. Hitto bückte sich, nahm einen Stecken auf und zeichnete Linien in den aufgeweichten Boden.

„Im Kloster werden die Mönche uns die Psalmen zum Lesen geben. So lernt man sie besser, als wenn sie nur vorgesprochen werden."

„Du wirst auf Pergament das Wort des Herrn entziffern." Sie strich sich über die Unterarme, die Kratzer schmerzten kaum.

„Das hier ist ein A. Der erste Buchstabe des Alphabetes und nun schau." Schnell zog er mit dem Stecken unterschiedliche Linien durch den Grund. „Quare turbabuntur gentes – warum toben die Völker? So fängt der zweite Psalm an, du kennst ihn schon."

Vuiberat starrte auf die Zeichen im Dreck. Hitto hielt ihr den Stecken hin. „Zeichne es nach", forderte er sie auf. Sie nahm den Stecken in die Hand, drehte ihn zwischen den Fingern.

„Mädchen dürfen weder lesen noch schreiben lernen", sagte sie.

Hitto lachte. „Ihr dürft die Klosterschule nicht besuchen, weil sich die Mönche sonst nicht mehr konzentrieren können."

Vuiberat schaute weg. „Willst du wissen, was die Mönche alles vor und nach ihren vielen Gebeten so treiben?" Hitto schaute sie herausfordernd an. Sie gab ihm den Stecken zurück. „Es ist das Wort Gottes", sagte sie. „Ich will es nicht im Dreck sehen. Jeder kann es zertreten. Rezitiere den Psalm, ich lerne ihn lieber so."

„Du willst nicht lesen lernen?"

Vuiberat zögerte, betrachtete die Zeichen zu ihren Füßen. „Nicht so", antwortete sie leise.

*

„... und der heilige Gallus zündete die Tempel der Heiden an und versenkte ihre Opfergaben im See“, flüsterte ihr Hitto ins Ohr.

„Jetzt zünden die Ungaren unsere Kirchen an“, erwiderte Vuiberat.

„Und die Heiden wurden wütend und wollten Gallus und Columban umbringen.“

Vuiberat schloss die Augen. Ihr Bruder konnte es in der Dunkelheit nicht erkennen. Eng aneinander gekuschelt lagen sie unter den Fellen auf dem Stroh. Neben ihnen schnarchte Gertrud mit Kebini, ihrer Tochter, im Arm. Die Mutter weilte noch bei der Schwägerin im Frauenhaus. Diese hatte wieder starke Schmerzen.

„Wenn ich Gallus gewesen wäre, hätte ich die Heiden dem Feuer übergeben. Doch er verließ den widerspenstigen Haufen und reiste nach Arbon.“

„Würdest du unseren Köhler verbrennen?“

„Warum?“

„Er trägt Amulette mit den alten Zeichen drauf. Gewisse hat er in seinen Arm geritzt und ich glaube, zur Sonnenwende, da schneidet er Tiere auf, um in ihren Eingeweiden zu lesen. Zudem hängt er rote Fäden an die Eiche hinter dem Herrenhaus.“

„Das macht doch jeder hier, um böse Geister fernzuhalten. Gallus‘ Heiden, die waren wirklich grausam.“

„Wo lebten diese Heiden?“

„An einem See.“

„Ah, am See.“

„Nicht der Bodemsê, ein anderer ein paar Tagesreisen entfernt von hier. Jedenfalls wanderten die Mönche nach Bregenze, tauften die Menschen und verweilten eine Weile dort. Columban zog weiter in den Süden. Gallus blieb hier.“

„Warum?“

„Um das Kloster zu gründen. Das war ein Gottesauftrag. Herzog Gunzo wollte ihn sogar zum Bischof von Chostinze weihen, er lehnte aber ab.“

Vuiberat legte sich bequemer hin. „Jetzt ist Salomo Abt von Sante Gallen und Bischof von Chostinze.“

„Aber Gallus war ein Heiliger. Wenn so einer gegen die Heiden vorgeht!“

Vuiberat stimmte ihm zu, damit sie Ruhe hatte. Von Gallus konnte Hitto Tag und Nacht schwärmen, sich ausmalen, wie er die Tempel zerstörte. Ganz anders die kleine Schwester. Gott sei ihrer Seele gnädig.

„Erzähle mir von Martha und Maria“, hatte Atha gebettelt, wenn sie so wie jetzt aneinander gekuschelt unter der Felldecke lagen.

„Jesus war bei Maria und Martha von Bethanien zu Besuch“, hatte Vuiberat begonnen.

„Wo waren deren Kinder und Männer?“, unterbrach sie die Schwester.

„Sie waren nicht verheiratet und bewirtschafteten zusammen einen großen Hof.“

„Sie alleine?“, fragte Atha.

„Vielleicht waren sie Witwen. Jedenfalls wurden sie von Jesus besucht. Und er erzählte viele Gleichnisse.“

„Das sind gleiche Geschichten, oder?“, hatte Atha wissen wollen.

„Ja, es sind Geschichten. Maria saß zu seinen Füssen und Martha ...“

„Sollen wir die Geschichte spielen?“ Das wollte die Schwester dauernd. „Ich bin Maria und du ...“

„Nein, wir spielen nicht. Willst du jetzt die Geschichte hören?“ Die Schwester kroch näher an sie heran. Sonst verhielt sie sich immer ruhig und zurückhaltend. Aber die Geschichte von Maria und Martha machte sie ganz ruhelos.

„Baten Maria und Martha Jesus um Erlösung?“, hatte sie Vuiberat einmal gefragt.

„Welche Erlösung?“

„Die Erlösung vom Erdendasein“, hatte Atha geflüstert.

Die Erlösung vom Erdendasein. Vuiberat strich über ihre zerkratzten Unterarme. Gerne wäre sie jetzt in die Kapelle gegangen, hätte sich hingesetzt und ins Nichts geschaut wie Atha. Aber Atha hatte ihr aufgetragen, Martha zu spielen. Martha, die Jesus bediente und nicht zu seinen Füssen saß und seinen Geschichten lauschte. Atha wollte Maria spielen. Stundenlang war sie auf dem Boden der Kapelle zu Füssen Jesu gesessen und hatte dem Singen der Engel gelauscht, wie sie behauptete. Bis sie von dort nie mehr aufgestanden war.

Vuiberat schob ihr Tuch im Nacken zurecht, damit das Stroh nicht mehr pikte. „Denkst du manchmal noch an Atha?“, fragte sie Hitto.

„Welche Atha?“

„Unsere Schwester.“

Hitto zog sie näher an sich. „Lass es gut sein. Die Toten sind tot“, sagte er. „Schlaf jetzt.“

Aber Vuiberat machte kein Auge zu. Morgen würde ihr Bruder ins Kloster gehen. Zwei Tagesreisen von hier. Wer würde sie dann das Wort des Herrn lehren?

3 Anno Domini 903 Turgouwi

Die Sonne blendete, schien erbarmungslos. Trotzdem konnte Kebini ihren Blick nicht von der vor ihr reitenden Vuiberat wenden. Ihr Schleier war mit glitzernden Goldfäden durchzogen. Schade, dass sie von hier hinten weder die silberne Nadel bestaunen konnte, die den Schleier an der rechten Schulter zusammenhielt, noch die funkelnden Kugelkopfnadeln an Vuiberats Haarnetz. Herrin Sigrid hatte Vuiberat mehrere Glasperlenketten umgehängt und ihr die Scheibenfibel mit den roten Steinen geliehen. Das Gehänge am Gürtel war mit Amuletten und sogar einem Weinsieb ausgestattet worden. Beim Reiten hing es über die Fersen hinab und klirrte bei jedem Schritt. Auch die mit silbernen Beschlägen bestückten Strumpfbänder blitzten im Seitenschlitz der Tunika auf. Ihre Herrin sah wunderschön aus!

Selbst der Herr, Albrich, hatte sie ehrfürchtig im Hof begrüßt und ihr kurz auf den Hintern geklapst, als er meinte, niemand sehe hin.

„Die Kleine wird flügge“, hatte er spöttisch erklärt und die zurückschreckende Vuiberat in die Wange gekniffen.

Nun waren sie alle unterwegs zur Messe, vorweg Albrich und Beata, als Freileute auf dem Pferd reitend, mit ihrem Tross, gefolgt von Sigrid und ihren Dienerinnen.

Kebini hob ihre Tunika, sprang auf einen nächsten Stein. Den Umhang hielt sie geöffnet. Nach tagelangem Regen war der Weg sumpfig geworden. Jetzt lag die feuchte Luft schwer und üppig über der Erde. Kebini sah, wie Vuiberat sich zum wiederholten Male den Schweiß von der Stirn strich. Ihre Armreifen klimperten dabei. Dann fasste sie sich wieder ins Kreuz. Steif saß sie auf dem Pferd, verweigerte die sanfte Vor- und Rückwärtsbewegung auf dessen Rücken. Kebini hatte auch schon auf einem Pferd sitzen dürfen. Zusammen mit den Herrenkindern. Sie liebte den schwankenden Gang, passte sich ohne Zögern der Bewegung an. Im Gegensatz zu Vuiberat.

Dabei war der Weg weit und Sigrid trieb zur Eile. Zwei Freiherren aus Chostinze würden die Messe besuchen, und dann kamen noch die Marstettin aus dem nahen Fronhof. Kebini kannte die ganze Sippe. Zwei Söhne aus erster Ehe, die eben von ihrem ersten Feldzug zurückgekehrt waren, und die vier kleinen aus zweiter Ehe. Wilde Bengel, an deren Wangen schon einzelne Barthaare sprossen. Herrin Sigrid beabsichtigte sicherlich, sich zuvorderst hinzustellen, damit alle Vuiberat bestaunen konnten.

Vuiberats Brauner strauchelte. Mit den Händen hielt sich Vuiberat am Sattel fest. Kebini eilte zu ihr hin und griff ins Zaumzeug. Sonst war die Herrin nicht so ungeschickt!

Sie beruhigte das Pferd. Ihre Herrin schüttelte sich, als ob sie aus einem Traum erwachte, fuhr mit den Händen über das Gesicht, nahm die Zügel in eine Hand und schlug damit auf ihre Oberschenkel. Erschrocken wich Kebini zurück, wollte ihr schon zurufen, sie solle dies lassen, als Vuiberat sich zu Boden gleiten ließ.

„Passt auf!“, rief Kebini und deutete auf den Morast, in den Vuiberats aus feinem Leder genähte Schuhe sogleich versanken.

„Vuiberat“, ihre Mutter hatte sich umgedreht. „Steig auf das Pferd! Sonst kommen wir zu spät und müssen hinten bei den Halbfreien stehen.“

„Der Schlamm ruiniert dir die Schuhe!“, rief Gertrud.

„Es ist zu schwer“, antwortete Vuiberat und riss die Nadel aus dem Schleier, zog das Tuch von den Schultern, öffnete die Scheibenfibel und zerrte die Glasketten über den Kopf.

„Mädchen“, der Ton ihrer Mutter klang drohend, so drohend wie am Morgen, als Vuiberat sich geweigert hatte, die Strumpfbänder anzulegen.

„Manchmal“, hatte Kebini Sigrid zu Gertrud sagen hören, „manchmal denke ich wirklich, dass es wahr ist, was das Gesinde munkelt: Dass Vuiberat seit dem Überfall der Barbaren nur noch ein Geist ist, ein Wiedergänger, ihre Seele harrt gefangen in der Zwischenwelt.“

Kebini machte einen Schritt zurück, tastete nach ihrem Amulett. Vuiberat schaute ihre Mutter an, schaute durch sie hindurch. Die Augen aufgerissen, groß wie Teller. Kebini war, als würden sie alle erstarren, den Blick auf Vuiberats Augen geheftet, die in eine andere Welt blickten wie damals ihre kleine Schwester. Kebini umklammerte ihr Amulett. Die riesigen Augen nahmen sie gefangen, wie schon etliche Male zuvor.

„Ich reite nie mehr“, rief Vuiberat und löste damit den Zauber. Sie streifte sich die Armreifen von den Armen, löste das Haarnetz und ihre braunen Haare fielen über die Schultern. Es schmatzte, als sie den Fuß aus dem Morast zog und zu ihrer Mutter watete. „Nimm den Schmuck. Ich werde nachkommen - zu Fuß.“

„Kind“, Sigrid hatte ihre Augen zusammengezogen. „Du ziehst nicht alleine durch den Wald.“ Drohend hob sie ihre

Gerte. Als Vuiberat ihre Arme schützend hochhob, fielen die Ärmel zurück, ließen die aufgekratzten Arme frei.

„Ich reite nicht mehr. Nie mehr." Vuiberats Blick schweifte in die Ferne. „Ad te Domine animam meam levabo. Deus meus in te confisus sum ne confundar."

‚Zu dir, Herr, erhebe ich meine Seele. Mein Gott auf dich vertraue ich. Lass mich nicht scheitern, lass meine Feinde nicht triumphieren. (Ps 25.1-2)', übersetzte Kebini in Gedanken. Vuiberat hatte den Psalm mit ihr auswendig gelernt.

„Wenn ich nach Rôme pilgerte, werde ich das auch zu Fuß tun, frei von jeder Zier." Vuiberat lächelte, lächelte in eine unbekannte Welt.

Sigrids Augen hatten sich vor Scheck geweitet. Schnell wandte sie sich um. Das Gefolge ihrer Schwägerin verschwand gerade zwischen den Bäumen.

Kebini ahnte, dass Sigrid an ihre jüngste Tochter dachte. Atha, die sie nur noch tot und starr in der Kapelle aufgefunden hatten. Sie hob ihre Tunika.

„Herrin Sigrid!" Kebini eilte zu ihnen hin und umfasste Vuiberats Hand. Sie glühte. „Ich werde Vuiberat begleiten. Der Weg zur Kirche ist ungefährlich."

„Pferd und Schmuck sollen sie zieren, Kebini. Die Edelmänner sollen sie erkennen", rief Gertrud scharf. „Halte du dich zurück!"

„Vuiberat, du tust, was ich dir befehle!", drohte Sigrid. Aber Vuiberat blickte an einen fernen Ort. Kebini drücke ihre Hand. Vuiberat schreckte hoch. „Kein Schmuck. Er ist zu schwer", rief sie, riss ihre Hand los und vergrub ihre Fingernägel in ihrem Unterarm. „Ne laetentur inimici mei sed et universi qui sperant in te non confundantur."

‚Denn niemand, der auf dich hofft, wird zuschanden; zuschanden wird, wer dir schnöde die Treue bricht. (Ps. 25. 3)', übersetzte Kebini von selbst und vermied es, die zerkratzten Arme anzustarren.

„Alles wird gut kommen." Kebini versuchte, der Herrin aufmunternd zuzulächeln. Wiederum ergriff sie Vuiberats Hand, hielt sie eisern fest.

Sigrid starrte auf den stillen Kampf ihrer Hände. Sie war bleich geworden. „Die Freiherren aus Chostinze ..." Sie räusperte sich.

„Wir werden uns beeilen", unterbrach Kebini sie. „Seid unbesorgt. Schließt zu Herrin Beata auf. Sie wird sich schon fragen, was geschehen ist. Und haltet uns in der Kirche einen Platz frei."

Sigrid runzelte die Stirn, betrachtete ihre Tochter, deren abwesenden Blick in die Ferne.

„Nach der Messe geleitest du mich zum Priester. Der Schwarzrock wird dir die Flausen austreiben", sagte sie schroff. „Kebini, achte darauf, dass sie die Ärmel nicht nach hinten schiebt." Sie wendete ihr Pferd und trieb es an. Gertrud eilte hinter ihr her.

Kebini blickte ihnen nach, wie sie zwischen den Bäumen verschwanden. Den Priester würde Herrin Vuiberat mit ihren vielen Psalmenworten schnell auf ihre Seite bringen. Selbst Albrich, der Herr, bestrafte sie selten, lachte nur und nannte sie kleines Vögelchen, selbst wenn sie sich die Arme zerkratzte. Sie blickte Vuiberat an. Bevor sie in die Langobardia geschickt worden war, hatten sie zusammen so viel gelacht.

„Den Braunen möchte ich auch nicht reiten", erklärte Kebini mit ruhiger Stimme, sah, wie Vuiberats Blick wieder die Dinge um sich wahrnahm. „Er kann ganz wild werden."

„Ich werde nie mehr reiten. Du kannst auf das Pferd steigen.“ Vuiberat ergriff die Zügel, hob ihre Tunika und zog einen Fuß aus dem Morast.

„Als Edelfräulein ist das einer der Vorzüge, die Ihr genießen könnt“, rief Kebini. Warum wollte ihre Herrin nicht schön und edel sein?

„Ich werde Martha sein“, sagte Vuiberat und ein Lächeln erhellte ihr Gesicht.

4 Anno Domini 904 Sante Gallen

Hitto betrachtete den blühenden Fenchel in dem verwilderten Garten. Gerade überlegte er sich, wo er den Spaten als erstes ansetzen sollte, als er am Waldrand eine schmale Gestalt bemerkte, die ihm zuwinkte. Im ersten Augenblick konnte er sie gegen das starke Sonnenlicht nicht erkennen. Die Kapuze war von ihrem braunen Haar gerutscht, unter dem Mantel lugte die Tunika hervor. Er warf den Spaten hin und eilte ihr erschreckt entgegen. „Schwester, um Gottes Willen, ist etwas geschehen?“

Lachend besänftigte sie ihn, umarmte ihn herzhaft. Er spürte ihre Rippen durch den Wollstoff ihres Mantels. Sie war in die Höhe geschossen, ihr Haar roch nach Blumen. Aus den Augenwinkeln konnte er nun auch Kebini erkennen, die sich scheu im Hintergrund hielt. Die Hände in einen Beutel gekrallt. Gertruds Tochter, auch sie war gewachsen, hatte wunderbare Hüften bekommen.

Er löste sich von Vuiberat, hielt sie auf Armlänge vor sich hin. Wie oft hatte er in Gedanken mit ihr gesprochen, hatte ihr sein Leben hier bei den Mönchen gezeigt. Und jetzt stand sie vor ihm, so groß und mager, mit dem Gesicht einer Frau. Unsicher nickte er Kebini zu, die eilends grüßte.

„Wie seid ihr hierhergekommen?“

„Der Onkel ist an Gallus‘ Grabstätte gepilgert, um für sein Seelenheil zu beten oder genauer: um sich mit anderen Freiherren auszutauschen. Die Mönche haben mir erklärt, dass du in Sante Georien zu finden bist. Eine eigene Kirche! Hitto, sie haben dir eine Kirche für die Predigt überlassen!“

„Albrich ist hier?“

Vuiberat nickte, musterte ihn. Albrich hatte vor dem letzten Christfest einen Boten geschickt, der nachfragte, warum der Neffe noch im Kloster weilte und nicht als Leutepriester auf seinem Hof. Dafür habe Albrich das Kloster bezahlt. Was Abt Salomo mit dem Boten besprochen hatte, wusste Hitto nicht, aber im Frühling war er vom Abt hierher nach Sante Georien gesandt worden, um die Stundengebete zu verrichten. Seit Monaten betete in der Kapelle kein Geistlicher mehr. Im und um das Kloster herum mangelte es an Arbeitskräften. Die Anlage wurde vergrößert. Die Pilger fanden kaum eine Bettstatt, ganz zu schweigen von den Mönchen, den Schülern, Handwerkern und Knechten. In der Schreibstube häuften sich die Aufträge. Er konnte jetzt nicht weg.

„Abt Salomo weilt in Chostinze. Wenn der Onkel mit ihm sprechen möchte ...“ Hitto zögerte. Hatte Albrich die Schwester mitgenommen, um ihn auf den Fronhof zu locken? Eigentlich sollte er den Frauen etwas zu trinken anbieten, auch Brot und Salz. Doch er stand wie angewurzelt da, betrachtete Vuiberat. Den stechenden Blick hatte sie nicht verloren. Der Fibel, die den Mantel zuhielt, fehlten die Steine. Sie trug weder Haarnetz noch Armreifen. Keine Amulette hingen von ihrem

Gurt, nur ein Kamm und das Weinsieb. Wenigstens ein Attribut der Edelfrau.

„Willst du Mönch werden, nicht Weltgeistlicher? Soll ich es dem Onkel beibringen?"

Erstaunt blickte er sie an, schüttelte dann lachend den Kopf.

„Was soll ich in den dunklen Schreibstuben? Hier draußen haben wir unsere Freiheit." Schon hatte er ihre Hand genommen, zog sie mit sich Richtung Hütte. Kebini folgte ihnen.

„Liest du hier täglich die Psalmen?", fragte Vuiberat.

„Sie hätten dich ins Kloster schicken sollen."

Vuiberat zog ihre Hand weg, verschränkte ihre dünnen Arme. Die Wangen waren eingefallen. Unter dem Kleid zeichneten sich kaum Brüste ab. Früher hätte sie gelacht.

„Schwester", sagte er versöhnlich, trat einen Schritt auf sie zu und legte ihr die Hand auf die Schulter. „Setzt euch in den Schatten. Erzähl mir vom Fronhof. Wie geht es der Mutter?"

Vuiberat drehte sich um, winkte Kebini, die eilig aufschloss.

Sie setzten sich vor die Hütte, hinter ihnen gackerten die Hühner. Hitto blickte sich heimlich um, konnte Pertherad aber nirgends entdecken. So ging er in die Hütte, brachte verdünnten Wein und würzige Teigfladen heraus.

Vuiberat nippte am Kelch, roch an den Fladen, berichtete vom Winter, den sie gut überstanden hatten, und dass bald die erste Ernte bevorstand. Hartlieb sei letzten Sommer das erste Mal mit einigen Freien auf einen Feldzug geschickt worden, seither übergebe ihm Albrich immer mehr Aufgaben. Die Worte flossen seltsam emotionslos über ihre Lippen. Hitto betrachtete Vuiberat. ‚Lüstern und gefräßig seien sie, die Weiber', hatte man ihn im Kloster gelehrt. Er konnte nichts davon erkennen.

„Mutter schickt dir gepökeltes Fleisch und Kleider." Vuiberat zeigte auf Kebinis Beutel. „Sie schließt dich täglich in ihre Gebete mit ein." Die Schwester unterdrückte ein Lächeln. Beide wussten, dass die Mutter nicht betete.

„Danke ihr. Das nächste Mal behält ihr Essen und Kleider für euch. Das Kloster schaut zu mir."

„Unter dem schwarzen Priesterrock darfst du als Edelmann Feineres tragen."

Vuiberat zog ein sorgsam gefaltetes Hemd aus dem Beutel und reichte es ihm. Hitto strich über den weichen Wollstoff. Einzelne Goldfäden glitzerten in den dunkelroten Borten. Nur zögernd löste er seine schmutzigen Hände vom Tuch, schon lange hatte er nicht mehr einen so edlen Stoff in den Händen gehabt.

„Das stammt von deiner Aussteuer. Nicht wahr?", fragte er.

Vuiberat schaute in die Ferne, zuckte die Schultern. „Ich brauche sie nicht."

Hitto musterte den feinen Stoff. Eitelkeit war eine Todsünde. Aber einige Scolari der äußeren Schule trugen edle Stoffe.

„Der Marstettin ist bei mir vorbeigekommen. Er hat um deine Hand angehalten."

„Der Marstettin?" Er sah, wie sie erbleichte. Ihre Hände fuhren über die Oberschenkel. Er war selber erstaunt gewesen, als der Edelmann aufgetaucht war.

„Was hast du ihm versprochen?" Ihre heftige Stimme erschreckte ihn.

„Als Freifrau solltest du deiner Bestimmung folgen. Der Marstettin ist keine schlechte Wahl."

„Du meinst, ich sollte mich von einem wie dem Marstettin ehelichen und schwängern lassen, dann habe ich meine Bestimmung."

Er musterte sie. Auch wenn sie mager war, sie war eine Frau geworden, eine Edelfrau. Nur Huren, Mägde und Nonnen blieben unverheiratet.

„Ich habe nichts gegen den Marstettin", rief sie schroff. „Ich habe gar nichts gegen sie alle. Aber sie sollen mir vom Leibe bleiben." Da war es wieder, dieses Feuer, das ihren ganzen Körper aufbäumen ließ. Als Junge hatte es ihn fasziniert. Aber jetzt ...

„Und wer wird für dich sorgen, wenn die Mutter unter der Erde liegt wie der Vater? Willst du als Magd zu deiner Schwester ziehen?"

„Audi filia et vide et inclina aurem tuam et obliviscere populi tui et domus patris tui", flüsterte sie.

Hitto schaute sie erstaunt an. ‚Höre, Tochter, sieh her und neige dein Ohr, vergiss dein Volk und dein Vaterhaus (Ps 45.11)' Sie hatte kein Wort vergessen, von dem, was er sie gelehrt hatte.

‚... et concupiscet rex decorem tuum - der König verlangt nach deiner Schönheit (Ps 45.12)', beendete Hitto den Satz in Gedanken. Schön war sie nicht. Er betrachtete ihren ausgemergelten Körper. Er hätte ihr nie die Psalmen beibringen sollen. „Vuiberat, wir alle wollen, dass du eine anständige Frau bleibst."

„Ah, darum geht es also. Eine anständige Frau. Und du? Heiratest du deine Bettgespielin?" Sie zeigte auf die Teigfladen.

„Ich brauche eine, die hier den Haushalt macht."

Stumm starrten sich die Geschwister an. Hitto senkte als erster den Blick.

„Ich habe dem Marstettin keine Hoffnungen gemacht", sagte er endlich. Wie konnte er auch? Vielleicht wollte er die Schwester nicht weggeben.

Vuiberats Schultern sackten hinunter. Es schien, als würde ihr die ganze Anspannung genommen.

Er füllte Wein nach und rief nach Pertherad. Als sie nicht auftauchte, bot er Kebini von den Fladen an. Vuiberat nippte am Kelch, erzählte zögerlich, dass es der Mutter schlechter gehe, seit der Vater nicht mehr vom Feldzug heimgekommen sei.

„Und sie hat dich trotzdem hierher reisen lassen?", bohrte er nach. Vuiberat nickte. Bis jetzt hatte er noch keinen Kratzer auf ihren Armen entdeckt. Wenigstens damit hatte sie aufgehört. Er warf einen prüfenden Blick zu Kebini hinüber. Verlegen drehte sie den Becher in ihren Händen.

Er stand auf, führte die beiden herum, zeigte ihnen die enge Hütte, die Hühner und den Garten, erklärte, dass dies alles für den Geistlichen sei, der hier die Gebete verrichte. Dann bat er Kebini, mit ihm zusammen Wasser zu holen.

„Warum hat Mutter euch ziehen lassen?", fragte er, als sie zur Steinaha runterstiegen.

Kebini zuckte zusammen, wischte sich die Hände an der Tunika ab.

„Zwei Fehlgeburten auf dem Fronhof und dann zertrümmerte ein fallender Baum dem Schnitzer das Bein. Herrin Sigrid bekam Angst."

„Angst?"

„Du weißt, was über Vuiberat gemunkelt wird."

„Aber sie ist kein Wiedergänger, das kann doch jeder sehen!“

„Wiedergänger? Sie isst kaum etwas, weigert sich, Schmuck zu tragen, verschenkt ihre Aussteuer und betet dauernd. Dann das Kratzen, letzthin hat Hartlieb sie geschlagen, als ihre verschorften Arme wieder bluteten. Die Menschen haben Angst vor ihr.“

„Was sagt der Onkel?“

„Er will davon nichts wissen, sagt, sie sollen sein Vögelchen in Ruhe lassen. Aber die Herrin hat Angst und überredete ihn, Vuiberat mitzunehmen. Sie hofft, dass sie am Grab des Heiligen zur Besinnung kommt.“

Hitto nickte, schöpfte das Wasser aus dem Bach, in dem sich die Sonne spiegelte.

Als sie die Hütte erreichten, erblickte er die Schwester. Sie kauerte auf dem Boden, strich über die aufgeschossene Fenchelstaude.

„Behältst du mein Wollhemd?“, fragte sie, als er zu ihr trat.

„Deine Kleider sind die wärmsten, das weißt du“, antwortete er. Verunsichert blickte sie hoch. „Zeigst du mir deine Kapelle?“

Die Tür fiel sanft ins Schloss, nachdem sie den kühlen Steinbau betreten hatten. Durch zwei seitliche Mauerschlitze fiel Licht, zeichnete helle Borten auf den irdenen Boden. Der Chor endete in einer halbrunden Apsis. Ein roh geschnitztes Holzkreuz hing hinter dem Altar. Darunter war mit roter Farbe der heilige Georg gemalt. Mit erhobenem Speer stand er auf dem besiegten Drachen.

Vuiberat schloss die Augen. Hier konnte sie Seinem Wort lauschen. Es legte sich auf ihre Schultern und machte sie leicht. Ihre Hände falteten sich von selbst.

„Wer kann, steigt zur Klosterkirche runter. Hier bleiben nur die, die es bis dorthin nicht schaffen", erklärte Hitto.

„Das Wort des Herrn erklingt überall." Vuiberat verbeugte sich vor dem Altar, betrachtete das Kreuz.

„Domine labia mea aperies", sang Hitto. Seine dunkle Stimme füllte den ganzen Raum. „Et os meum adnuntiabit laudem tuam."

‚Oh Herr, öffne meine Lippen, damit mein Mund dein Wort verkünde.' Ein Schauder fuhr Vuiberat über den Rücken. Hittos Stimme war voller geworden, kräftiger. Er intonierte die Vokale mit einer Sicherheit, wie sie es noch nie von ihm gehört hatte. So klang es, Sein Wort. Sie lauschte dem gleichmäßigen Gesang, atmete tief ein, wenn er die Vokale in die Länge oder in die Höhe zog, blieb reglos stehen, als seine Stimme verstummte.

„Ich habe eine Überraschung für dich." Hitto zog einen Schlüssel aus den Falten seiner Tunika und wies auf eine hölzerne Truhe hinter dem Altar. Es quietschte, als er den Deckel öffnete. Er hob einen in Wachstuch gewickelten Gegenstand heraus und legte ihn auf den Altar. Sorgfältig faltete er das Tuch auseinander.

„Seit Jahren übertrumpfen sie sich, noch prächtigere Exemplare herzustellen. Gerade eben hat Bruder Tuotilo wieder einen Buchdeckel aus geschnitztem Elfenbein vollenden können." Er zeigte auf das Buch vor sich. „Der ist alt und fällt fast auseinander, darum darf ich ihn benützen: Ein Psalter."

Ehrfürchtig war sie nähergetreten, betrachtete den abgewetzten Holzdeckel, den offenen Rücken, zerfledderte Pergamentseiten quollen zwischen den Buchdeckeln hervor.

„Das Wort des Herrn", flüsterte sie. Hitto öffnete den Verschluss, schlug das Buch auf, trat zur Seite, um ihr Platz zu machen. Vorsichtig streckte sie die Hand aus, hielt dann inne, bewegte ihre offene Handfläche über den vergilbten Text.

„Sein Wort währt ewig", sagte sie, zog ihre Hand zurück und betrachtete die vergilbten Buchstaben. „Wenn man dem Buch ein Kleid nähen würde, wäre es besser geschützt."

„Ich packe es immer in das Wachstuch, das hält die Feuchtigkeit fern."

Vuiberat betrachtete die abgegriffenen Seiten, die losen Fäden, die aus dem Buchrücken hingen.

„Wir leben in Häusern und tragen trotzdem Kleider, um uns zu schützen. Ich habe Nadel und Zwirn dabei. Bringst du mir den fünfzigsten Psalm bei?"

Er schaute sie ungläubig an. Konnte sie die anderen neunundvierzig Psalmen immer noch auswendig?

„Du kennst schon mehr Psalmen als nötig ist."

„Ich will sie alle kennen."

„Alle? Und dann?"

„Was dann?"

Hitto schaute sie an, lange. Dann drehte er sich wortlos um und verließ die Kirche.

Stumm beugte sich Vuiberat über das Pergament, starrte auf die Buchstaben. Seltsame Formen, die ihre Bedeutung vor ihr geheim hielten. Zeichen, hinter denen sich die Worte des Herrn verbargen. Vorsichtig hielt sie ihre Hand darüber, spürte aber nichts von der Allmacht des Erlösers. Sie starrte darauf, bis die verschlungenen Linien vor ihren Augen verschwammen. Dann wischte sie ihre Finger an ihrer Tunika ab, schloss das Buch vorsichtig und wickelte es sorgsam ins Tuch ein. Als sie es in die Truhe legte, wurde hinter ihr die Türe geöffnet. Jemand stöhnte laut. Vuiberat erblickte im Gegenlicht drei Gestalten. Die mittlere hing in den Armen der beiden anderen. Die Tür fiel ins Schloss und die drei wankten in die Mitte des Raumes. Langsam ließen sie die mittlere zu Boden gleiten, wo sie sich gleich zusammenrollte. Die beiden anderen strichen ihr über den Rücken, murmelten unbekannte Worte.

Vuiberat schloss die Truhe und eilte zu ihnen hin.

„Was ist geschehen?“, fragte sie.

Eine alte Frau wandte sich ihr langsam zu. Das Gesicht mit Dreck verschmiert, die Augen blickten in unterschiedliche Richtungen.

„Eiris sasun Idisi ...“, rezitierte die andere. Die heidnischen Götter! Vuiberat warf erschreckt einen Blick zum Altar. Nichts rührte sich.

Auf dem Boden lag ein junger Mann, er stöhnte, krallte seine Finger ins verfilzte Haar.

„Insprinc haftbandun …“

„Nein!“, rief Vuiberat. Sie kannte den Spruch, in dem die Walküren gebeten wurden, den toten Helden ihre Fesseln abzunehmen, damit ihre Seele entweichen konnte.

Die Frauen ließen sich nicht ablenken. Der Liegende krümmte sich zusammen, die Lippen blau, das Gesicht glänzend von Schweiß.

Vuiberat hob ihren Rock und rannte hinaus. Sie fand Hitto hinter der Hütte. Er sprach mit einer großen, hübschen Frau.

„In der Kapelle krümmt sich ein Mann im Todeskampf", unterbrach sie die beiden. „Er braucht die Hilfe unserer Gebete."

Hitto nickte der Frau zu. Der Rock schwang um ihre breiten Hüften, als sie zur Kapelle eilten.

„Pilger", erklärte Hitto, „so viele wollen am Grab des Heiligen Gallus geheilt werden. Gewisse schaffen es nur bis hierher. Leider enthält die Kapelle keine heilbringenden Reliquien."

„Sie beten mit den alten Worten!"

Hitto blieb stehen, blickte zur Frau neben sich. Sie nickte ihm zu und trat in die Kapelle. Er blickte ihr nach. Vuiberat packte seine Hand. „Müsstest du nicht zugegen sein und die letzte Ölung geben?"

„Wenn sie die falschen Götter anbeten ..." Hitto wich ihrem Blick aus. „Wir alle sind Sünder. Sie werden mich rufen, wenn sie mich brauchen."

„Aber ohne das Wort Gottes kann er unmöglich sein Seelenheil bekommen!"

„Sie lassen nicht von ihrem Aberglauben." Hitto schüttelte den Kopf, öffnete den Mund, um etwas zu sagen, schloss ihn wieder.

Vuiberat blickte zur geschlossenen Kapellenpforte. Beim Grabe des Heiligen Gallus hatte sie die vielen dahinsiechenden Kranken gesehen. Offene Wunden, verstümmelte Glieder. Die Menschen brauchten die Hilfe des Herrn. „Kebini erzählte mir, dass hier früher Waldfrauen mit Heilwissen gehaust haben. Gallus habe sie vertrieben."

„Gallus vertrieb Dämoninnen, die hier am Wasser lebten."

Vuiberat blickte unschlüssig zu ihrem Bruder. Hitto legte seine Hand auf ihre Schulter. „Die Wege des Herrn sind unergründlich."

„Aber sie kommen hierher und hoffen auf die Hilfe des Herrn. Die müssen wir ihnen gewähren."

„Wir?"

Vuiberat holte tief Luft. „Beatus qui cogitat de paupere", sagte sie.

‚Wie glücklich ist, wer für die Hilflosen sorgt. (Ps 41.2)', übersetzte er für sich.

„Du hast mir diese Worte selbst beigebracht. Wirst du mir das Schreiben und Lesen beibringen, solange ich hierbleibe?"

„Hierbleiben? Du kehrst nicht mit dem Onkel zurück?"

„Unten beim Kloster, im Laien-Infirmarium des Heiligen Otmar fehle es an Hilfskräften. Die Mönche haben es mir gezeigt."

„Was wird Mutter dazu sagen?"

„Lehr mich weitere Psalmen, bis ich sie selber lesen kann."

Hitto schüttelte den Kopf.

Sanft fuhr Hitto Pertherad über das Haar und zog sie etwas näher an sich, roch ihren Duft nach Ringelblumen. Doch ihr schwerer, schläfriger Körper verdrängte seine Zweifel nicht.

Morgen würde er nochmals mit der Schwester sprechen. Sie von ihrem Vorhaben abbringen. Warum war er nicht Mannes genug, ihr die Stirn zu bieten?

Früher, ja früher hatte sie dieses innige Band des Verstehens verbunden. Sie war die einzige gewesen, welche die kontemplative Welt des Klosters verstand, nein, nicht verstand, in sich aufsog. Sie stand im Hof, wenn er nach langer Abwesenheit heimkehrte, und wartete auf ihn. Wartete nur darauf, seinen Erzählungen und Belehrungen zu lauschen. Hatte er gesündigt, als er ihr die Psalmen beibrachte? War dies nun die Strafe?

Vuiberat war eine Frau geworden. Jeder konnte es sehen, auch wenn sie wenig aß. Die Männer starrten sie an, musterten ihre Hüften und Brüste. Solange sie nicht in festen Händen war, war sie Freiwild für jedermann. Sie brauchte Schutz, den er ihr nicht geben konnte. Und nun wollte sie ins Laienhospital zu den Siechen. Warum war die Schwester auch so starrköpfig? Warum schadete sie sich so?

Hitto setzte sich auf.

Es war unsinnig, die Schwester hier in der Hütte wohnen zu lassen. Der Abt würde es nicht dulden. Was würden die Leute denken? Er legte sich wieder hin, grub seine Nase in Pertherads Nacken und sog ihren Duft ein. Es lebte eine Frau hier im Haus, das genügte. Er musste sich auf sein Studium und die Gebete konzentrieren.

„Das war deine Absicht", hatte er ihr vor dem Abendessen entgegengehalten. „Du willst gar nicht mehr zur Mutter zurück."

„Gottes Wille ist unergründlich. Es ist unsere Pflicht zu handeln."

„Ich spreche von dir, Vuiberat. Warum kehrst du nicht auf den Fronhof zu deiner Mutter zurück? Warum nimmst du den langen Weg hierher unter die Füße mit den Kleidern deines zukünftigen Mannes?"

„Das Laien-Infirmarium ist überfüllt. Wer das Wort des Herrn sucht, soll Hilfe erhalten."

„Wenn du im Namen der Kirche handeln willst, dann lass dich von Mutter in ein Kloster stecken!"

„Ich bin Martha, nicht Maria", hatte die Schwester geantwortet und dabei mit diesem abwesenden Blick in die Ferne geschaut, was ihm einen Schauer über den Rücken trieb. Die Dienerschaft vom Fronhof munkelte, Vuiberat könne in die Welt der Geister und Toten blicken, seit damals, seit dem Ungarnüberfall in der Langobardia. Doch er wusste, dass es der Blick der kleinen Schwester war. Athas Blick, den sie bekommen hatte, wenn sie mit Vuiberat in der Kapelle Maria und Martha gespielt hatten, die beiden Schwestern, die Jesus dienten.

Kebini blickte auf, als Hitto das Tuch zurückschlug und die Hütte betrat. Pertherad erhob sich von der Feuerstelle und reichte ihm eine Schale mit Hirsebrei. Kebini zögerte. Wo war Vuiberat? Zusammen mit Hitto hatte sie die Frühmesse im Kloster besucht.

Doch schon trat diese durch die Türöffnung. Sie ging zur Feuerstelle, legte die Hand auf den Weinkrug, um die Temperatur zu prüfen. Dann kostete sie vom Inhalt und goss die Flüssigkeit durch ihr Weinsieb in einen Kelch, mischte alles mit Wasser und warf die abgesiebten Kräuter in den Krug zurück. Sorgsam stellte sie den Kelch vor Hitto hin, selber nahm sie nichts zu sich. Ohne aufzuschauen, löffelte Hitto seinen Brei.

„Ich hatte heute Nacht einen Traum", sagte er endlich und nahm den Kelch in beide Hände. Die beiden Dienerinnen hoben die Köpfe. „Darin begegnete mir eine weiße Gestalt." Er nahm einen Schluck, betrachtete den Kelch, als hätte er ihn noch nie gesehen. „Sie trug mir auf, dir den fünfzigsten Psalm zu lehren."

Nur das Feuer knisterte, sonst war nichts zu hören.

„Ich werde in der Hütte einen Webrahmen anfertigen lassen“, durchdrang Vuiberats Stimme die Stille. Die Geschwister erhoben sich, als wären sie aus einem Guss. Stundengebet. Weder Kebini noch Pertherad machten Anstalten, den beiden in die Kapelle zu folgen.

„Danke“, wisperte Kebini Pertherad zu, als die Schritte verklungen waren.

„Danke?“ Pertherad hatte sich erhoben und schaute nun zu ihr hinüber. „Warum dankst du mir?“

Kebini deutete auf die Kräuterbüschel, die von der Decke hingen, auf die Salbentiegel, die auf einem Brett an der Wand standen. „Danke, dass du ihm den Traum eingegeben hast.“

„Ich kann keine Träume eingeben.“ Pertherad nahm ein Messer von der Feuerstelle und steckte es sich in den Gürtel. „Und wenn ich es könnte, hätte ich ihm einen Traum eingegeben, in dem er sie davonjagt. Was soll aus mir werden, wenn die Schwester hierbleibt? Die scheint noch verrückter zu sein als alle Pfaffen zusammen. Bringt ihm die Kleider ihrer Aussteuer! Was meinst du, was das heißt?“

Kebini blickte ihr nach, als sie den Raum verließ, blickte noch hin, als sich das Tuch im Türrahmen schon lange nicht mehr bewegte. Schon jetzt sehnte sie sich zurück auf den Fronhof.

5

Vuiberat war keine Heilerin. Sie merkte es, wenn sie die Hände der Kranken hielt, wenn sie die Kompressen auswusch und neu tränkte. In den Augen der Menschen erblickte sie deren Kampf. Dabei sollten sie beten. Dank der Reliquien hier konnte der Heilige Gallus im Himmel Fürsprache für die Kranken einlegen. Ihre Arbeit hier verschaffte bloß Linderung. Aber die Leidenden kämpften, feilschten um ein Wunder.

Sie befeuchtete zwei Tücher mit Essig. Der Herr erlöste die Kranken. War es daher richtig, dem sündhaften Fleisch dank Heilkräutern Erleichterung zu bringen? Sie hatte Hitto gefragt. Er hatte sie zu einem Leutepriester geschickt. Keiner hatte ihr eine befriedigende Antwort geben können.

Im Infirmarium hielt sie sich an die Anweisungen der Mönche. Jedoch besaßen einige Frauen hier ein ausgeprägtes Kräuterwissen. Pertherad tauchte manchmal auf, half mit, dann verschwand sie wieder. Ab und zu brachte sie Salben vorbei.

Erst vor einigen Tagen hatte Pertherad sie mit ihrer forschen Stimme aufgefordert, in der Hütte zu bleiben. Sie hatte Bienenwaben zerbröselt, in einen Kessel geworfen und sie von der Seite her scheel angeschaut.

„Bete“, hatte Pertherad sie aufgefordert. Vuiberat hatte nicht verstanden, was sie vorhatte. Ihr gegenüber verhielt sich die große Frau verschlossen und wortkarg.

„Pater noster ...“, hatte sie begonnen. Doch Pertherad hatte nur wild den Kopf geschüttelt. „Etwas anderes“, hatte sie gefordert eine Amphore entstöpselt und Öl in einen Topf geträufelt, zerstoßene Kräuter daruntergemischt. Da hatte Vuiberat verstanden, dass hier ein Heilmittel hergestellt wurde, eines für Körper und Seele. Sie entschied sich, mit den Worten zu beten, die Pertherad verstand.

„Fater unseer, thu pist in himile“, rezitierte sie mit lauter Stimme und blickte in die dampfende Masse. Pertherad rührte mit einem Holzlöffel in der dunklen Flüssigkeit, selber einige Worte murmelnd. Und plötzlich, ganz plötzlich wurde die

Flüssigkeit fest. Zusammen füllten sie die Salbe in die Tiegel. Pertherad mied ihren Blick.

‚Ist es wegen des Bruders?' wollte sie fragen. ‚Hast du Angst, dass ich ihn dir wegnehme?' Aber Vuiberat fragte nicht. Sie und Hitto sprachen dieselbe Sprache. Pertherads Blick hingegen war klar und trotzdem unstet. Sie war wütend und liebevoll. Und sie betete mit heidnischen Zauberworten.

Wenn Vuiberat die Wickel gewechselt und die Wunden ausgewaschen hatte, nahm sie die Hände der Kranken in die ihren, schloss kurz die Augen und sah den Anfang eines Psalms vor sich. Das wahre Wort Gottes konnte die Seele der Leidenden berühren, sie zur Ruhe bringen. Also betete sie, alleine oder mit den Kranken. Die Worte aus den Psalmen flogen ihr zu, als hätten sie längst darauf gewartet, ausgesprochen zu werden. Seit geraumer Zeit brauchte sie Hittos Hilfe nicht mehr, um weitere Psalmen zu lernen. Nach der Morgenandacht, wenn Hitto ins Kloster hinuntereilte, blieb sie in der Kapelle, öffnete ehrfürchtig den Psalter und las darin. Die einst unbekannten Zeichen ergaben nun einen Sinn. Sie formten sich zu einem Ganzen, das sie entziffern und verstehen konnte. Während der Stundengebete saugte sie die Psalmen in sich auf, sang leise mit. Dehnte die Silben und hob ihre Stimme wie Hitto, sodass sich die Sätze in ihr Gedächtnis legten, ein Wort wie von selbst auf das andere folgte. Wo sonst konnte sie die Kraft und den Willen holen, all die schwärenden Leiber zu reinigen, die jammernden Stimmen zu hören als aus dem Gebet?

„Ut quid Deus reppulisti in finem fumavit furor tuus in gregem pascuae tuae.

Warum Gott hast du uns für immer verstoßen? Warum ist sein Zorn gegen die Herde der Weide entbrannt. (PS 74.1)"

Sanft strich sie sich über die Unterarme. Schon lange hatte sie nicht mehr ihren Fingernagel darin vergraben müssen, um ihren Geist in den Körper zu holen.

Nach der Vesper hatte sie an einem feinen Einband für den Psalter gewoben und das Buch dann feierlich betend mit Kebinis Hilfe eingefasst. Hitto fragte sie letzthin, ob sie noch weiteres Tuch oder feine Borten weben würde. Bruder Notker, dem Bibliothekar, habe die Idee gefallen.

Am liebsten wollte sie nun nur noch vor dem Webstuhl sitzen und das Wort Gottes einkleiden. Sie schämte sich dafür. Denn hier im Laien-Infirmarium, hier bei den Leidenden zeigte sich die Kraft Seiner Worte ganz unmittelbar.

„Confitebimur tibi Deus confitebimur et juxta nomen tuum narrabunt mirabilia tua.

Wir preisen dich, Gott, wir preisen dich; dein Name ist denen nahe, die deine Wunder erzählen. (Ps 75.2)“

Sie wechselte einem jungen Mann die Essigwickel. Zwei Amulette baumelten von seinem Hals. Er hatte Fieber, er hatte Schmerzen. Sonst wusste niemand, was er hatte. Von Tag zu Tag wurde er schwächer, konnte kaum aufstehen, um seine Notdurft zu verrichten. Weder Kebini noch sie weigerten sich, die verschmutzte Wäsche zu wechseln. Kebini erwies sich als sehr geschickt in der Pflege. Unter der Haut ertastete sie Schwellungen, fühlte den Puls, die Temperatur, untersuchte die Wunden, kostete den Urin, betrachtete die Veränderungen der Pupillen, wie es die Mönche taten. Kebini bemerkte jede kleinste Veränderung der Kranken. Aber sie litt unter dem Gestank, unter dem Unreinen.

„Der Körper bedeutet nichts, die Qualen der Seele sind viel schlimmer“, hatte Vuiberat ihr unzählige Male erklärt. Aber

Kebini litt und darum schickte Vuiberat sie auf den Markt oder zum Waschen.

Vuiberat suchte den Lebensfunken in den Augen. Der junge Mann hatte zu kämpfen aufgehört. Er lag da, vom Schmerz bezwungen. Manchmal war dies der erste Schritt zur Heilung, manchmal der erste ins Grab. Niemand konnte es wissen, nur Gott.

Sie nahm die Hände des Mannes in die ihren. „Sante Galle ..." Manchmal riefen sie nach Angehörigen, die nicht da waren. Flehentlich baten sie um die letzte Ölung. Sie hatten Angst vor dem Tod. Unter Qualen waren sie ans Grab des Heiligen Gallus gepilgert, auf ein Wunder hoffend. Und nun lagen sie im Laien-Infirmarium und verwelkten.

„Dominus confortabit eum in lecto infirmitatis totum stratum eius vertisti in aegrotatione sua.

Auf dem Krankenbett wird der Herr ihn stärken; seine Krankheit verwandelst du in Kraft." (Ps 41.4) Vuiberat lauschte dem Wort. Es war das einzig Wahre. Sie wusste es.

Als plötzlich Pertherad vor ihr stand, schreckte sie zusammen.

„Wir haben keine Alantwurzeln mehr, zudem benötigen wir unbedingt getrockneten Beinwell." Pertherad schaute Vuiberat an, als wäre sie schuld am Fehlen der Heilkräuter. Beide wussten, dass die Mönche im Kloster Heilkräuter für sich kultivierten, aber diese nur spärlich ans Laien-Infirmarium abgaben. Pertherad sollte mehr in die Kraft des Heiligen Wortes vertrauen. Aber diese blieb drohend vor ihr stehen, die Arme in die Hüften gestemmt.

„Vielleicht bringen die Mönche etwas vorbei", murmelte Vuiberat.

„Die Mönche rühren für uns keinen Finger."

‚Die Mönche müssen beten', dachte Vuiberat, widersprach der großen Frau aber nicht. Pertherad war in den Gesindehäusern des Klosters aufgewachsen. Ein Mönchsbalg, eines der unzähligen unehelichen Kinder, die am Rande der Gemeinschaft durchgefüttert wurden.

„Die Frau dort hinten, hustet schon Blut. Ich weiß nicht, wie lange sie noch durchhält."

Vuiberat nickte. Pertherad hielt nichts davon, wenn sie nun am Bett der Frau für deren Heilung beten würde. Sie werde im Kloster um die Heilkräuter bitten, erklärte Vuiberat. Schnell legte sie die abgenommenen Wickel in einen Zuber und eilte von Pertherad weg zur Feuerstelle. Dort band sie sich einen Beutel um und warf einen kurzen Blick zurück. Sie glaubte nicht, dass die Mönche ihr etwas aushändigen würden. Andererseits freute sie sich darauf, draußen frische Luft einzuatmen. Zugleich schämte sie sich deswegen.

Das Infirmarium war nicht weit von der Klosterpforte entfernt. Vuiberat hob ihre Tunika, damit sie vom Matsch nicht schmutzig wurde. Die Mönche kamen mit dem Ausbau der Klosteranlage längst nicht mehr nach. Die Siedlung um das Kloster wurde immer größer. Wahllos wurden Bäume gerodet und immer mehr Hütten gebaut. Handwerker, Händler und Bauern zogen hierher, um vom Wachstum des Klosters zu profitieren.

Sie umrundete eine Schar Hühner. Der Kräutergarten befand sich im äußeren Bereich der Klosteranlage. Da es noch nicht zur Vesper geklingelt hatte, würde sie dort sicherlich jemanden antreffen. Vuiberat zog sich die Kapuze ihres Umhangs übers Haupt.

Eine donnernde Stimme ließ sie hochschrecken. Ein großer Mönch stand vor dem Brunnen, zeigte darauf und rief strafende Worte, weil Brot darin schwamm. Vuiberat eilte schnell weiter. Sie wusste nicht, warum sich der Mönch so aufregte. Jeder warf Brot in den Brunnen, um die Wasser zu besänftigen.

Die Wächter an der Pforte beachteten sie nicht. Handwerker, Laufjungen, Mägde, sie alle eilten durch das breite Tor am Palisadenzaun. Dahinter blieb sie stehen. Wenn sie zwischen den Ställen durchging, kam sie am Laien-Eingang der Klosterkirche vorbei. Falls die Pforten offen standen, konnte sie vielleicht noch einen Blick ins Kircheninnere werfen. Andererseits der Weg zwischen dem Gästehaus, der Brauerei und ...

„Die Virgo Vuiberat", ein Mönch kam auf sie zugelaufen. „Deinen Bruder sollte man ohrfeigen, dass er dich alleine herumstreunen lässt. Was suchst du hier, kleine Distel?"

„Bruder Hartmut", Vuiberat verbeugte sich. „Ich möchte zu einem ehrwürdigen Bruder im Kräutergarten. Führt Ihr mich zu ihm?"

„Bruder Thomas hockt im Kräutergarten. Über deinen Besuch wird er sich nicht freuen."

„Das weiß nur Gott allein." Vuiberat senkte angemessen den Blick. Hartmut lachte.

„Was weißt du von Gott, kleine Distel. Du sollst ganz anderes wissen." Er zwickte ihr in den Busen, bevor sie ausweichen konnte. Vuiberat sah ihn unsicher an. Sie hätte sich von Pertherad nicht um den Finger wickeln lassen sollen. Wenn die Mönche nichts geben wollten, dann war es Gottes Wille.

Bruder Hartmut hatte sie an der Schulter gepackt und schob sie vor sich hin. „Die Virgo möchte zu Bruder Thomas. Virgo kommt von virago, die Männin, weil sie die Erfahrung der Frau noch nicht kennt. Das schrieb der große Isidor von Sevilla. Weißt du das?“

Vuiberat antwortete nicht, hob ihren Rock, um sich seiner Geschwindigkeit anzupassen. Sie wichen einer Herde Schweine aus, die den engen Weg hinaufgetrieben wurden. Vuiberat warf einen kurzen bewundernden Blick auf das prächtige Münster mit seinen geschnitzten Holztüren und dem runden Turm. Sie bekreuzigte sich ehrfurchtsvoll, bevor sie um die Werkstätten herum in den Kräutergarten geführt wurde.

Bruder Thomas kniete im hinteren Teil und grub in der Erde. Hartmut blinzelte Vuiberat zu und verabschiedete sich. Vuiberat warf im Vorbeieilen nur einen kurzen Blick auf die Stauden und Büsche. Pertherad würde hier jedes Kraut kennen. Obwohl Bruder Thomas ihre Schritte hören musste, schaute er nicht hoch.

„Wir haben nun schon die vierte Kranke, die Blut hustet“, erklärte Vuiberat nach der Begrüßung. „Wir bitten Euch, ob Ihr uns Alantwurzeln und Beinwell geben könntet.“

Bruder Thomas grub ohne aufzuschauen an der Vertiefung um den Engelwurz. Er rüttelte an der Pflanze, grub tiefer.

„Bruder Feisthard ist verantwortlich für das Laien-Infirmarium. Er hat mir nichts gemeldet“, antwortete er endlich. Vuiberat nickte. Bruder Feisthard wusste, dass die Heilkräuter hier für das Kloster-Spital benötigt wurden. Für die Mönche und die Edelleute.

Sie wartete, bis der Mönch die Pflanze mitsamt den Wurzeln ausgegraben hatte. Er erhob sich schwerfällig und wischte die Hände an seiner Tunika ab.

„Wir haben Spätherbst, einen schönen warmen Herbst“, sagte er. „Die richtige Zeit, um Wurzeln zu sammeln und zu trocknen. Wie kann es sein, dass ihr keine habt?“

„Ich weiß es nicht." Vuiberat bemühte sich, ihre Stimme ruhig zu halten. „Ich sammle keine Wurzeln. Aber die Frauen bei uns husten Blut. Alle Heilerinnen haben alle Hände voll zu tun. Sie können keine Wurzeln sammeln oder die Wurzeln sind noch nicht trocken oder was weiß ich. Ich weiß nur, dass ihr welche habt und wir nicht und ich weiß, dass die Frau bald sterben wird."

Bruder Thomas hob eine Augenbraue. „Das wisst Ihr?", fragte er spitz.

Vuiberat spürte, wie das Blut in ihre Wangen schoss. Sie durfte nicht so vorlaut sein. Aber sie wollte nicht mit leeren Händen vor Pertherad auftauchen, jetzt da sie schon so weit gekommen war.

„Unser Leben liegt in Gottes Hand. Betet zu ihm, wenn Ihr Rettung erhalten wollt", sagte Bruder Thomas und wandte sich ab.

Vuiberat hätte ihm gerne zugestimmt, wie oft hatte sie den Satz den Kranken selber gesagt. Aber sie wusste, dass Pertherad darüber wettern würde. „Der Heilige Otmar hat das Laien-Infirmarium nicht nur gegründet, dass wir darin beten", stotterte sie Pertherads Worte.

„Verschwendungssucht und Geschwätzigkeit sind die Laster der Weiber", brummte Bruder Thomas. „Warum hat Gott den Menschen mit einem Gehirn ausgestattet? Ihr sollt selber überlegen, wie Ihr zu euren Wurzeln kommt, ohne sie bei mir zu erbetteln, der sie selber benötigt. Und nun verlasst diesen Garten." Er drehte sich um und stapfte davon.

Vuiberat betrachtete das dunkle Loch in der Erde. Wenn es Gottes Wille war ... Sie sollte nicht handeln, um Pertherad zu gefallen. Langsam verließ sie den Garten. Wenn Pertherad nicht auf das Wort Gottes vertraute, musste sie sich im Laien-

Infirmarium besser organisieren. Sie wurden von kranken Pilgern überschwemmt, hatten wenige Heilmittel zur Verfügung und hofften auf die Mildtätigkeit des Klosters. Sie musste mit Bruder Feisthard sprechen. Es gab sicherlich Kinder und Frauen, die Kräuter sammeln konnten. Und dann strahlte das Grab des Heiligen Gallus seine Heilkraft aus. Wenn sie die Kranken ...

„Vuiberat? Was strolcht Ihr hier im Kloster rum?“

Vuiberat schreckte hoch und erblickte Bruder Sigbert, den Leiter des Scriptoriums. Tief verneigte sie sich.

„Euer Bruder hat mir den Psalter gezeigt, den ihr mit Stoff eingefasst habt. Wunderschön, kleines Mädchen, wunderschön. Und das sage ich, derjenige unter dessen Leitung eben die schönsten Bücher des Abendlandes entstehen. Als Kunegundis vorbeikam, um ihr gespendetes Evangelistar zu schauen, da sind ihr fast die Augen aus dem Kopf gefallen, das sage ich dir. Die wollte ihn nicht mehr aus den Händen geben, aber wir lassen uns nicht an der Nase rumführen. Sie hat das Evangelistar der Kirche gespendet, um ihre verruchte Seele zu retten. Da kann sie ihn nicht einfach mitnehmen. Bei uns in der Bibliothek sind die Bücher gut aufgehoben. Wo denn sonst, als am Grabe des Heiligen Gallus sind sie sicher?“

Vuiberat nickte, obwohl er sie nicht anblickte. Schon als Kind hatte ihr Hitto von den Kostbarkeiten der Bibliothek vorgeschwärmt. Den vergoldeten Buchstaben und Elfenbeinplatten, die die Einbände zierten.

„Was anderes, als die kostbarsten Schätze sollen denn das Wort Gottes zieren? Tuotilo, Notker, göttliche Hände, göttliche Zungen, die Engel stehen hinter ihnen, wenn sie schnitzen und dichten. Natürlich wissen wir alle, dass nur das Wort

Gottes das Kostbarste ist. Aber es gibt Menschen, die das Wort mit den Sinnen erfassen müssen, um daran zu glauben."

Er legte ihr den Arm um die Schultern und zog sie fort. „Wir verbieten den Weibern den Eintritt ins Scriptorium. Sie stören nur und lenken meine Schreiber ab. Aber so ein kleines Mädchen wie du, das wird nicht stören. Zieh dir das Tuch über den Kopf und hier, halte die Pergamentrollen. Ich zeige dir, mit welchen Stoffen wir die Holzdeckel beziehen. Der Schneider wird mir den Hals umdrehen, wenn ich deine Borten dafür nehme. Er braucht dringend welche für die Messgewänder. Sende ihm deine Borten so schnell wie möglich."

Er führte sie durch ein schmales Tor, dahinter erblickte sie das Novizenhaus.

„Bruder Sigbert", Vuiberat stieß ihre Fersen in den Boden. „Ich würde gleich die Brettchen richten, um mit der Arbeit zu beginnen. Aber ich muss Alantwurzeln sammeln und Beinwell und so viele andere Heilkräuter. Wir haben keine Vorräte mehr im Laien-Infirmarium."

„Laien-Infirmarium. Was macht ein Edelfräulein wie du im Siechenhaus? Was treibst du dich im Wald beim Kräutersammeln herum? Weiß dein Bruder nicht, was sich gehört? Windelweich prügeln tut man solche Weiber, die nicht wissen, wo sie hingehören! Was braucht ihr? Alantwurzeln, Beinwell. Kein Problem. Feisthard soll vorbeikommen. Schaut der Mönch eigentlich nicht für Recht und Ordnung in seinem Haus?"

„Nun, ich glaube, Bruder Feisthard ...", antwortete Vuiberat, verstummte aber, da sie eben das Scriptorium betraten.

Ehrfürchtig blieb sie stehen. Der Pergament-Schutz vor den hohen Fenstern waren abgenommen worden. Sonnenstrahlen fielen in den Raum. Konnte man spüren, wo Sein Wort verewigt wurde?

Die Mönche standen an ihren Pulten, um mit Feder und Tinte das Wort Gottes von Wachstafeln abzuschreiben oder Initialen zu zeichnen und zu kolorieren. Manche beugten sich tief über das Geschriebene, andere vollbrachten mit ihren Federkielen schwungvolle Bewegungen. Leichter Schwindel umfing sie. Gratia superis. Wer wären sie ohne Sein Wort? Das Schreiben war heilig.

Die fertig zugeschnittenen Pergamentbögen lagen neben dem Eingang. Sie wusste, dass das Kloster zurzeit so viel Tierhaut benötigte, dass sie es aus dem fernen Norden beziehen mussten. Die edlen beschriebenen Bögen wurden aufeinander gelegt, verknüpft, in der Werkstatt mit hölzernen Buchdeckeln versehen, die mit Beschlägen verziert waren, und so zu einem Buch gebunden.

Sigbert war schon weitergegangen, blickte aufmerksam auf die Pergamentbögen der Schreiber, blieb stehen und verglich das Geschriebene. Es knallte, als Vuiberat zu ihm aufschloss. Einer der Novizen war mit dem Messer von seiner Feder gerutscht und hatte im Tisch eine Kerbe hinterlassen. Sigbert seufzte, ging zu ihm hin und gab ihm eine Ohrfeige.

„Sie lernen es nie“, brummte er und deutet Vuiberat an, ihm zu folgen. „Früher ließen wir sie bei jedem Vergehen fasten, doch dann kamen die nie mehr zum Fressen. Das nächste Mal gibt es wieder Stockschläge. Hitto sagte mir, du kennst die Psalmen“, wandte er sich an Vuiberat.

Vuiberat nickte, im Gegensatz zu Sigbert wagte sie nicht, die Stille des Raumes zu durchbrechen. „Wir haben letzthin einen schönen Psalter beendet. Ganz schöne Bilder darin, aus dem Leben Davids.“ Vuiberat nickte wieder. Hitto hatte ihr davon erzählt. Sie hoffte, dass sie das Librarium im ersten Stock besuchen würden. Den Ort, an dem all die Bücher des Klosters lagerten. Doch Sigbert führte sie in den hinteren Teil des Scriptoriums. Einer der Mönche war dort gerade dabei, aus Lapislazuli-Pulver Farben zu mischen. Vuiberat warf einen kurzen Blick auf die rot gefärbte Pergamentseite, die neben ihm lag – Codices Purpurei. Gerne hätte sie die Hände ausgestreckt und darüber gehalten.

„Hier haben wir es." Sigbert hatte ein Buch vor sich hingelegt. „Der Gundis-Codex, eingefasst in himmlische Stoffe."

Vuiberat konnte ihren Blick nicht von der roten Seide lassen, die den Buchdeckel zierte, so glänzend und fein. Noch nie hatte sie einen solch dünnen Stoff berührt. Eine Borte prangte in der Mitte. GUNDIS stand in weißen Lettern schwarz umrahmt darauf, dazwischen glänzte eine doppelte Winkellinie aus Gold auf Rot. Brettchenarbeit. Vuiberat beugte sich darüber, die Kette war aus Seide und der Grundschuss? Sie hätte das Band anheben müssen, um ihn zu erkennen.

„Goldlahn und feinste Seide aus dem Osten", sagte Sigbert. Schwungvoll öffnete er das Evangelistar. Ein großes I und ein verschnörkeltes C in Türkis, Rot, Blau und Gold prangten neben den kleineren Buchstaben. „Der Glanz Seines Wortes", rief Sigbert. „Doch zurzeit reißt mir der Schneider alle Borten für die Messgewänder aus der Hand. Er soll dir genügend Flachs und Wolle schicken und ..."

Ein Mönch trat auf Sigbert zu, fragte ihn etwas. Dieser blickte beschäftigt um sich, entließ Vuiberat mit einem Wink. Sie trat zur Seite, blickte nochmals in die Schreibstube, lauschte dem Kratzen der Federkiele. Schritt für Schritt, ganz langsam bewegte sie sich zum Ausgang. Feingliederige Finger setzten die Federspitzen sanft auf das Pergament, setzten Striche, verbanden schwungvoll die Linien. Sein Wort – für die Ewigkeit. Sie sog den Duft der Tierhäute und Tinte in sich ein. Nie wollte sie ihn vergessen.

*

Wie im Schlaf wandelte sie zurück, strich sich über ihre verheilten Arme, drehte sich immer wieder um.

Als sie das Infirmarium betrat, eilte Kebini ihr entgegen.

„Albrich hat einen Boten geschickt. Deine Mutter verlässt ihr Lager nicht mehr."

Vuiberat nickte geistesabwesend. Vor ihren Augen die goldene Borte, die verschlungenen Buchstaben. Die Glocke läutete zur Vesper. Nach dem Gebet würden sie den Weg nach Sante Georien unter die Füße nehmen. Alles war Gottes Wille.

„Sobald eine Gruppe Pilger in den Turgouwi zurückkehrt, brechen wir mit ihnen auf", sagte sie und spürte seit langem wieder, wie sich die Schwere auf ihre Schultern legte.

Der Pfad nach Sante Georien war ausgetreten. Die Bauern aus Abbazelle benützten ihn, um ihre Abgaben dem Kloster zu bringen. Vuiberat drehte sich immer wieder um. Von hier aus konnte man die ganze Klosteranlage überblicken. Das steinerne Münster mit seinem runden Turm, gleich daneben das Scriptorium mit seinen hohen Fenstern. Und die Werkstätten und Hütten, die sich darum gruppierten. Die Grenze zur Außenwelt markierte ein Palisadenzaun. Vuiberat wusste, dass sich der Abt eine Mauer wünschte, um den Klosterbezirk besser abtrennen zu können. Benedictus hatte es in seiner Regel bestimmt: Das Kloster solle eine Welt in sich sein, in dem die Mönche alles herstellen, was sie zum Leben brauchen. Eine Welt für sich, eine spirituelle, heilige Welt – für Männer. Vuiberat blieb stehen, betrachtete die Hütten, die außerhalb der Palisaden gebaut worden waren. Weitere Pilgerherbergen, das Infirmarium. Hütten für die wandernden Steinmetze und Händler. Der Strom der Menschen, die hier Arbeit fanden, brach nicht ab. Das Kloster war längst ein Ort geworden, der Handwerker von weit her anzog. Ludwig der Fromme hatte dem Kloster die Reichsunmittelbarkeit geschenkt, um hier seine Macht zu verankern. Der jetzige Abtbischof Salomo war sogar Berater des Königs, Ludwig dem Kind.

Und nun mussten sie auf den Fronhof zurück. Vuiberat lächelte gequält. In der Hofkapelle würde sie die Psalmen alleine singen. Das Gesinde würde sich von ihr abwenden und sich über die Stirn wischen, damit der böse Blick sie nicht treffe.

Als sie sich umdrehte, deutete ihr Kebini an, leise zu sein, und zeigte in das Dickicht. Zuerst konnte Vuiberat nichts erkennen, dann entdeckte sie den grauen Umhang Pertherads. Sie stand da, den Stamm einer Eiche umarmend, die Stirne daran gepresst. Wahrscheinlich betete sie. Vuiberat hob den Saum ihrer Tunika und gab Kebini ein Zeichen, damit die beiden so leise wie möglich ihren Weg fortsetzen konnten.

„Es ist ein heidnischer Brauch“, erklärte Hitto. „Der Herr lenkt alles. Wir müssen dem Wasser kein Brot opfern.“

„Aber es stört niemanden, wenn man Brot in den Brunnen wirft. Kadaver, ja, Kadaver verunreinigen das Wasser. Aber Brot ...“ Vuiberat zuckte die Schultern, wich etwas zur Seite, als Pertherad Brot und Zieger auf den Tisch stellte und sich setzte.

„Gott wird damit erzürnt. Es gibt nur einen Gott!“ Hittos Stimme war lauter geworden. Kebini senkte den Kopf. „Dann jammern die Sünder wieder, dass Hunger, Krieg und die Pest über sie kommen. Dabei können sie einfach nicht von ihrem Aberglauben lassen.“

„Und die Schafe übergeben den Priestern ihr ganzes Hab und Gut, um ihr Seelenheil von diesem einzigen Gott zu bekommen.“ Pertherad legte ihr Messer neben die Holzschale.

„Pertherad“, sagte Hitto drohend, „wer seinen Besitz dem Kloster übergibt, rettet nicht nur sein Seelenheil und das seiner Familie, sondern ist auch vor den Übergriffen gieriger Adeliger geschützt. Letzten Frühling hat Wigwalt seine Nachbarn angegriffen und fast die ganze Sippe ausgelöscht, nur um dessen Land zu bekommen. Das hätte der nie gewagt, wenn das Land dem Kloster gehört hätte.“

Vuiberat schaute aufmerksam zwischen den beiden hin und her. Sie war sich nicht sicher, wer den anderen in sein Bett geholt hatte. Kebini behauptete Pertherad gehöre zu Sante Georien. Sie diene jedem, der hier oben die Liturgie ausübe. Doch dafür benahm sie sich zu widerborstig.

„Bertram ist aus Rôme zurückgekehrt“, wechselte Hitto das Thema und brach das Brot, das auf dem Tisch lag.

Rôme – die Pilgerreise.

„Gottes Wege sind unergründlich. Ist er unverletzt?“, fragte Vuiberat. Hitto nickte. „Was hat er erlebt? Hat er die Gräber der Apostel gesehen? Hat er sich verändert?“

Hitto zuckte die Schultern. „Er hat von den vielen Weibern geprahlt, die er haben konnte und von weiteren Abenteuern. Nach Maria Himmelfahrt tauchte er im Kloster auf und wollte mit dem Abt sprechen, der muss ihn wohl oder übel wieder aufnehmen.“

„Und der Heilige Vater, die ewige Stadt?“

„Davon hat er nicht viel erzählt.“

Vuiberat starrte ihren Bruder an. Das Gebet an den Gräbern der heiligen Apostel musste Bertram doch verändert haben.

Dieser war vor zwei Jahren vom Abt zu der Pilgerreise verdonnert worden, nachdem er eine Magd geschwängert und deren Bruder, als der sich rächen wollte, den Schädel gespalten hatte. Bertram hatte für die Pilgerfahrt eine Gruppe junger Männer um sich gesammelt. Hitto hätte ihn gerne begleitet. Aber die Mutter hatte es ihm verboten. Sie wollte nicht den letzten Mann in der Familie verlieren. Vuiberat war erleichtert darüber gewesen. Der Bruder sollte mit ihr nach Rôme pilgern.

Als Bertram nach einem Jahr nicht zurückgekehrt war, fing man zu munkeln an. Die wenigen rückkehrenden Pilger, die im Kloster Halt machten, erinnerten sich nicht an ihn. Er wäre nicht der erste gewesen, der nie mehr wiederkehrte.

„Dann wurden die Pfade über die Berge sicherer", sagte Vuiberat leise, verdrängte den Gedanken an ihre tote Muhme in der Langobardia, und umfasste unvermittelt Hittos Handgelenk. Er hatte versprochen, mit ihr nach Rôme zu pilgern.

Wer an den Gräbern der Apostel bete, dem seien alle Sünden verziehen, predigten die Priester. Vuiberat hatte über ihre vernarbten Arme gestrichen und vor sich den Stellvertreter Christi in seiner Herrlichkeit gesehen, den Bischof von Rôme.

„In Chostinze steht ein Münster, ihr könnt dorthin zu den Gebeinen des Heiligen Pelagius pilgern", hatte die Mutter geantwortet, wenn sie sich ihre Reise ausmalten. Doch das war nicht dasselbe.

„Bertram hat mehrere seiner Begleiter verloren", riss Hitto sie aus ihren Gedanken, „fast ein Jahr weilten sie in der Langobardia, weil seine Wunden nicht heilen wollten."

„Dann hat er seine Finger vom Kriegshandwerk nicht lassen können."

„Warum soll er? Ihre Pilgergruppe sei mehrmals überfallen worden."

„Wir werden uns einer Gruppe aus dem Norden anschließen. Die kommen auch wieder zurück."

Er schob ihr die Hälfte des Brotes über den Tisch. „Dann iss", sagte er, „damit du dich während der Reise auf den Beinen halten kannst."

6 Anno Domini 906 Turgouwi

„Du bist ein abgestorbener Ast, der bald abgesägt wird", murrte Sigrid.

„Der abgestorbene Ast pflegt dich, anstatt in einem fremden Heim einem Gatten zu dienen", antwortete Vuiberat.

„Meine Pflege ist unwichtig. Ich komm schon wieder auf die Beine."

Sigrid schloss die Augen, die Schmerzen im Oberkörper waren stärker geworden, verwirrten ihre Sinne. Dabei musste sie doch nach dem Rechten sehen.

„Die Mönche haben dir den Kopf verdreht", stieß sie hervor. „Dabei sieht man doch von weitem, dass sie alle unter einer Decke stecken. Zuerst kämpfen sie jahrelang, um sich vom Einflussbereich des Bischofs zu befreien. Dann wird ihr Abt selber Bischof von Chostinze. Vuiberat!" Sie packte die Hand ihrer Tochter. „Siehst du das nicht? Wir Weiber haben keinen Platz in ihrer Welt. Sie benutzen uns und werfen uns dann weg. Du hast dich in ihre Welt verguckt. In ihre einlullenden Gesänge und schönen Worte." Sie lachte und hustete dann. „Sie achten dich erst, wenn du steif und tot auf dem Boden liegst – wie deine Schwester."

„Mutter", unterbrach Vuiberat sie und legte ihre Hand auf deren Brust. Doch Sigrid schlug ihre Hand weg, keuchte auf und rieb sich über die Rippen. Dieses Brennen in ihrer rechten Brust. Da waren sie, die Vorboten des Widersachers.

„Ich kenne deine Seele, Kind. Ich weiß, wonach du suchst. Du lässt dich von ihnen verführen, obwohl ich dich gewarnt habe. Kannst die Finger nicht von ihren süßen Worten lassen. Nähren dich Worte, wenn du hungerst? Kleiden dich Worte, wenn du frierst? Beklage dich nicht, wenn die Mönche dich wegwerfen, wie ein altes Stück Mist. Und unterlass das ewige Runterleiern dieser lateinischen Verse."

„Das Wort des Herrn führt, aber verführt nie."

„Und wer ..." Sigrid stützte sich ab, erhob sich mit aller Mühe. „Wer predigt dieses Wort? Wir haben ihnen unseren Tribut gegeben. Den einzigen Sohn haben sie mir genommen. Und was ... was haben sie mir ..."

Erschöpft ließ sie sich zurückfallen, schloss die Augen. Es war noch so viel zu tun und sie fühlte sich so schwach.

Sie spürte Vuiberats Hände, die ihr das verschwitzte Haar aus dem Gesicht strichen. Ihre Tochter blieb stumm, sang wenigstens diese eintönigen Psalmen nicht mehr. Vielleicht fand sie jetzt etwas Schlaf.

Vuiberat lehnte am Zaun und atmete die frische Luft ein. Aus dem Herrenhaus drang der Lärm der Essenden nach draußen. Sie mochte nicht daran teilnehmen, hatte noch nie gemocht, etwas zu essen: Die blutigen Fleischstücke, deren Fett über die Hand lief; der Gestank von Käse, vergorener Milch oder Bier; die schmatzenden Geräusche der Kauenden und deren immer leutseligeres Gehabe, wenn der Abend länger wurde.

Ihr Magen knurrte, sie strich darüber. Wenn der Hunger nicht wäre, könnte sie ihn vergessen, diesen Körper. Dieses fordernde Wesen, das sie immer mit sich trug. Das sich veränderte, ohne dass sie etwas dagegen tun konnte. Sie zog an ihren Ärmeln, die schon wieder zu kurz waren. Wenn sie Kebinis schwankenden Gang mit ihren breiten Hüften beobachtete und sich vorstellte, dass dies auf sie zukam, dann spürte sie selbst für einige Augenblicke ihren Hunger nicht mehr.

Kebini. Wo blieb sie auch? Gerne wäre sie jetzt in die Hofkapelle geeilt, um zu beten. Dort war es ruhig. Niemand störte, und sie konnte die Seligkeit des Herrn erahnen, bis die Pflege sie an Mutters Bett rief. Aber sie hatte Kebini gebeten, sie während des Essens hier draußen zu treffen. Da sah sie eine Gestalt aus dem beleuchteten Toreingang schlüpfen. Sie erkannte Kebinis leicht unregelmäßigen Schritt und rief ihren Namen.

„Herrin Vuiberat, ich habe Euch in der Dunkelheit kaum erkannt."

Vuiberat ergriff ihre Hand und führte sie zum Brunnen, dort setzten sie sich auf dessen Rand. Kebini kicherte, sie kicherte oft in letzter Zeit.

„Hartlieb gefällt dir, oder?", fragte Vuiberat ohne Umschweife.

Kebini kicherte wieder. Vuiberat blickte weg. Seit sie aus Sante Gallen zurückgekehrt waren, war ihre Dienerin kaum noch wiederzuerkennen. Nicht nur, dass Kebini plötzlich kichernd und errötend um ihren Vetter herumstrich, am Morgen hatte sie beobachtet, wie er ihr unter den Rock gefasst hatte.

Sie holte tief Luft. „Letzten Winter erwartete Berta ein Kind von ihm."

„Über die Berta sind viele gestiegen. Wer weiß, von wem das Kind stammt", antwortete Kebini spitz.

„Berta ließ erst die vielen an sich heran, als Hartlieb sie nicht mehr beachtete und die Tante sie verstieß, weil sie bei ihr den Hartlieb anschwärzte. Was blieb Berta da anderes übrig?" Vuiberat spürte den Stich immer noch. Bei der Mutter sich über den Sohn beklagen, wie dumm von Berta. Warum war sie mit ihren Sorgen nicht zu Sigrid gegangen?

„Sie starb im Kindbett. Alle sagen, es sei Gottes Strafe gewesen."

„Gottes Strafe? Wer kennt schon Gottes Strafe?" Vuiberat schloss die Augen. Vielleicht trank Berta etwas, um das Kind aus sich rauszutreiben, vielleicht starb sie eines natürlichen Todes.

„Aber Ihr mögt ihn doch auch." Kebinis Stimme klang trotzig.

„Ich mag ihn, weil er mein Vetter ist. Ich mag ihn, weil er mich in Ruhe lässt, sowie ich ihn in Ruhe lasse. Aber er ist ein Freiherr, Kebini. Er kennt seinen Weg. Mit vierzehn hat der Onkel ihn auf den ersten Feldzug mitgenommen, seine Braut ist schon lange erwählt. Hartliebs Blick ist nach vorne gerichtet. Er wird den Fronhof erben mit den Bälgern, die er gezeugt hat. Du bist sehr hübsch, Kebini. Aber du bist eine von vielen, die ihn befriedigen." Vuiberat unterbrach sich. Sie klang wie ihre Mutter.

Kebini hielt den Kopf gesenkt. Vuiberat suchte nach tröstenden Worten. Warum war Gertrud blind, wenn es um die Gefühle ihrer Tochter ging? Warum musste sie Kebini warnen? Es war ihr unerklärlich, wie Kebini wegen eines Mannes so kopflos werden konnte.

„Hat er dir etwas versprochen?", fragte sie.

Kebini schüttelte den Kopf. War Hartlieb gut aussehend? Oder war es sein herrisches Auftreten, das ihn so anziehend machte? Vuiberat wusste es nicht.

„Möchtest du gerne Kinder, eine Familie?"

Kebini schüttelte wiederum den Kopf, dann fing sie an zu schluchzen. Vuiberat legte den Arm um ihre Schultern.

„Sollen wir dir einen suchen?“, fragte sie und wusste selbst, wie aussichtslos dieses Unterfangen war. Kebini war eine Unfreie, eine Hörige, ihre Vorfahren waren Servis gewesen, die freigelassen wurden. Wer nahm eine solche zur Frau? Die Männer von Kebinis Stand konnten sich keine Frau leisten, noch weniger eine, die selber kein Vermögen hatte. Falls sie einen fand, dann konnte sie ihm nur als Kebse dienen, als Nebenfrau. Könnten sie dies ändern, wenn Vuiberat etwas von ihrer Aussteuer beitrug? Schade, dass die Mutter zu krank war, um darüber zu reden.

„Ich will bei Euch bleiben“, schluchzte Kebini. „Ich will bei Euch und Herrin Sigrid bleiben.“

„Das wirst du auch, für immer. Und falls Hartlieb dir ein Kind anhängt, würden wir dich nie verstoßen.“

Sie hielt Kebini mit beiden Armen, spürte ihren warmen, weichen Körper und wiegte ihn sanft.

Vuiberat drehte die Webbrettchen, öffnete mit dem Zeigefinger das Webfach und führte den Schussfaden bis zum Anschlag hindurch. Sanft strich sie über das aufgespannte Band, die weißen Wellenlinien auf dem dunklen Grund hielten von den roten Rauten in der Mitte den genauen Abstand. Wieder drehte sie die Webbrettchen. Die Ärmel ihrer Tunika rutschten zurück, zeigten ihre zerkratzten Arme. Kebini hatte ihr eben gemeldet, dass die Mutter schlafe, nachdem sie zwei Nächte hindurch kein Auge mehr zugetan hatte. Aufmerksam lauschte sie hinaus in den Hof. Hitto war auf dem Weg zu ihnen, Hartlieb hatte es ihr berichtet. Gerne wäre sie gleich in den Hof gestanden, um auf ihn zu warten. Doch die Pflege der Mutter hielt sie zurück, und dann hatte sie dem Kloster weitere Borten versprochen. Sie hatten genug Leinen, das nach Verarbeitung rief.

Sie überprüfte den Rand, strich über das feine Muster. Vorgeordnet, vorgespannt und ebenmäßig. Für die Worte des Herrn.

Sie schloss kurz die Augen. Der vierte Psalm, seine Worte formten sich in ihrem Kopf, lautlos bewegte sie die Lippen. Seit sie wieder auf dem Fronhof weilte, war die Schwere zurückgekehrt. Manchmal mit so einer Wucht, dass sie den Hof verlassen musste. Das Gesinde warf sich hinter ihrem Rücken wieder Blicke zu.

Rufe und Pferdegetrappel ließen sie aufhorchen. Sie sprang auf und eilte hinaus. Hitto war vom Pferd gestiegen und sprach mit Hartlieb, hinter ihnen standen zwei bepackte Maultiere. Der Bruder würde nicht mehr ins Kloster zurückkehren! Zwischen den Maultieren, die Zügel in der Hand, den Umhang über den Kopf gezogen, stand Pertherad.

War dies ein Zeichen des Herrn? Vuiberat bahnte sich einen Weg durch die Schaulustigen und umarmte die verdutzte Frau.

„Willkommen!“

Sie brauchte Pertherads Rat und Hilfe. Vuiberat winkte einem Stallknecht. Dann schob sie Pertherad nach vorne.

Gestern hatten drei Ochsen einen Pächter niedergetrampelt, der nicht mehr aufstand. Mit Pertherad konnte sie neben der Mutter mehr Kranke betreuen. Hier auf dem Hof besaßen sie keine Reliquien, aber Vuiberat würde beten und Pertherad besaß genügend Kräuterwissen.

„Ich stelle dich dem Onkel vor“, sagte Vuiberat.

Pertherad nickte. Sie wirkte ungewohnt stumm und eingeschüchtert, hielt den Kopf gesenkt, als sie neben die Männer traten.

Hitto sprach über die Wegverhältnisse. Albrich lächelte zufrieden, da das Kloster seinen Neffen endlich frei gegeben hatte. Die Männer nickten Pertherad zu, die Hitto als seine Dienerin vorstellte.

Vuiberat ergriff Pertherads kalte Hand und führte sie ins Herrenhaus. Kebini kam ihnen entgegen, begrüßte Pertherad und folgte ihnen. Sie stellten Pertherad einen Hocker neben die Feuerstelle, nahmen ihr den Mantel ab. Gertrud schöpfte ihr warmen Brei in eine Schale. Kebini und Vuiberat wechselten einen schnellen Blick, als sich Pertherad schwerfällig setzte. Ohne Mantel konnte man ihre Körperform erkennen.

„Du hast sie geschwängert!", fuhr Vuiberat ihren Bruder an, sobald sie vor dem Frauenhaus standen. Hitto hatte nach der Begrüßung seine Mutter sehen wollen und Vuiberat hatte ihn hierhergeführt.

„Deswegen begleitet sie mich. Mutter und Kind werden hier auf dem Hof ein gutes Leben haben", entgegnete Hitto.

„Das Kind wird deinen Namen nicht tragen! Was nützt dem Kind ein vergnügliches Leben auf dem Hof, ohne ...", Vuiberat schwieg, dachte an die schluchzende Kebini in ihren Armen.

„Schwester, im Gegensatz zu dir ist ein eigener Sohn das Schönste, was ich mir vorstellen kann. Ich werde ihn lieben, ob er meinen Namen trägt oder nicht und Pertherad wird eine gute Mutter sein. Sie selber trägt nicht den Namen ihres Vaters. Sie weiß, welches Schicksal auf ihr Kind zukommt. Schau dich um, wie viele Bälger rennen hier auf dem Hof herum? Warum verurteilst du mich deswegen?"

„Mit der Schwangerschaft bringst du Pertherad in Gefahr. Was, wenn sie bei der Geburt stirbt?"

Hitto nahm eine Strähne, die ihr ins Gesicht hing, wickelte sie um seinen Finger und strich sie hinter ihr Ohr.

„Denkst du wirklich, ich hätte Pertherad ohne ihr Wissen geschwängert? Ohne ihre Zustimmung? Sie weiß mehr über Schwangerschaften als wir alle zusammen."

Vuiberat wich seinem Blick aus. Sie sah Pertherad, wie sie den Baum umarmt hatte. ‚Sie hat einen Weg gefunden, wie sie dich für immer an sich binden kann', wollte sie ihm entgegenhalten, hielt sich aber zurück. Warum diese Verbitterung? Warum freute sie sich nicht für ihren Bruder? Aber in ihr wütete das Feuer. Als Vater würde er sich an eine Familie binden und nicht mehr mit ihr nach Rôme pilgern.

„Was wird Mutter dazu sagen?", frage sie.

„Wir müssen ihr nichts sagen. Sie wird die Geburt wohl nicht mehr erleben", antwortete Hitto zögerlich.

Vuiberat entglitt ein Lachen: „Sie wird noch auf dem Totenbett merken, was los ist." Sie berührte Hitto leicht an der Schulter.

„Ich werde mit ihr reden", sagte sie versöhnlich.

Sigrid lächelte, als Vuiberat ihr von Pertherads Schwangerschaft erzählte. Ein Enkel, ihr Sohn war trotz des Klosters ein ganzer Mann. Fiebrig verlangte sie Pertherad zu sehen. Schließlich konnte sie mit einem Blick erkennen, ob die werdende Mutter genug stark war, den Kleinen auszutragen und zu nähren. Sie wollte sehen, wer das Kind ihres Sohnes trug. Und den Bauch, den Bauch musste sie berühren, das neue Leben darin erspüren. Auch ihr Blut. Vielleicht war der Tribut, den sie der Kirche gezahlt hatte, doch nicht so folgenschwer gewesen.

Hitto wusste nicht, wie Vuiberat mit diesen Frauen ins Gespräch gekommen war. Er konnte sich auch nicht ausmalen, wie sie ihr Vertrauen gewinnen konnte. Ihn mieden diese Frauen: Unfreie und Kebsen. Sie huschten mit gesenktem Blick an ihm vorbei. Ihre Stimmen wurden leiser, wenn er in ihre Nähe kam. Ab und zu tauchten sie in der Messe auf, die er seit den paar Wochen, die er auf dem Fronhof weilte, täglich las. Sie ließen sich die heilige Hostie auf die Zunge legen, um diese anschließend in den Brunnen zu werfen.

Heiden, verlorene Seelen. Gallus hatte noch ihre Tempel zerstört. „Wir zerstören nicht. Worte und Taten werden sie überzeugen“, hatte der Abt ihnen gepredigt, als Junge war er darüber enttäuscht gewesen.

„In der Hütte des Köhlers liegt eine kranke Frau. Holst du sie?“, hatte Vuiberat ihn gefragt. „Pertherad weiß ihr zu helfen.“

Ein Infirmarium auf dem Fronhof? Siechende setzte man aus! Wer wollte schon ihre Seuchen und bösen Geister unter dem eigenen Dach beherbergen? Pertherad, die immer runder wurde, hatte er nicht aus dem Kloster weggebracht, damit sie hier wieder unter die Kranken kam.

„Der Onkel hat nichts dagegen. Er ist froh, wenn sich jemand der Bedürftigen annimmt“, hatte Vuiberat erklärt. Hitto sah die Schwester vor sich. So hager sie war, so zerkratzt ihre Arme, aus ihren Augen leuchtete ein Feuer, als hätte sie Fieber. In diesem Zustand war sie nicht zu bremsen.

„Was wird der Köhler sagen, wenn ich ihm das Weib hole?“

„Es ist nicht sein Weib. Er wird froh sein, wenn er die Kranke los ist. Manchmal werden sie aus dem Haus gejagt und sie verrecken alleine am Wegesrand.“

„Weil sie einen bösen Geist in sich tragen.“

„Den Geist treiben wir mit Gottes Hilfe aus.“

Wortlos hatte er sich den Umhang übergeworfen.

„Soll ich dich begleiten?“, hatte sie ihn gefragt. Er hatte nur den Kopf geschüttelt.

Die Frau war erstaunlich leicht gewesen, als er sie aufgehoben hatte. Nun lag sie schwer auf seinen Schultern, stöhnte ab und zu. Der Köhler hatte sich geweigert, ihm beim Tragen zu helfen. Er hatte dem Mann ins Gewissen geredet und ihm ein paar Gebete aufgebrummt. Wahrscheinlich kannte er gar keine Gebete. Der Alte war ein Steinanbeter. Hitto hatte die welken Pflanzen auf dem Felsen gesehen.

Die Frau war gestürzt, nun konnte sie nicht mehr auftreten und sie hatte Fieber. Ein schlechtes Zeichen. Hitto schob sich einen Zipfel seines Mantels vors Gesicht, damit der böse Geist der Kranken nicht in ihn drang. Nicht jetzt, bald wurde er Vater. Der Gedanke an sein Kind ließ ihn schneller vorwärtsschreiten.

Vuiberats Absichten, den Kranken zu helfen, waren löblich. Wusste sie aber, was auf sie zukam? Wenn diese Frau sich tagelang vor Schmerzen schreiend im Stroh wälzte und dann verendete, dann würde man Vuiberat des bösen Zaubers bezichtigen. Als munkelte man nicht schon genug über ihre Kratzer, das viele Beten. Er wankte, hielt an und legte die Frau vorsichtig auf den Boden. Sie riss die Augen auf, starrte ihn an.

„Wir gehen gleich weiter“, sagte er beruhigend. Sie hatte noch kein Wort gesagt, hatte nur genickt, als er ihr erklärte, warum er sie mitnehme. Als hätte sie schon gewusst, dass er komme.

Hitto wischte sich kurz den Schweiß von der Stirn, lockerte seine Schultern. Dann hob er sie wieder auf. Sie legte ihre Arme um seinen Nacken.

„Vuiberat bereitet alles vor", erklärte er ihr. „Im Fronhof wird alles besser." Er kannte nicht einmal ihren Namen.

„Hitto?" Kebini stand hinter ihm. Sonst kam sie nie in die Kapelle. Lag Pertherad in den Wehen? Sogleich erhob er sich.

„Sie befindet sich im Eichenhain. Liegt hinter der vom Blitz getroffenen." Er ließ sich mitziehen. Als er im Hof Pertherad beim Waschen erblickte, dämmerte es ihm.

„Vuiberat?"

Kebini nickte, zog ihn mit gebückter Haltung weiter. Die Erde hinter dem Hof war aufgeweicht, die Schafe blökten im Matsch. Sie achtete nicht darauf, zog ihn mitten durch die Herde. Ein schwarzes Schwein suhlte sich im Morast. Zuerst passierten sie Hasel und Weißdorn. Unter den Eichen wurde der Boden fester.

Ohne Kebinis Hilfe hätte er sie nicht gefunden. Zusammengekrümmt wand sie sich zwischen den Wurzeln einer mächtigen Eiche, jammerte gleichtönig, kratzte sich über die blutigen Arme. Ihre Fersen stießen immer wieder gegen den Stamm.

„Schwester!" Er packte sie an der Schulter, strich ihr über den Rücken. „Komm in die Kirche."

Sie schrie auf, krümmte sich noch mehr zusammen. Ihre Schultern zuckten.

„Nein.“ Hitto griff unter den Umhang, um ihre Handgelenke zu packen. „Wir gehen zusammen in die Kirche und werden beten.“

Er zog sie an sich und versuchte sich zu erheben. Kebini half ihm. Vuiberat schrie auf, wand sich.

„Wir sind es“, flüsterte Kebini und strich ihr die schmutzigen Haare aus dem Gesicht. „Wir sind es. Hitto und ich.“

Der zuckende Körper entspannte sich, ihre Arme fielen hinunter. Mit zitternden Lippen starrte Vuiberat ins Nichts, schwankte. Hitto musste sich mit ihr an die Eiche lehnen, um das Gleichgewicht zu halten.

„Ein Dolch.“ Ihre Lippen bewegten sich kaum. „Der Dolch in mir.“

Kebini streichelte weiter über ihr Haar und warf Hitto einen verzweifelten Blick zu.

„Schwester.“ Hitto sprach ganz nahe an ihrem Ohr. „Et benedictio Dei omnipotentis: Patris et Filii et Spiritus Sancti descendat super vos et maneat semper.“

Ein Zittern durchfuhr ihren Körper. Sie setzte ihre Füße auf den Boden und richtete sich auf. Den Blick immer noch in die Ferne gerichtet.

Hitto stützte sie auf dem Rückweg. Sie wankte trotzdem. Kebini versuchte im Gehen, die Ästchen und Blätter aus Umhang und Haaren zu befreien.

Als Vuiberat versuchte, sich den Dreck aus dem Gesicht zu wischen, atmete Hitto auf. An den Schafen vorbei führte er sie gleich zum Brunnen. Zum Glück waren die Wäscherinnen weg. Vuiberat trank, wusch sich Hände und Gesicht.

„Was ist geschehen?“, fragte er Kebini leise. Diese zuckte die Schultern.

„Hat sie das oft?“

„Nicht mehr als früher.“ Kebini blickte um sich. Niemand war stehen geblieben, um ihnen zuzuschauen. Trotzdem würde man hinter der Hand über Vuiberats Anfall sprechen.

Diese fuhr sich mit dem Ärmel über den Mund, blickte dann zu ihnen herüber. Schien sie erst jetzt wirklich wahrzunehmen. Der Ärmel ihrer Tunika war mit Blut verfärbt.

„Gehen wir, wir kommen gerade richtig zur Sext“, sagte Hitto aufmunternd. Kebini verabschiedete sich verlegen.

Zusammen schritten die Geschwister über den Hof. Hitto stützte seine Schwester im Kreuz.

Die schmale Holzkapelle war das edelste Gebäude auf dem Fronhof. Die Bretter waren sorgfältig gehobelt und ineinander gekeilt, die Balkenenden mit Kerben geschmückt. Albrich hatte die Baustelle von seinem Vater übernommen und fertig stellen lassen. Umso dringender war es, dass Hitto als Leutepriester an den Hof kam.

Vuiberat wartete reglos, als er die Türflügel aufstemmte.

„Hast du etwas gesehen?“, fragte er endlich. „Hast du eine Vision gehabt?“

Sie schüttelte den Kopf. Er glaubte ihr nicht. „Ich sehe nicht in die Zukunft“, sagte sie trotzig. Hitto bekreuzigte sich.

Niemand stand sonst da. Es genügte den Bewohnern des Hofes zu wissen, dass er die Gebete verrichtete.

„29ter und 30ter“, sagte er, ohne zu wissen, ob er richtig lag. Das nächste Stundenbuch, in dem die Nummern der gebeteten Psalmen aufgeschrieben waren, lag im Kloster. Zwei Tagesreisen von hier entfernt. Vuiberat nickte. Gleichzeitig sanken sie in die Knie.

„Domine labia mea aperies - Oh Herr, öffne meine Lippen“, rezitierte er mit voller Stimme, dehnte die letzten Vokale und ließ sie im Raum vibrieren. Diese Eröffnung sang man zur Vigil, aber Vuiberat liebte sie.

„... et os meum adnuntiabit laudem tuam - damit mein Mund dein Wort verkünde“, antwortete sie klar und rein.

Sigrid verließ ganz entgegen ihrem sonstigen Wesen lautlos und unbemerkt diese Welt. Vuiberat hatte der Magd des Schmieds gerade den Wickel abgenommen und wollte ihn auswaschen, als sie beim Vorbeieilen einen Blick auf die liegende Mutter warf. Ein Arm hing seltsam verdreht vom Strohsack. Die leblose Hand am Boden machte sie stutzig. Sie rief Mutters Name, fühlte den Puls und rief nach Pertherad. Schwerfällig trat die Schwangere heran, hob die Augenlider der Liegenden und nickte wissend.

Ein Gebet lag Vuiberat auf der Zunge, aber sie zitierte es nicht. Die Mutter mochte es nicht, wenn sie betete. Sie verbeugte sich, bis ihre Stirn auf Mutters Hand lag. Und dann dankte sie ihr, dankte ihr immer wieder, für alles, was sie von ihr bekommen hatten und in den Dank floss ihr Gebet für Athas Seele und ihr Leben nach dem Tod ein.

Pertherad rief Hitto, Gertrud und Kebini. Die Frauen knieten sich hin, jammerten und weinten. Danach wuschen sie den Körper und bahrten ihn auf. Damit die Bewohner des Hofes von der Freifrau Abschied nehmen konnten.

Vuiberat kämmte ihre Haare, flocht sie zu einem Zopf und steckte ihn hoch. Spürte der Leere nach, die nun plötzlich entstanden war. Monatelang hatte die Mutter gekämpft, war tagelang nicht ansprechbar gewesen. Vuiberat hatte sich in der

Pflege abgewechselt. Und nun herrschte plötzlich diese Leere in ihr. Was machte sie ohne die Mutter auf dem Fronhof?

Vorsichtig zog sie die Nadel durch die geflochtenen Haare, blickte zu Hitto, der die Totengebete rezitierte. Mit der Hand segnete er Sigrids Körper, als würde er dies täglich tun. Der Bruder war ihr noch nie so fremd vorgekommen.

Eifrig richtete sie das Totenhemd. Die Mutter würde in drei Tagen unter die Erde gelegt. Bis dann wenigstens hatte sie genug zu tun.

Doch es geschah nicht ganz so. Sigrids Seele ging nicht alleine und es gab Stimmen, die behaupteten, sie habe das Kind mit sich genommen.

In der folgenden Nacht wurde Vuiberat von Schreien geweckt. Pertherad wälzte sich im blutigen Stroh.

Kebini und Gertrud ließen sogleich Wasser aufkochen und scheuchten alle Männer aus dem Herrenhaus. Hitto protestierte, als seine Schwester ihn in die Kirche schickte. Hartlieb zog ihn schließlich mit sich.

Vuiberat stützte Pertherads Oberkörper. Dann betete sie, hielt sich an den Worten, sah Pertherads schweißnasses Gesicht nur von weitem.

Es war eine der schwereren Geburten auf dem Fronhof. Das Kind kam zu früh. Die Frauen wussten es. Und es war, als würde das Getuschel der Außenstehenden schon im Gebälk hängen. Sigrid holte sich ihren Enkel. Sie wollte nicht alleine gehen.

Pertherad kämpfte. Ihre Pupillen verdrehten sich. Das Weiß ihrer Augen blitzte auf, wenn sie erschöpft nach hinten fiel.

„Sie wird auch gehen“, rief Kebini ängstlich.

„Nein“, sagte Vuiberat. Nicht Pertherad, die hier mit ihr am Hof das Werk des Herrn umsetzte. Sie schüttelte sich, als müsse sie etwas loswerden. Dann wischte sie der Liegenden den Schweiß aus Nacken und Gesicht. „Betet Hitto noch in der Kirche?“

Die Frauen beschlossen, ihn dort zu lassen. Gertrud tastete zum wiederholten Mal den Bauch ab. „Es muss gehen. Komm endlich“, flüsterte sie. Pertherad schrie wieder auf, beugte sich nach vorne.

„... uuerdu willo diin, so in himile sosa in erdu“, rief Vuiberat laut. Pertherads Worte, sie mochte kein Latein.

„Es bewegt sich“, rief Gertrud. „Es kommt, etwas kommt.“

„So uuir oblazem uns sculdikem“, flüsterte Vuiberat. Ihre Tränen tropften zu Boden, als sie Pertherad das nasse Haar aus dem Gesicht strich. Diese schrie wieder auf, presste, immer wieder, immer schwächer. Vuiberat schaute nicht hin, was Gertrud schließlich in der Hand hielt. Es schrie nicht. Vuiberat schaute in Pertherads Gesicht, betrachtete die flatternden Augenlider, die weißen Lippen. Sie lebte noch.

Gertrud gab Kebini einige Anweisungen, weitere Frauen liefen hin und her, brachten warme Tücher, Salbentiegel. Dann stand Gertrud auf und schritt davon. Pertherad hielt die Augen geschlossen, keuchte schwer. Erst jetzt kam wieder Leben in Vuiberat. Sie sprang auf, eilte Gertrud hinterher und packte sie beim Ärmel.

„Bring es Hitto! Er muss es segnen“, befahl sie.

„Da gibt es nichts zu segnen“, antwortete Gertrud. Vuiberat schüttelte den Kopf, zerrte die Dienerin an der gaffenden Menge in Richtung Kapelle.

„Zum Segnen ist es nie zu spät“, sagte sie.

„Du weißt nicht, was ...“

„Doch ich weiß es. Nichts hat sich in Pertherad eingenistet und sie versündigt.“ Sie hielt inne, blickte wild um sich. „Der Herr entscheidet über Leben und Tod, nicht der Widersacher!“, schrie sie den Umstehenden entgegen.

Widerstrebend ließ sich Gertrud über den Hof zur Kapelle ziehen. Vuiberat polterte an die Holztüren. Sogleich hörten sie Schritte. Hitto öffnete, sah sie bleich und mit rot unterlaufenen Augen an.

„Taufe das Kind!“, befahl Vuiberat. „Und dann hol den Spaten.“

Wortlos blickte er sie an, dann brach er zusammen.

„Hör auf zu beten.“ Pertherads Stimme war nur ein Flüstern, trotzdem zuckte Vuiberat zusammen. Sie tastete unter dem Fell nach den Händen der Liegenden, drückte sie. Vor zwei Tagen hatte sie das Kind geboren. Seither war sie noch nicht aufgestanden, lag bleich und starr da auf einem Strohsack im Frauenhaus. Sie wartete auf den Tod. Vuiberat versuchte, in der Dunkelheit ihre Gesichtszüge zu erkennen, sah aber nichts. Sie war froh, dass Kebini ihr half, das blutige Stroh auszuwechseln, um den Geruch nach Verwesung fernzuhalten.

„Das Wort des Herrn heilt dich“, antwortete sie leise. Sie würde die ganze Nacht bei Pertherad wachen.

„Das Wort Gottes!“ Pertherad keuchte. „Was hilft mir ein Wort? Die Kirche kriecht den Reichen in den Arsch, zertrampelt die Armen und schändet uns Frauen.“

Vuiberat strich ihr weiter über die Hand. Wenn Pertherad wieder hassen konnte, ging es ihr besser.

„Wenn du morgen aufstehst, zeige ich dir sein Grab“, flüsterte sie. Sie hätte Pertherad längst fragen müssen, was sie dem Kind auf seiner Reise hätte mitgeben sollen. Warum hatte sie dies nur vergessen? Sie kannte doch die alten Bräuche.

„Du glaubst wirklich daran“, flüsterte Pertherad, „an diese Herrlichkeit in ihren Kirchengebäuden, zwischen ihren Buchdeckeln. Nicht wahr?“

Vuiberat lächelte müde. Sie zog die Knie etwas höher, rutschte näher an die Wöchnerin heran. Ein Stich fuhr ihr durch den Rücken.

„Lass die Priester machen, Pertherad. Der Herr wird über sie richten. Das einzige, was zählt, ist Sein Wort. Und du kennst die Kraft der Worte.“

Pertherads Hand drückte zu, immer fester.

Hittos Hände zitterten leicht, als er den Wein in den Kelch goss. Die Mutter lag im Sarg vor ihm. Dahinter stand die Gemeinde. Alle waren anwesend, selbst die älteste Schwester war mit dem Freiklingen und ihren Kindern aus Chostinze angereist.

Er schwenkte den Wein und sah nichts darin. Sein Kind lag tot hinter dem Eichenhain unter der Erde. Pertherad hatte ihre Bettstatt noch nicht verlassen und drehte sich weg, wenn er den Raum betrat.

Gertrud und Kebini hatten in der Früh mit leisem Gemurmel ein mit Blut besudeltes Tuch, in dem etwas eingewickelt war, in Mutters Sarg geschmuggelt. Vuiberat hielt ihn zurück einzuschreiten. „Sie trauern auf ihre Weise", erklärte sie.

Er hob den Kelch, sprach die Worte, wandelte den Wein zu Blut. Segnend hob er die Hände, sprach Worte, ohne sie zu hören. Dann trank er das Blut. Ein pelziger Geschmack blieb auf seiner Zunge haften. Gott hatte ihn für seine Fleischeslust bestraft. Er war ein Sünder. Er durfte hier nicht stehen.

Wie im Traum trat er vor die kniende Gemeinde, legte ihnen das Fleisch Christi auf die Zunge. In diese riechenden Münder, aus denen so viel Sündiges herauskam. Hitto erschauerte. Wo war sein Kind?

Als er wieder hinter dem Altar stand, schaute er sie an. Sie schauten zurück. Dann fiel es ihm ein. Der 90. Psalm: Der ewige Gott – der vergängliche Mensch – wie sein Kind. Er hob an – ein Gebet von Mose - doch kein Wort kam über seine Lippen. Was bedeuteten schon all die Wörter und Gebete, wenn die Gebeine seines Kindes da draußen unter der Erde lagen? Er starrte auf den Sarg seiner Mutter. Nur die weiße, dünne Nase ragte über die Holzwand hinaus. Er sah Pertherad, wie sie im Sarg lag. Er schloss den Mund, blickte die Gemeinde an. Ob 90. oder 64 Psalm, Gebete von Mose oder David, alle Worte vermischten sich in seinem Kopf, wisperten ihm vom verlorenen Leben seines Kindes. Von seinem sündigen Treiben.

Schwindel befiel ihn, unbeholfen packte er den Rand des Altars, klammerte sich daran fest. Da hörte er ihre Stimme: „Oratio Mosi viri Dei Domine habitaculum tu factus es nobis in generatione et generatione."

‚Herr Gott, du bist unsere Zuflucht für und für.‘ Hell und klar, ohne Fehl schwebten die Töne über den stummen Häuptern: „... antequam montes nascerentur et parturiretur terra et orbis a saeculo et usque in saeculum tu es.“ ‚Ehe denn die Berge wurden und die Erde und die Welt geschaffen wurden, bist du, Gott, von Ewigkeit zu Ewigkeit ...‘, übersetzte er für sich.

Sie brach nicht ab, verlangte keinen Antwortgesang. Senkte dort den Ton und dehnte die Vokale, wo es vorgegeben wurde. Hitto stützte sich auf dem Altar ab. Atmete tief aus und ein.

„... convertes hominem usque ad contritionem et dices revertimini filii Adam.“ ‚... der du die Menschen lässest sterben und sprichst: Kommt wieder, Menschenkinder!‘

Sie sang es für ihn! Sie sang das Wort des Herrn und gleichzeitig sprach sie zu ihm. Hitto blickte auf, wollte ihr Angesicht in der Menge finden, die verschwamm jedoch vor seinen Augen.

Ihr hoher, reiner Ton füllte den Raum, legte sich auf die Schultern der Gläubigen und umschlang sie wie ein Tuch. Unwichtig, ob sie die Worte verstanden oder nicht. Die Gemeinde stand reglos, lautlos, damit nichts den Klang der sanften und doch so kräftigen Töne störte.

Hitto schauderte. Vuiberat trauerte. Sie trauerte mit ihm, mit der Schwester, mit ihnen allen. Die erste Träne tropfte von seinem Kinn auf den steinernen Altar.

„... posuisti iniquitates nostras coram te neglegentias nostras in luce vultus tui.“ ‘... Denn du siehst unsere geheimsten Fehler, alle unsere Vergehen deckst du auf. - Ich übergebe mich‘, dachte er, ‚ich übergebe mich ganz Seinem Willen.‘ Er schloss die Augen.

Pertherad fiel ihm ein. Er musste sie holen, damit sie die mit Mund und Herz verwobenen Worte hörte. Doch er blieb stehen, bis der letzte Ton verklungen war.

Mit zitternden Händen erteilte er den Segen.

Vuiberat wartete, bis die Grube gefüllt war. Kebini und Gertrud blieben neben ihr stehen.

„Hitto kümmert sich um die Gäste", hatte Kebini erklärt. Vuiberat entgegnete nichts. Hitto konnte sich zurzeit um nichts kümmern. Hartlieb würde als Gastgeber auftreten. Er war hier am Grab ganz unruhig gewesen. Beata, seine Mutter, hatten sie vergangenen Sommer unter die Erde gelegt. Albrich hatte nicht lange gezögert, die nächste zu ehelichen.

Zwei Knechte stampften die Erde zurecht. Asche zu Asche.

Die Nachricht, die seit Tagen kursierte, würde die Männer in nächster Zeit beschäftigen. Der Karolinger habe im Osten gegen die Ungarn ein großes Heer verloren. Die Barbaren würden nicht zögern, das Reich zu plündern. Die Bauern hatten Angst, aufs Feld zu gehen, die Heiraten wurden verschoben, die Taufen überstürzt durchgeführt. Ihre Mutter war rechtzeitig gegangen.

Albrich hatte Hartlieb mit seinem Gefolge nicht erlaubt, im Heer des Karolingers mitzureiten. Er sei noch zu jung, log er. Dabei wollte er als Alemanne weder den Schwabenherzog noch den Karolinger unterstützen. Nun war deren Heer besiegt und die Freiherren würden sich während des Leichenmahls der Mutter über die Stärke des alemannischen Adels auslassen. Sie wollten sich vom Karolinger lösen und selber gegen die Ungarn ziehen. Hochmut war eine der Todsünden. Vuiberats Hände verkrampften sich. Es war, als könne sie von weitem Schreie hören, die Hand der Muhme auf ihrem Nacken. Der Herr würde ihre Sünden bestrafen.

Da brach Gertrud weinend in die Knie. Kebini beugte sich zu ihr hinunter.

„Sag deiner Mutter, dass wir sie hier auf dem Fronhof brauchen. Sie wird nicht verstoßen", hatte Vuiberat Kebini eindringlich gebeten. Diese hatte eifrig genickt, mehrmals mit der Mutter gesprochen. Doch diese ließ sich nicht beruhigen. Wem konnte Gertrud noch dienen? Der Hadamar-Zweig war auf dem Fronhof verschwunden. Vuillidrud eine Freiklingen in Chostinze, Sigrid und Atha tot, Hitto ein Priester und sie?

Sie betrachtete die frische Erde auf dem Grab ihrer Mutter. Hier würde bald wilder Fenchel wachsen. Asche zu Asche, Staub zu Staub. Sie starrte darauf, verlor sich in ihrem Blick, verlor sich in der Erde, bis sie aufschreckte. Es war niemand mehr da. Vuiberat strich sich über die Stirn und schüttelte dann ihre Hand, damit die wirren Gedanken wegflogen. Die Eltern tot und die Ungarn plündernd im Reich. Die Zeit war gekommen: Sie überreichte ihr Leben dem Herrn.

Eine Woche nach der Beerdigung wartete Vuiberat nach der Vesper außerhalb der Kapelle auf ihn. Sie kauerte auf dem Boden wie ein Vögelchen. ‚Schwester', müsste er zu ihr sagen. ‚In deinem Alter sind die Frauen rund und füllig und wunderbar zum Anfassen.' Aber er sagte nichts. Er hatte selbst nichts mehr zum Anfassen.

Nur wenn er ihre Augen sah. Dieses rastlose Feuer erkannte. Dieser Blick, der alles in sich aufsaugte und dann an einen Ort schaute, der nicht von hier war. Dann musste er sich gestehen, dass viele Frauen in ihrem Alter schon anfingen, das Haupt zu beugen und den dumpfen Blick der Ergebenheit anzunehmen.

„Wir verkaufen Hartlieb Vaters Waffen und pilgern nach Rôme." Der Entschluss stand in ihrem Gesicht. Langsam kauerte er sich neben sie.

„Vuiberat, ich bin hier der Leutepriester", setzte er an.

„Du kannst hier in zwei Jahren wieder der Leutepriester sein. Die Hofkapelle rennt dir nicht davon."

Er fuhr mit der Hand über die harte Erde, erfasste einen Kieselstein. Pertherad war wieder auf den Beinen, wusch mit Kebini die Wäsche, sammelte Kräuter. Ihn sah sie nicht mehr an. Sein Same war verflucht.

„Nach Pfingsten werden wir losziehen und die Alpenpässe erreichen, wenn sie frei von Schnee sind." Vuiberat legte ihre Hand auf seinen Arm. „Wir haben noch Zeit, um uns vorzubereiten."

„Ich habe mich dem Onkel verpflichtet."

„Albrich wird dankbar sein, wenn sein Priester in Rôme die Gräber der Apostel besucht und dort für unser aller Seelenheil betet. Und Hartlieb bevorzugt des Vaters Waffen. Er wird sie gebrauchen."

Hitto warf den Kieselstein in die Luft, fing ihn auf. Früher hatte er davon geträumt nach Rôme zu pilgern. Aber jetzt?

„Was hält dich fest?", fragte Vuiberat.

Er hatte darauf keine Antwort.

„Pertherad wird nicht mehr mit dir ..." fing sie zögerlich an.

„Sei still!", unterbrach er sie.

„Wir sollten uns von unseren Sünden reinwaschen und können zugleich für das Seelenheil der Eltern beten", sagte sie versöhnlich.

‚Falls wir je in der ewigen Stadt ankommen', dachte Hitto, betrachtete die Ställe und das Herrenhaus. Klammerte er sich an sein jämmerliches Leben?

„Bricht sonst noch jemand zur Pilgerschaft auf?", fragte er.

„Albrich braucht seine Leute. Jetzt wo die Barbaren ..."

Unruhig presste Hitto den Kiesel in die Erde. Seit Albrich von der Niederlage des Kaisers gegen die Ungarn gehört hatte, wartete er auf eine Nachricht der Hunfridinger, um ihnen seine Krieger zu schicken. Die Angst vor den Ungarn lähmte hier alle. Selbst die Rodung südlich der Hofsenke war eingestellt worden.

„Vielleicht hat Abt Salomo wieder jemanden zu einer Pilgerreise verknurrt", erklärte Vuiberat. „Wir werden es erfahren, wenn wir in Chostinze auf eine Reisegruppe aus dem Norden warten."

Hitto musterte die Schwester.

„Willst du weg, weil die Ungarn kommen?", fragte er und bemerkte, wie sie leicht zusammenzuckte.

„Sie werden nicht kommen", sagte sie mit fester Stimme.

„Seit wann glaubst du an die Weissagungen der Vogelschauer", fragte er spöttisch.

„Ich weiß, dass sie nicht kommen", sagte sie lauter und starrte ihn an. Er zuckte zurück. Seit Jahren trug sie keinen Schmuck mehr, ritt kein Pferd, als befände sie sich schon auf der Pilgerschaft. Sie würde sich noch alleine auf den Weg machen, wenn er sie nicht begleitete.

„Was wird aus all den Kranken hier?", fragte er vorsichtig.

„Pertherad hat versprochen, sich ihrer anzunehmen. Solange sie im Frauenhaus gepflegt werden, wird es niemanden stören."

‚Sobald wir weg sind', dachte Hitto, ‚wird Hartlieb dem ein Ende bereiten.' Kein Hofherr will sein Anwesen den Siechen und Krüppeln überlassen und den Seuchen damit Tür und Tor öffnen. Der Onkel hatte eine Schwäche für Vuiberat, nur deswegen erlaubte er die Pflege.

Da horchte er auf. ‚Sobald wir weg sind.' Dachte er schon so?

„Vater hat zwei Speere und seine Sax hier gelassen. Oder?", fragte er nach. Der Vater war vom Schlachtfeld nie zurückgekehrt. Aber von früheren Feldzügen hatte er erbeutete Waffen heimgebracht.

„Ich habe in Mutters Truhe noch drei Dolche, eine Axt und einen Helm gefunden."

„Das reicht nicht für zwei Maultiere."

„Hartlieb würde uns dafür zwei Maultiere geben. Mit Mutters Schmuck können wir uns den nötigen Vorrat kaufen."

„Was ist mit deiner Aussteuer?", fragte er.

„Die übergab ich schon dem Kloster. Der Rest gehört den Dienerinnen. Es geht alles auf, Hitto. Ich habe es durchgerechnet. Wir können während der Apfelblüte das Bußhemd anziehen und losziehen. Gertrud schert schon die Ziegen dafür."

„Einen Dolch nehme ich mit."

„Das dürfen wir nicht."

Hitto zuckte die Schultern. „Die meisten Pilger sind bewaffnet. Du weißt ja, was ihnen alles geschehen kann. Wirst du als Mann reisen?"

Vuiberat schüttelte den Kopf, bekreuzigte sich. „Das ist eine Sünde."

‚... von der wir uns reinwaschen können', dachte Hitto und betrachtete seine Schwester. Sie würde gut als Junge durchgehen, so mager, wie sie war. Und ihnen bliebe eine Menge Ärger erspart.

„Die Heilige Stadt ist für alle da. Wenn nur noch Männer hinpilgern, macht es das den Frauen auch nicht einfacher."

Das passte zu ihr.

„Der schwarze Rock hindert mich beim Gehen. Ich werde die kurze Tunika tragen", sagte er herausfordernd.

„Die Menschen würden froh sein, wenn sie einen Priester zu Gesicht bekommen", entgegnete sie.

„Priester bleibe ich auch ohne Rock", sagte er und spürte plötzlich eine Leichtigkeit in sich: Keine Beichte mehr abnehmen, keine Messe mehr lesen und keine Vorgaben mehr von Albrich, was er predigen solle. Nur noch die eigenen Schritte, die Psalmen und die Erlösung der Sünden, seiner Sünden.

Er lächelte.

Albrich hatte sie nach dem Frühstück zu sich rufen lassen. Sonst saß niemand mehr in der Halle des Herrenhauses. Nur eine Magd scheuerte die mit Bier verspritzten Tische. Selbst die drei Knechte, die betrunken auf der nackten Erde geschlafen hatten, waren hinausgetaumelt, als man sie mit kaltem Wasser übergossen hatte.

„Bis Chostinze werde ich euch begleiten", sagte er. „Dann müsst ihr selber weitersehen."

Sie nickte, wartete ab, irgendetwas musste noch kommen.

„Das Ried beim Chemebach und dann das Tal dahinter. Das hat Hadamar zur Hochzeit bekommen. Jetzt ist er tot und sein einziger Sohn ein Schwarzrock." Er musterte sie. „Der Märstettin hätte es gerne als Aussteuer genommen, wenn du sein Weib geworden wärst."

Vuiberat nickte. Sigrid hatte ihr vom Ried erzählt. Es sei noch nicht urbar gemacht und einer müsse kommen, um Hand anzulegen.

„Jetzt bekommt's der Märstettin nicht und was mit euch geschieht, weiß keiner."

Sie betrachtete sein aufgedunsenes Gesicht. „Das Ried gehört der Familie, Onkel. Deine Tochter ist dankbar, wenn sie das Land in die Ehe mit nach Scheidbach nehmen kann."

„Ich bin keiner, der der Bruderfamilie etwas wegnimmt."

Vuiberat lächelte scheu. Er war das Oberhaupt des Fronhofes und seit Vaters Tod verantwortlich für sie alle. Sigrid hatte er respektiert. Mutter und Tochter in ihrem Eigensinn machen lassen, nie gegen die Kranken im Frauenhaus protestiert. Er war ein guter Onkel.

„Danke, dass ihr den Märstettin abgewimmelt habt", sagte sie. Albrich lachte.

„Hat der keine Augen im Kopf?", polterte er. „Was will der mit einem Vögelchen wie dir! Krallt sich nur an ihn und beißt sich vor Schreck fest, wenn er sich drauflegt. Da behalt ich dich lieber." Vuiberat schoss das Blut in den Kopf. Sie war froh, dass der Märstettin letzten Herbst geheiratet hatte. Die anderen Freiherren in der Nachbarschaft schienen kein Interesse an ihr zu haben.

„Ich werde das Land dem Kloster übergeben", sagte Albrich.

Vuiberat runzelte die Stirn. Albrich hatte sonst nur abfällige Bemerkungen fürs Kloster und seiner ewigen Gier nach Ländereien übrig. Im Gegensatz zu seinem Bruder hatte er der Kirche kein Kind übergeben. Lieber holte er den Brudersohn aus der äußeren Schule des Klosters zurück, damit er ihm als Leutpriester am Hof befehlen konnte, was er zu predigen habe.

„Seit die Hunfriden im Süden niedergemetzelt wurden“, er zögerte kurz, musterte sie, ob sie wohl bei der Erwähnung des Überfalls wie so oft zusammenzucken würde, „haben wir keine Beziehungen in den Süden mehr. Darum begleitet ihr mich nach Chostinze. Abt Salomo regiert von dort aus die halbe Welt. Ich übergebe ihm das Ried und er soll euch Schutzbriefe für die Reise mitgeben.“

Ergriffen nahm sie seine Hand. „Wir reisen unter Gottes Schutz. Ihr könnt das Land behalten.“

„Wir alle kennen Gottes Schutz“, antwortete er. „Die Briefe werden euch mehr nützen. Es herrschen unruhige Zeiten, nicht nur die Barbaren bereiten uns Sorge. Seit das Kind auf dem Thron sitzt, meint hier jeder, er könne König werden.“

Sie küsste seine Hand. Er strich ihr über die Wange. An das Antlitz ihres Vaters konnte sie sich kaum erinnern. Zu oft war er irgendwo auf Kriegszügen gewesen. Aber manchmal fragte sie sich, ob sie sich dem Vater auch so eng verbunden fühlen würde, wenn er noch lebte.

Albrich klaubte etwas aus einem Beutel und legte drei Goldmünzen vor sie hin. Überrascht betrachtete sie sie, drehte sie in ihren Händen, biss sachte darauf. Sie hatte nicht gewusst, dass ihr Onkel Münzen besaß.

„Die spendest du in Rôme dem Lateran. Für die verstorbenen Seelen deiner Eltern und der ganzen restlichen Familie“, sagte er feierlich. Vuiberat nickte ehrfürchtig, überlegte sich, wo sie die Münzen einnähen konnte, damit sie die ganze Reise lang sicher waren.

„Damit die Pfaffen dort auch etwas zu beten haben“, sagte Albrich, blinzelte ihr zu und beugte sich nach vorne. „Wenn ihr bei den Gräbern von Peter und Paul ankommt, höre dich um, ob Interesse herrscht, das Kind zum Kaiser zu krönen. Seit drei Jahren ist es mündig. Schau hin, wer eine Krönung vorantreibt und wer nicht. Sie werden das Kind dafür kaum nach Rôme bringen, es ist schwach. Aber hinter ihm stehen gewichtige Namen, die seinen Thron stützen.“

Vuiberat nickte. Nun wusste sie, warum Albrich ihr die Münzen gegeben hatte und nicht Hitto. Abt Salomo war Berater des Königs, Ludwig dem Kind. Das Kloster stand hinter dem Karolinger im Gegensatz zu den alemannischen Adeligen. Albrich vermutete, dass Hitto die Politik des Klosters teilte: Ein mächtiger König bedeutete ein stabiles Reich und Sicherheit. Doch die Adeligen mussten sich seinem Willen beugen. Das taten sie nur widerwillig. Ludwig war nach der Niederlage gegen die Ungarn in den Westen geflohen und ließ seine Untertanen hier im Stich. Grund genug für den alemannischen Adel sich gegen den fränkischen König zu erheben. Man munkelte, dass die Hunfridinger die Herzogwürde zurückerobern wollten, die ihnen die Franken genommen hatten.

Sie betrachtete ihren Onkel, sein aufgequollenes, verlebtes Gesicht. Er war vorsichtig, hatte sich nie klar für ein alemannisches Herzogtum ausgesprochen. Aber Hartlieb war gerade im richtigen Alter, dies zu tun.

„Die Kirche will Ludwigs Krönung“, sagte sie vorsichtig. Hitto hatte ihr alles erklärt. „Abt Salomo hat den Hunfridingern mit dem Tode gedroht, falls sie gegen den Willen des Königs ein alemannisches Herzogtum ausrufen.“

„Was kümmern mich die Drohungen eines Bischofs? Mir geht es um den Schutz meines Landes. Jeder weiß, was geschieht, wenn der König schwach ist. Du hast es am eigenen Leibe erlebt, Vuiberat.“

Sie schreckte hoch, noch nie hatte ihr Onkel den Vorfall auf diese Weise erwähnt, als sie mit der Muhme in die Langobardia gereist war, um ihren Zukünftigen zu ehelichen, und der Herr ihr Leben in der Kirche verschont hatte. Die Ungarn hatten die Langobardia verwüstet, ohne auf Gegenwehr zu stoßen. Kaiser Arnulf war gestorben und sein schwacher Sohn Ludwig wurde eben auf den Thron gesetzt. So gut sie konnte, drängte sie das Bild der geschändeten Leichen zur Seite.

Konnte ein alemannischer Herzog sein Land vor den Barbaren beschützen, wenn er sich zugleich gegen einen fränkischen König und die Kirche behaupten musste?

„Im Osten herrscht wieder Unruhe. Ich kann euch keine Krieger mitgeben", unterbrach Albrich ihre Gedanken.

„Wir sind Pilger, wir reisen unbewaffnet mit Seinem Wort auf unseren Lippen", antwortete Vuiberat.

Albrich lachte auf. „Ich habe immer gedacht, du krallst dich mehr an das Leben, als dein bleichgesichtiger Bruder."

Vuiberat nahm die Münzen an sich und nickte ihm zu. „Wir werden uns wiedersehen, Onkel", sagte sie.

Hitto lag bäuchlings mit ausgestreckten Armen auf dem Steinboden der Kapelle.

Si dis placet. Er gab alles in Seine Hand. Wenn Gott ihn für seine Sünden strafen wollte - es würde genug Möglichkeiten auf ihrer Reise geben.

Si dis placet. Er hatte gesündigt. Sein Leben gehörte Gott. Und wenn dieser ihm verzeihe und er lebend zurückkäme, gehörte es weiterhin Gott. Hier gab er sein Versprechen.

Vuiberat wickelte die Gegenstände aus dem Wachstuch: Fibeln mit schmucken Steinen, Kugelkopfnadeln, silberne Strumpfbänder, Ketten aus Glasperlen, Stoffbänder mit so vielen Goldfäden durchzogen, dass es schien, als bestünden sie aus Gold. Ihre Mutter hatte sie gerne getragen.

„Für Kebini, Pertherad und ein anständiges Begräbnis für Gertrud", erklärte sie. Zwischen Hartliebs Augenbrauen hatte sich eine steile Falte gebildet.

„Behalte deinen Schmuck. Wir schauen zu unserem Gesinde", antwortete er knapp.

Vuiberat schüttelte den Kopf. „Kebini und Pertherad sind jung und hübsch. Es könnte sein, dass sie Mütter werden und eine Weile nicht dienen können."

„Wir sind ein anständiger Hof und wissen, was sich gehört."

„Ach ja?" Vuiberat blickte ihren Vetter lange an. Wütend schlug dieser auf den Tisch und schob die Gegenstände zu ihr hinüber.

„Ich bin nicht mehr grün hinter den Ohren. Auch ich habe gelernt, Base. Wenn du mit mir nicht einverstanden bist, warum gibst du mir Schmuck? Geh doch zum Vater, er ist der Herr des Hofes!"

„Ich wende mich an dich, weil ich dir vertraue", sagte Vuiberat etwas lauter und machte eine bedeutungsvolle Pause. „Bald wirst du die Ränke und Intrigen hier am Hof besser durchschauen als dein Vater. Ich weiß, dass du ein ehrbarer Herr hier wirst, Hartlieb. Aber ich weiß auch, was sich gehört. Die drei Frauen sind unsere Dienerinnen und uns anvertraut. Ich will vorsorgen, falls wir nicht zurückkehren."

Langsam schob sie den Schmuck wieder zu ihm hinüber. Er betrachtete die Fibeln, als wären sie giftige Kröten.

„Warum tut ihr euch das an? Du betest den ganzen Tag und bist keine Sünderin, Vuiberat. Keine Aufrührerische, die man loswerden will und darum zu einer Pilgerreise verknurrt. Der Weg ist voller Gefahren. Pilger sind alles Diebe und Mörder, die in Rôme um ihren Sündenerlass betteln oder ihre Mitpilger ausnehmen. Ihr werdet keinen Tag der Reise eures Lebens sicher sein."

Vuiberat blickte durch ihn hindurch. Hartlieb war ein guter Krieger. Er und sein Gefolge wurden von den alemannischen Grafen umworben. Aber er erkannte das Wort des Herrn nicht. Sanft fuhr sie sich über ihre Unterarme. Seit sie sich auf die Pilgerfahrt vorbereitete, verheilten die Kratzer. Die Last der Welt weilte nun in Seinen Händen.

„Am Hof behältst du einen kühlen Kopf, wenn sich die Weiber in die Haare fahren. Ich kann dich gebrauchen, und dein Bruder ist der Leutepriester. Warum werft ihr das alles weg?"

„In Rôme lebt der Stellvertreter Christi."

„Falls Papst Sergius noch auf dem Thron sitzt und nicht schon abgesetzt wurde, wie er das mit seinem Vorgänger gemacht hat und der mit dessen Vorgänger. Sergius amtierte vor einigen Jahren noch als Gegenpapst, nach der Leichensynode, wofür sich jeder Christenmensch schämen muss. Einen Halunken werdet ihr vorfinden, in einer Kloake voller Gier um Gold und Macht."

„Hartlieb", sagte Vuiberat sanft, „wenn das Wort des Herrn weiterhin auf Erden herrschen soll und nicht der Widersacher, muss der Stuhl besetzt sein. Es geht um das Amt an sich, nicht um den Menschen, der es besetzt. Wir Menschen sind voller Sünden. Nie können wir vor Gott bestehen. Aber das Amt des

Stellvertreters währt ewig. Hitto und ich werden dorthin pilgern, wo der Apostelführer Petrus die Schlüssel des Himmelreichs erhalten hat. Dies wird unser ganzes Leben verändern." Sie stoppte, weil Tränen ihre Augen füllten. „Sieh dich um!" Vuiberat zeigte über die roh zusammengezimmerten Tische, die sich um die rußige Feuerstelle gruppierten. Eine Magd streute Sand über Erbrochenes auf dem gestampften Boden. In der Ecke stritten sich räudige Köter über vergammelnde Speisereste. Ein Knecht versuchte sie mit Tritten und Fluchen zu verscheuchen.

„Suchen wir nicht täglich nach Seinem Wort? Suchen wir nicht immer danach, um das alles tragen zu können?" Vuiberats Stimme überschlug sich. Ihre Finger krallten sich in ihren Unterarm.

Hartlieb beobachtete sie verdutzt, zuckte dann die Schultern und nahm den Schmuck an sich. „Geht mit meinem Segen, Base", brummte er. „Deine Dienerinnen sind gute Frauen. Es wird ihnen hier an nichts fehlen."

„Die Krähe ist vor dem Habicht geflohen. Es wäre besser, wenn ihr noch ein paar Tage warten würdet."

„Gertrud!", rief Vuiberat tadelnd. Kebini, die neben ihrer Mutter hockte, zuckte zusammen. Doch Gertud kauerte unbeweglich in der Ecke des Frauenhauses.

„Kein Vogelschauer wird das Datum unserer Abreise bestimmen. An Pfingsten brechen wir auf", doppelte Vuiberat nach und legte ihre Spindel beiseite. Gertrud wurde seit Sigrids Tod immer eigenartiger. Vuiberat wollte sich erheben, aber Kebini bat sie zu bleiben. Ein Luftzug ließ sie den Kopf wenden. Pertherad hatte das Frauenhaus betreten. Sie ging wieder aufrecht, war aber immer noch mager und blass.

„Hier!" Sie hielt Vuiberat zwei kleine Lederbeutel hin. „Den hellen hängst du dir um den Hals, der andere ist für deinen Bruder. Öffnet sie nie."

Vuiberat betrachtete Pertherads Gesicht. Tiefe Furchen zogen sich von den Mundwinkeln zur Nase. Dann musterte sie die beiden Beutel. Klein waren sie, mit Hanffäden zugenäht. Einige Runen waren mit Kohle aufs Leder geritzt worden.

Vor langer Zeit hatte sie mit ihrem Schmuck auch die Amulette abgelegt.

„Wir besuchen die Gräber der Heiligen Apostel", erklärte sie. „Dafür brauchen wir kein Zauberwerk."

Im Raum war es plötzlich still.

„Kamille und Beifuß hängst du dir selber an den Gürtel, wenn du das Haus verlässt. Was ist schlecht daran?", erwiderte Pertherad endlich.

Vuiberat blickte weg. Ein Psalm. Welcher Psalm könne Pertherad zum Verstummen bringen? Keiner fiel ihr ein. Dabei handelten sie doch alle von den Ungläubigen und Götzenanbetern!

„Sie sagen, am Rîn unten, da sprechen die Tiere und hinter Sante Jörgen auf dem Gunkels, da herrsche noch die Göttin und die Frauen huldigen ihr." Überrascht blickte Vuiberat zu Gertrud. Seit wann kannte sie den Weg, den Hitto und sie einschlagen würden?

Ihr Blick kehrte zurück zu den beiden Lederbeuteln.

„Mit jedem Stich hat Kebini ihre Gebete verwoben." Pertherads Stimme war lauter geworden.

Zögernd nahm sie den hellen Beutel in ihre Hand. Er war federleicht.

„Fuchsleder?", fragte Vuiberat leise. Pertherad nickte. Vuiberat blickte zu Kebini, die unruhig an einem Vlies zupfte. Fuchsleder war schwer zu bekommen. Denn Füchse waren Tiere der Wandlung. Tiere der heidnischen Priester. Der Beutel wog schwerer in ihrer Hand. Gott erlaubte kein Teufelszeug. Täglich sang sie diese Botschaft in den Psalmen. Aber diese beiden Beutel waren von Pertherad, Kebini und Gertrud. In ihnen steckte die Hoffnung der Frauen, dass sie zurückkehrten.

„Hat ein kleines Lederstück mit ein paar Worten darauf noch Platz im Beutel?", fragte Vuiberat scheu. Pertherad schüttelte entschieden den Kopf.

„Man darf ihn nicht mehr öffnen, sonst verfliegt der Schutzzauber", sagte sie bestimmt.

Vuiberats Arm begann zu zittern. Es gab nur einen Schutz. In allen Legenden der Heiligen wurde es erklärt. Warum zögerte sie? Da spürte sie Pertherads Hand auf der ihren.

„Du darfst ein Kreuz aufs Leder zeichnen", sagte sie. Das heilige Zeichen, um den Zauber zu bannen. Vuiberat atmete auf, hob die Arme und band sich den Beutel um ihren Hals. Als er hing, tasteten ihre Finger danach, umschlossen das weiche Leder. Sie hörte kein Donnergrollen, kein Blitz fuhr nieder.

„Hitto musst du das Schutzamulett selber bringen", sagte sie. Aber Pertherad schüttelte den Kopf. Hatten die beiden seit dem Tod ihres Kindes nie mehr miteinander gesprochen?

„Es würde Hitto die Reise erleichtern", sagte Vuiberat sanft. Pertherad tat, als höre sie nichts. Sie wandte sich dem Webrahmen zu, prüfte die Fäden. Die anderen beiden Frauen drehten die Spindel. Der dunkle Beutel hockte wie eine Kröte auf dem Boden. Vuiberat scheute sich, ihn dort liegen zu lassen. Zögernd hob sie Hittos Beutel hoch. Er wog mehr als ihrer. Welchen Zauber hatte Pertherad darin eingefangen?

Sie bat Kebini mitzukommen. Diese sprang erleichtert auf und eilte zum Ausgang. Vor der Hütte lehnte sich Vuiberat an die Lehmwand, sich den schwingenden Beutel vor die Augen haltend.

„Ist es das erste Kind, das sie verloren hat?“ Sie hatte Pertherad nie danach gefragt.

„Nein, das erste hatte einen gewaltigen Kopf und starb schnell. Pertherad hoffte, dass es diesmal gut gehen würde. Hitto behandelte sie anständig.“

Mit feinen Stichen war das Leder oben zugenäht worden. Sie würde ein Kreuz darauf ritzen und dann das Amulett im Namen der Frauen Hitto übergeben.

Pilgerfahrt – Via Mala

1 Anno Domini 908 Turgouwi

„Was ist das für ein Gott, der Euch so eine Bürde auferlegt!“ Kebini wischte sich zum wiederholten Mal die Tränen aus dem Gesicht und zog den Traggurt noch fester an.

„Es ist keine Bürde, es ist ein Geschenk.“ Vuiberat strich dem braunen Maultier über den Kopf. Das Bußhemd aus Ziegenhaaren kratzte auf ihrer Brust.

Kebini schnaubte. Vuiberat blickte nicht zu ihr hin. Keine Erklärung, wie sehr man sie hier auf dem Hof brauche, hatte Kebini beruhigt. Hier benötigten sie Arbeitskräfte, beim Kochen, beim Weben, beim Waschen, auf dem Feld. Und wer würde sich um die Kranken kümmern? Keine Rechtfertigung brachte Kebini Trost, obwohl Vuiberat ihr mehrmals versichert hatte, dass Hartlieb für sie sorgen und selbst ein Kind von ihr auf dem Hof akzeptieren würde.

„Ich werde für uns beten, jeden Tag.“ Vuiberat nahm Kebinis Hand, tastete kurz nach dem Fuchsleder-Beutel am Hals. „Und ich werde wiederkehren, wenn ich bei den Gräbern der Heiligen Apostel für unsere Sünden Vergebung bekommen habe. Das verspreche ich dir!“

Kebini schaute weg.

Am vergangenen Abend hatte sie ihre Schuhe geflickt und Vuiberat gebeten, sie begleiten zu dürfen.

„Es ist zu gefährlich“, hatte Vuiberat ihr geantwortet und den losen Geschmack der Worte auf der Zunge gespürt. Da war Kebini in Tränen ausgebrochen und aus dem Raum geeilt.

Beim Abendgebet hatte Vuiberat mehrmals gestockt. Zum ersten Mal seit langem hatten sie nicht nebeneinander geschlafen.

Abgesehen von Kebini fiel Vuiberat der Abschied leicht. Die Familie und das Gesinde hatten sich im Hof versammelt. Albrich war mit seinem Gefolge schon aufs Pferd gestiegen. Die Tiere schnaubten voller Erwartung, stampften im Morast. Es nieselte leicht.

Vuiberat hatte sich nicht überreden lassen zu reiten.

„Wir pilgern vom ersten Schritt an", hatte sie erklärt und Albrich hatte in seinen Bart gebrummt.

Nur Hartlieb und Pertherad hatten sich schon verabschiedet. Zwei Hörige waren im Suff aneinandergeraten, einer blieb mit einem gebrochenen Bein liegen, der andere war verschwunden. Der Sohn des Verletzten trommelte mitten in der Nacht Pertherad aus dem Schlaf, die ihm mit Kräutern und Amuletten in seine Hütte folgte. Hartlieb hetzte dem Flüchtigen hinterher.

Vuiberat umarmte die Basen und Mägde, versprach ihnen, für ihre Seelen zu beten. Vor sich erblickte sie schon den Weg, schielte nur kurz zum Bruder hinüber, der das Gesinde segnete.

Gertrud und Kebini umarmte sie lange und konnte ihre Tränen nicht zurückhalten. Gertrud nestelte an ihrem Gurt. Als Vuiberat an sich niederblickte, baumelte der Hornkamm ihrer Mutter an ihrem Gehänge.

„Sigrid wird dich begleiten", flüsterte Gertrud. Vuiberat schluckte leer.

„Achtet auf Pertherads Rat und hütet das Frauenhaus", sagte Vuiberat mit belegter Stimme. „Sonst wird hier am Hof bald niemand mehr gepflegt."

Da rief Albrich zum Aufbruch. Sie war froh darum, packte die Zügel des Maultiers und zog winkend los.

Hitto kam herbeigeeilt, rief etwas. Über die Schulter gewandt, erblickte Vuiberat Gertrud, wie sie sich über die zusammengebrochene Kebini beugte. Sie zog fester am Zügel und schritt voran, erreichte bald den dichten Wald.

Hitto hatte aufgeholt und schritt neben ihr her. Die Kapuze tief übers Gesicht gezogen, um den Regen abzuhalten. Auch er blickte ab und zu zurück, sah wohl wie sie nur noch dicht aneinandergedrängte Bäume.

„Ist sie unsere Schwester?", fragte Vuiberat.

„Kebini? Kaum. Du weißt doch, dass Gertrud etwas mit dem Pferdeknecht hatte."

„Der kam erst an den Hof, als Kebini mit uns schon im Stall spielte."

Hitto schmunzelte. „Ich glaube nicht, dass Mutter dem Vater erlaubt hätte, Gertrud nur schon schöne Augen zu machen."

Vuiberat lächelte traurig, ihre Hand lag auf dem Fuchslederbeutel, der um ihren Hals hing. „Mutter hätte ihm die Augen ausgekratzt und Gertrud hätte ihr dabei geholfen."

Hitto atmete auf, als sie am Abend die dicken Mauern des Kastells von Chostinze erblickten. Der Regen war immer stärker geworden. Das Tor war noch geöffnet und bald schon schritten sie durch die gepflasterten Gassen. Ganz durchnässt, suchten sie das Haus der Schwester auf, die schon von ihrer Ankunft wusste. Ein Baby an der Brust, zwei Kleine am Rockzipfel, führte sie die Geschwister zur offenen Feuerstelle, wo sie sich aufwärmen konnten. Albrich hatte es vorgezogen mit seinem Gefolge das Gästehaus des Bischofs aufzusuchen.

Vuillidrud verlor nicht viele Worte, blickte nur entsetzt auf ihre kratzigen Bußhemden aus Ziegenhaar. Sie hatte genug mit ihren Kindern und dem Gesinde zu tun. Ihr Gatte, ein Freiklingen, diente als Vasall dem Bischof, tauchte auf und verschwand, wie es ihm dienlich war.

Hitto war ihr nicht böse. Die älteste Schwester, schon verheiratet, als sie noch kleine Kinder waren, war ihm immer fremd geblieben. In ihrem Haus kam er sich wie ein Eindringling vor. Schon morgen würde er mit Vuiberat ins Münster gehen und sich für die Pilgerfahrt segnen lassen.

„Im Münster und am Hafen streunen sie herum", erklärte ihnen Vuillidrud, ihre Verachtung vor den Pilgern nicht versteckend. Hitto schlug vor, alleine loszuziehen. Eine passende Gruppe finde sich auf dem Weg. Aber Vuiberat wollte davon nichts hören. Pilger besuchten die Messe. Und der Bischof wisse, mit wem es sich gut pilgere.

Hitto ließ sich überreden und so zogen sie schon vor Tagesanbruch los. Er und das gerupfte Vögelchen mit dem stechenden Blick. Hitto hätte Vuiberat gerne den Arm um die Schultern gelegt. Lieber eine Pilgerfahrt mit seiner ausgemergelten Schwester mit dem inneren Feuer und den verrückten Ideen, als ein Leben mit Vuillidrud mit dem erschöpften Blick auf ihre Kinder und der Verachtung allen anderen gegenüber.

Bischof Salomo zelebrierte die Morgenmesse im Münster. Das Kirchenschiff war so überfüllt, dass sie nicht zu ihrem Onkel in der vordersten Reihe vordringen konnten. Es roch nach feuchten Kleidern, Schweiß und ungewaschenen Leibern, dem Geruch der Pilger.

Die brennenden Kerzen konnten den hohen Raum nur spärlich erhellen. Bischof Salomo, der zugleich Abt des Klosters St. Gallen war, konnte Hitto kaum erkennen. Während seiner Schulzeit im Kloster hatte er mehr von ihm gehört, als von ihm gesehen. Ein Mann, der nicht nur die Übersicht über seine Güter bewahrte, sondern sie auch eisern in seiner Hand behielt. Jeder Widerstand wurde aus dem Weg geräumt. Seine Liebschaft mit Uta, der späteren Äbtissin von Zürich, hatte man ihm nie angelastet, für die uneheliche Tochter hatte er gesorgt. Nun war Salomo sogar Kanzler des Königs und würde dort für die Rechte des Bistums einstehen. Hitto wusste nicht, ob er den Mann dafür bewundern oder Angst um ihn haben solle. Abt Salomo bekam immer mächtigere Freunde und begehrte immer mehr Recht und Land für sich. Darum hassten ihn sein Onkel und der ganze alemannische Adel. Wenn es hart auf hart kam, wusste der Bischof nur einen schwachen König hinter sich.

Nach der Messe stolperten sie nach vorne. Der Onkel hielt schon die beiden Pilgerstäbe in der Hand. Beide sanken in die Knie, empfingen ehrfürchtig den Segen, Stab und Tasche. Hitto legte seine gefalteten Hände an die Stirn. Der Onkel half ihnen auf, küsste sie auf beide Wangen. Der Bischof hatte sich schon abgewandt.

Vuiberat stieß Hitto an und zeigte auf die Pilger, die in Richtung Krypta strömten.

„Fragen wir den Bischof, was er über die Rômepilger weiß“, raunte er.

Aber Vuiberat wollte in der Krypta die Reliquien des Heiligen Pelagius, die von Rôme hierher gebracht worden waren, sehen und um eine sichere Reise bitten, darum trennten sie sich.

Der Gang zur Krypta war düster und eng. Abtbischof Salomo hatte den Raum für die Knochen des Heiligen erst vor ein paar Jahren ausheben lassen. Die Luft war feucht und stickig. Nur zwei Fackeln hingen an den Wänden, erhellten den Raum. Mehrere niedere Säulen stützten die Decke ab. Das flackernde Licht zeichnete unruhige Schatten in die Verzierungen an den Kapitellen. Der steinerne Sarg mit den Reliquien stand in einer Maueröffnung. Mehrere Menschen knieten schon davor. Einige hielten ihre Stümpfe oder verwundeten Arme hoch und beteten laut. Andere wiegten sich mit gesenktem Kopf leise murmelnd hin und her. Zwei Kanoniker hoben eine bewusstlose Frau hoch und trugen sie weg.

Vuiberat fiel auf die Knie, das Paternoster auf ihren Lippen. Die Dunkelheit legte sich wie ein Mantel um sie. Bewegungslos starrte sie in die dunkle Höhle. Pelagius. Sie fixierte den Sarg. ‚Hilf uns auf der Reise nach Rôme, hilf uns, den Ort zu sehen, wo die Gebeine der Apostel liegen. Deo iuvante.' Ein leichtes Zittern durchfuhr sie. Sie drängte Kebinis Gesicht, das in ihren Gedanken auftauchte, zur Seite und blickte auf. Sah sie einen Lichtschimmer um den Sarg? Hatte Pelagius sie erhört?

Nachdem sie sich erhoben hatte, rieb sie ihre schmerzenden Knie. Die Frau hinten an der Mauer hatte Vuiberat schon länger bemerkt. Ein Auge war verbunden, den Stock hatte diese nicht losgelassen.

„Rôme?", fragte Vuiberat. „Pilgert Ihr nach Rôme?"

Die Frau blickte durch Vuiberat hindurch, dann schüttelte sie den Kopf.

„Geht zum Hafen", krächzte sie, „dort verhandeln die Rômepilger mit den Schiffern."

Die Frau hatte Recht, in der Krypta war niemand, der ihr weiterhelfen konnte. Die meisten waren hierhergekommen, um Pelagius anzuflehen, weiter nach Rôme wollten sie nicht. Zwei ältere Männer wollten zuerst längere Zeit hier genesen und dann entscheiden, ob sie weiterziehen wollten. Ein Ehepaar war dabei wieder umzukehren, da ihr Maultier unterwegs gestorben war. Die anderen Pilger waren Krüppel oder Sieche, dass Vuiberat sie nicht zu fragen brauchte.

Sie warf einen kurzen Blick auf den steinernen Sarg. „Du wirst uns die Richtigen schicken. Ich bitte dich“, flüsterte sie und verließ die Krypta. Als sie Hitto traf, hatte er auch nichts von einer passenden Gruppe gehört.

„Bischof Salomo möchte nochmals Reliquien der heiligen Märtyrer von Rôme nach Chostinze bringen lassen. Der Onkel hat ihn darauf angesprochen. Aber der Bischof will zurzeit keine Eskorte nach Rôme schicken, solange die Unruhen in der Langobardia anhalten und der Papst nicht sicher auf seinem Thron sitzt“, raunte er Vuiberat zu.

Ihre Reisegefährten fanden sie erst einige Tage später. Albrich war schon abgereist, nachdem er ihnen ein versiegeltes Pergament in die Hand gedrückt hatte.

„Gebt das dem Abt des Klosters Pfevers. Das besitzt Güter von der Porta Romana bis hinüber in die Langobardia. Die werden euch über die Berge helfen. Und ...“, er senkte die Stimme. „Hört euch um, man munkelt, dass Salomo das Kloster übernehmen will. Er habe vor dem König Interesse bekundet.“

Lange hielten sie sich umarmt, selbst der Onkel hatte Tränen in den Augen.

„Suchen wir uns einen Platz auf einem Schiff, fahren nach Bregenze und schauen uns dort nach einer geeigneten Gruppe um“, schlug Hitto vor. Er hatte genug von der verregneten Stadt. Dem müden Gesicht von Vuillidrud. Das Reisefieber hatte ihn gepackt. Er wollte den Weg unter seine Füße nehmen.

Aber Vuiberat blieb störrisch. Sie sollten dem Herrn vertrauen, sie sollten beten. Eine geeignete Gruppe sei da, sie müssten sie nur noch finden.

Hitto war es leid, am Hafen betrunkenen Schiffern ausweichen zu müssen. Bettler hockten im Morast. Den Pilgern, denen sie begegneten, war Vuiberat ausgewichen, hatte sie nur misstrauisch gemustert.

In Gaudentius stolperten sie fast hinein. Fluchend kam er um eine Hausecke gerauscht. Den Wanderstab in der Hand, den schwarzen Priesterrock und die Mönchs-Tonsur zeichneten ihn aus.

Vuiberat packte vor Schreck Hittos Hand, starrte den Mönch mit aufgerissenen Augen an.

„Können wir Euch behilflich sein!“, rief sie ihm nach und zog Hitto mit sich.

Gaudentius wirbelte herum und musterte sie, zwei steile Falten durchzogen seine Stirn. „Behilflich“, fauchte er. „Der Erzfeind steckt mit diesem Unberechenbaren im Bunde. Nie ist er da, wenn ...“ Er strich sich über das Gesicht, sammelte sich. „Ich suche einen Edelmann. Isenrich nennt er sich. Narben im Gesicht, halbes Ohr, lange blonde Haare. Die Weiber starren ihm nach ob seiner kräftigen Statur. Wenn ich ihn in die Finger kriege ...“ Er stoppte, starrte sie an. „Was wollt ihr?“, platzte es dann aus ihm heraus.

„Pilgert Ihr nach Rôme?“, fragte Vuiberat. „Wir würden Euch gerne begleiten.“

Hitto konnte das Erstaunen in Gaudentius‘ Gesicht erkennen. „Wir sind genug“, stammelte der Mönch. „Haben genug Probleme mit den Edelherren und den Dirnen.“

„Ihr habt Frauen dabei! Wann reist ihr ab?“, rief Vuiberat und trat noch näher an ihn heran.

„Mädchen!“, er sah sie streng an. Aber Vuiberat lächelte nur. Hitto unterdrückte seines, der Mönch ahnte nicht, wie stur seine Schwester sein konnte. „Wir wollten heute Morgen ablegen, wenn der tumbe Edelmann dabei gewesen wäre!“

„Die Schenken habt Ihr abgeklappert, nehme ich an“, sagte Vuiberat sachlich.

„Natürlich“, brummte der Mönch. „Die Badehäuser besucht gerade Duomhard, sein sauberer Freund.“

„Vielleicht ist es besser, wenn ihr selber dort nachschaut, bevor Duomhard auch verschwindet“, antwortete Vuiberat.

„Ich werde nicht in jeder Stadt, in der wir weilen, diesen Tunichtgut an diesen lüsternen Orten suchen“, donnerte der Mönch.

„Wenn ich euch begleite, wird ihnen die Lust vergehen.“ Vuiberats Lächeln war so unschuldig, dass der Mönch sie mit offenem Mund anstarrte. Hitto schob sich vor sie, noch immer unterdrückte er ein Lächeln. Er stellte sich vor, bat auch darum, dass sie mit dem Mönch weiterreisen könnten und versprach, ihm so gut wie möglich zu helfen. Der Mönch, immer noch etwas überrumpelt, ließ sich in die Mitte nehmen und sie wandten sich in Richtung der naheliegenden Badehäuser.

Auf dem Weg erklärte Hitto, dass sie einen Schutz-Brief mit sich führten und erkundigte sich vorsichtig, wer noch in der Gruppe reise. Der Mönch aber blickte stumm von Vuiberat zu Hitto und ließ sich kein Wort mehr entlocken. Erst, als ihnen in einer engen Gasse zwei Gestalten entgegen wankten, rauschte er los und zeterte auf diese ein, dass die Schiffe ausgelaufen seien und Walhafrid mit einem anderen Händler verhandeln müsse.

Der Blonde, wohl Isenrich, hatte die Augen halb geschlossen und hing schlaff in den Armen von Duomhard, auf dessen Stirn sich immer mehr Schweiß bildete. An beiden jedenfalls perlte die Strafpredigt ab wie Wasser vom Wachs. Hitto ergriff Isenrichs freien Arm und legte ihn sich über die Schultern, um Duomhard beim Tragen zu helfen. Vuiberat fühlte den Puls an Isenrichs Hals und nickte Hitto wissend zu, als sie des Edelmannes Atem gerochen hatte.

„Wo lagern deine Leute“, fragte Hitto und Duomhard zeigte mit dem Kinn die Gasse entlang. Da zogen sie los und stießen zu ihrer Gruppe.

Vuiberat stand am Bug. Der Wind zerzauste ihre Haare. Wasser, soweit das Auge reichte. Nur im Süden konnte sie die bewaldete Küste erkennen. Selbst auf dem Wasser beschützte sie der Herr. Sie schloss die Augen, spürte, wie der Wind ihre Haare zerzauste und das Gewicht auf ihren Schultern mit sich riss, alle Schuld, alle Sünden, alle Last.

Hitto stand neben ihr und ließ das hintere Schiff, in dem ihre Maultiere verfrachtet waren, nicht aus den Augen. Der Schiffer hatte den Tieren die Augen verbunden, bevor sie über die glitschigen Planken ins Schiff geführt wurden. Einige ihrer Mitfahrer wären wohl auch froh gewesen, wenn man ihnen die Augen verbunden hätte. Vuiberat blickte auf Walha, die mit bleichem Gesicht auf den Planken kauerte, ihre Schwester Irmina legte ihr gerade ein wollenes Tuch um die Schultern. Niemand würde auf die Idee kommen, dass die beiden Geschwister waren. Walha war klein und schmächtig, ihre Haut wächsern. Irmina strotzte vor Kraft.

Neben den beiden Schwestern hockten die beiden Schmiede Otto und Winithar mit zitternden Beinen. Vuiberat hatte Hitto nur einen Blick zuwerfen müssen, als sie die beiden in der Raststätte begrüßt hatten. Eine Krankheit fraß sie von innen auf, ließ sie mager und mit gelblicher Haut zurück. Sie hofften, in Rôme Heilung zu erhalten.

Sigmund und Walhafrid, die beiden Händler, wirkten rüstiger. Der zweite ließ Hildigarda, sein zierliches Weib, immer dicht hinter sich stehen und warf herrische Blicke in die Runde. Doch niemand beäugte die hübsche Frau. Duomhard und Isenrich lagen schnarchend auf den nassen Planken. Die Schwerter, mit ledernen Gurten um ihre Leiber gebunden, hatten sie nicht abgelegt. Vuiberat betrachtete ihre langen abgewetzten Scheiden. Es gefiel ihr nicht, dass die adligen Pilger ihre Waffen zur Schau trugen.

„Reist du zum ersten Mal auf einem Schiff?“ Irmina war neben sie getreten. Vuiberat schüttelte den Kopf. Irmina deutete mit dem Kinn auf die beiden Schlafenden.

„Man sagt, sie hätten einen Domherrn von Moguntia um die Ecke gebracht. Der Bischof hat sie zur Pilgerfahrt verdonnert. Der Priestermönch muss nun aufpassen, dass sie bis Rôme oder in die Hölle kommen, aber sicherlich nie mehr zurückkehren.“ Sie lachte. „Armes Mönchlein!“

Vuiberat blickte zu Gaudentius, wie er im Schatten der Schiffswand kauerte, die Augen geschlossen. Bei der kleinsten Gischt, die über das Schiff spritzte, schreckte er hoch.

„Der gute Walhafrid will endlich einen Sohn von seiner Frau“, nahm Irmina das Gespräch wieder auf. „Und ihr? Warum seid ihr unterwegs?“

„Wir wollen an den Gräbern der Apostel beten.“ Vuiberat streckte ihre Schultern, fühlte ihre Leichtigkeit.

Irmina lachte. „Das wollen wir alle!“ Spöttisch blickte sie auf Vuiberat hinunter, musterte die schmale Gestalt.

„Und der Priester, Euer Bruder, will der auch sein Seelenheil bei den Gräbern finden?“

„Ja“, Vuiberat wandte sich von Irmina ab, blickte zum Horizont, wo das Wasser den Himmel traf. Hitto hatte sein Kind und seine Geliebte verloren, aber das musste Irmina nicht erfahren. „Er möchte Frieden finden“, sagte sie, wandte sich Irmina zu und musterte sie nun von oben nach unten. Ihre ausladenden Hüften, die vollen Brüste.

„Frieden kann man auf viele Arten finden“, sagte Irmina.

„Salva me Deus quoniam venerunt aquae usque ad animam”, rezitierte Vuiberat, „infixus sum in limo profundi et non possum consistere veni in profundum aquarum et flumen operuit me.”

Irmina sah Vuiberat irritiert an. „Und das heißt?“, fragte sie.

„Dass ich in tiefem Wasser treibe und um Gottes Hilfe flehe, das ist aus dem 69. Psalm“, antwortete Vuiberat. „Hitto und ich werden täglich für Schutz und Hilfe beten.“

Irmina lachte spöttisch auf und schritt mit schwingenden Hüften zu ihrer Schwester zurück.

2 Anno Domini 908 Rîntal

Das Sirren der Mücken zwang Hitto, die Augen offen zu halten. Wie die anderen hatte er sich Gesicht und Hände mit Asche und verriebenen Kräutern bestrichen, um die Biester abzuhalten. Doch das schien sie nicht zu beeindrucken. Vuiberat erleichterte sich gerade und würde bald zu ihm unter die Mäntel kriechen. Sigmund hütete das Feuer. Irgendwo kicherte Irmina, die zwischen den beiden Adeligen saß. Die anderen hatten sich schon hingelegt.

Es war ihre erste Nacht zu Lande. In Bregenze waren sie mit wackligen Beinen über die Planken geschritten, hatten keine Zeit verloren und gleich den Weg nach Süden eingeschlagen auf einem engen Pfad, der sich am Fuße der Berge entlangwand. Linker Hand erhoben sich dicht bewaldete Bergflanken. Auf der anderen Seite schlängelten sich die Arme des Rîns durch das flache Tal und verwandelten es in eine Sumpflandschaft. Mückenschwärme erhoben sich daraus und zerstachen ihnen die Hände. Zwei Dörfer hatten sie passiert. Die Bewohner hatten von ihrer Arbeit auf den Feldern kurz aufgeschaut, gegrüßt und dann weitergemacht, waren sie es sich doch gewohnt, dass ab und zu eine Gruppe Händler hier durchzog.

Gegen Mittag waren sie einer Prozession begegnet. Ein Priester zog mit einem Kreuz in der Hand betend durch die Felder. Einige Bauern folgten ihm, die Mützen in der Hand. Die Pilgergruppe war stehen geblieben. Hitto hatte das Kreuz geschlagen. Die Gruppe war an ihnen vorbeigegangen. Stumm hatte man sie gemustert. Gaudentius hatte schließlich ein paar Worte mit dem Priester gesprochen. Ein Jäger habe in der Nacht einen Fuchs sprechen gehört, Zauberwerk, darum wurde jetzt gebetet. „Wenigstens keine Seuche", meinte Gaudentius und sie zogen weiter. Vuiberat hatte sich mehrmals umgedreht. „Reliquien würden ihnen mehr helfen", meinte sie schließlich.

Gegen Abend hatten sie sich Breitwegerich in die Schuhe geschoben, um die aufgescheuerte Haut zu kühlen. Kurz bevor es dunkel wurde, hatte Gaudentius angehalten, um das Nachtlager aufzuschlagen. Hitto hätte es bevorzugt, wenn sie in den Dörfern bei einem der Priester um Unterschlupf gebeten hätten. Als Pilger hatten sie das Recht dazu. Aber Gaudentius winkte müde ab.

„Hier öffnet dir keiner mehr“, hatte er gebrummt.

Gaudentius hatte keine Wachablösung befohlen. Hitto hatte darum von sich aus Sigmund erklärt, er solle ihn wecken, wenn er sich hinlege.

Die Gruppe besaß kaum Zusammenhalt. Ein Bußhemd trug keiner, nicht einmal Gaudentius. Man beobachtete Vuiberat und ihn argwöhnisch, wenn sie die Psalmen rezitierten wie eben gerade. Aus der Sicht der Pilger beteten sie zu oft. Hitto wusste nicht, ob Vuiberat dies bemerkte. Für sie waren die Gebete wie Nahrung. Wenn es sein musste, betete sie im Gehen.

Etwas stach ihn in die Stirn. Er schlug darauf und setzte sich auf, blickte um sich. Erkannte im Schein des Feuers nur die hohen Tannen um sich herum. Dunkel standen sie da. Wo blieb die Schwester auch?

Sie hatte kaum etwas gegessen.

„Wir werden das Trockenfleisch vom Fronhof noch nach Rôme tragen, wenn du weiter so wenig isst“, hatte er gebrummt. Sie hatte nur gelächelt und dann Hildigarda gefragt, ob sie noch Fleisch wolle. Diese hatte erstaunt bejaht, wurde doch untereinander nichts geteilt. Im Gegenteil, die Pilger hielten besser dauernd ihre Maultiere und das Gepäck im Auge.

„Wenn sie ein Kind bekommen will“, hatte Vuiberat ihm erklärt, „muss sie doch etwas essen.“ Und ihn zum Verstummen gebracht.

Seither suchte Hildigarda Vuiberats Nähe, fragte sie über die Psalmen aus, versuchte wohl aus Vuiberat ein Wundermittel zum Kinderbekommen herauszukitzeln. Hitto musste lächeln. Seine Schwester kannte nur ein Wundermittel und das war Beten. Auch Hildigarda würde das einmal einsehen, falls sie lange genug miteinander pilgerten. Die Gruppe war ihm nicht geheuer. Gaudentius war mürrisch und aufbrausend.

Vergebens hatte er versucht, ein Gespräch mit dem Mönch zu führen. Die beiden kranken Schmiede würden nicht mehr lange mit ihnen ziehen. Die zwei Krieger schienen nur darauf zu warten, weitere Schandtaten zu begehen und bei den beiden Schwestern spreizte zumindest Irmina bei jedem die Beine, um ein Zubrot zu verdienen. Einzig Sigmund und Walhafrid mit seiner Frau schienen ihm anständige Menschen zu sein. In deren Gesellschaft man getrost in der Nacht seine Augen schließen konnte. Vuiberat hatte mit dieser Gruppe mitreisen wollen. „Da sind Frauen dabei", hatte sie gesagt. Aber vielleicht wäre es besser, sie würden eine andere Gruppe suchen. Noch drei Tage bis Pfevers, dort würde er mit Vuiberat reden.

Sie setzte einen Fuß vor den anderen. Immer wieder. So würde es nun tagelang weitergehen. Monatelang. Hoffentlich. Einen Fuß vor den anderen.

Gespräche wurden in der Reisegruppe wenige geführt. Vuiberat wusste nicht genau, warum. Sparte man seine Kräfte? Kannte man sich schon zu gut? Ihr war es recht, so konnten ihre Gedanken wegfliegen. Hin zu den Psalmen, die sie für sich rezitierte. Das Wort über Seine Herrlichkeit, das ihr Kraft und Leichtigkeit gab.

Ein Schatten fiel auf ihre Waden. Walha war neben sie getreten, schritt gleich aus wie sie. Die Schwestern besaßen kein Maultier. Walhas Gepäck hatte Otto auf sein Maultier geschnallt, Irminas transportierten die Tiere der beiden Adeligen. Die Schwestern waren die einzigen, die Kontakt zu mehreren Pilgern hielten. Sie stammten aus der Nähe von Moguntia und waren mit Gaudentius und den Kriegern schon über einen Monat unterwegs.

„Warum sprichst du so seltsame Worte, wenn du singst?", fragte Walha mit ihrer feinen Stimme.

„Es ist Latein. Die Sprache der Heiligen Schrift."

Walha maß sie mit ihrem Blick. „Sind es Zaubersprüche?"

„Nein. Es ist die Sprache des Herrn. Benützt du Zaubersprüche?"

„Nein", rief Walha etwas zu schnell. „Irmina sagt, bald werden die Menschen eine andere Sprache sprechen. Ist das diese Sprache?"

„In Rätien sprechen sie etwas Ähnliches. Dort werden sie unsere Sprache nicht mehr verstehen."

„Rätien?", fragte Walha.

Vuiberat musterte die zierliche Frau. Von weitem konnte man meinen, sie sei ein Mädchen. So wie bei ihr.

„Hast du keinen Bruder, der den Unterricht im Kloster besuchte und zuhause vom Wissen der Welt erzählte?"

Walha blickte sie unsicher an. „Ich weiß es nicht", sagte sie.

„Deine Familie ..."

„Ich weiß es nicht!", unterbrach Walha sie.

Vuiberat blickte weg, atmete ein paar Mal durch. „Rätien", begann sie, „gehört wie Alemannien auch zum Herzogtum Schwaben. Hinter dem Gebirge liegt Pavia, das gehört zum lombardischen Königreich. Obwohl, soweit ich weiß, gibt es dort gerade keinen König. Da stehen wir mit König Ludwig etwas besser da."

Walha blinzelte irritiert. „In Rôme herrscht ein Papst. Nicht wahr?", fragte sie dann.

„Vielleicht herrscht noch Sergius III. Wenn nicht, ein anderer. Mein Onkel hörte von Bischof Salomo, dass die Formosianer immer noch mächtig sind."

Vuiberat warf einen Blick zu Walha hinüber, die sie nicht zu verstehen schien.

„Warum geht ihr nach Rôme?", fragte sie vorsichtig.

„Um uns von unseren Sünden zu befreien", antwortete Walha wie auswendig gelernt. „Wer sind die Formosianer?"

„Die Anhänger von Papst Formosus. Das ist ..." Vuiberat zögerte, schaute zur jungen Frau hinüber. Sie schien ihr nicht dumm, nur unwissend zu sein.

„Die Formosianer akzeptieren Sergius III nicht. Sie akzeptieren keinen Papst, der vom Herzog von Spoleto eingesetzt wurde."

Wie auch ihr Onkel und der ganze Adel des Ostfränkischen Reiches. Papst Formosus hatte gegen den Willen der Herzöge von Spoleto Arnulf von Karinthia zum Kaiser gekrönt. Als Arnulf in den Norden zog, wurde Rôme von den Herzögen belagert, der Papst starb. Sein Nachfolger Papst Stefan, der vom Herzog von Spoleto eingesetzt wurde, hat Formosus' Leiche hervorgeholt, in einer Synode verurteilt und zur Strafe in den Tiber geworfen. Seither streiten sich die Anhänger von Formosus - die Anhänger des Kaisers - und die Antiformosianer um den Papststuhl und erklären ihre Päpste gegenseitig als illegitim. Noch zu gut hörte Vuiberat die Priester in Sante Gallen gegen die falschen Päpste wettern. Aber Bruder Feisthard hatte ihr erklärt, dass es unwesentlich sei, wer den Papst einsetze. Hauptsache es sitze jemand auf dem Stuhl.

„Wen wollen die Formosianer als Papst?", unterbrach Walha Vuiberats Gedanken.

„Jemand, der auf der Seite des Kaisers steht und gegen den Herzog von Spoleto vorgeht."

„Über Rôme herrscht aber gerade kein Kaiser. Oder?"

Vuiberat schüttelte den Kopf. Der letzte Kaiser Ludwig III von Niederburgund wurde von Berengar geblendet und vertrieben. Berengar wollte selber gerne König und Kaiser sein.

„Pilgern wir durch das Herzogtum Spoleto?“, fragte Walha.

„Nein. Aber der Herzog könnte Rôme belagern, wenn ihm der amtierende Papst nicht gefällt.“

„Dann müssten wir vor den Toren warten?“

Vuiberat lachte. „Genau.“

„Oder“, ereiferte sich Walha, „wir werden gerade dabei sein, wenn ein neuer Papst eingesetzt wird. Das gibt ein prächtiges Fest.“

„Wenn wir es bis Rôme schaffen“, sagte Vuiberat leise und fragte erneut: „Warum seid ihr auf die Pilgerreise aufgebrochen?“

Walha blickte sie an, blinzelte, sagte nichts.

Sie wusste nicht, was sie geweckt hatte. Vuiberat setzte sich auf. War es schon Zeit zum Beten? Sie blickte in den dunklen Himmel, weder Mond noch Sterne waren zu erkennen. Das Feuer war erloschen. Sie zog den Mantel enger um die Schultern, es war empfindlich kalt. Neben sich hörte sie die tiefen Atemzüge Hittos.

Gerne hätte sie diese innere Uhr in sich gehabt, wie die Mönche im Kloster. „Sie wachen auf, bevor die Glocke sie zum Gebet ruft“, hatte Hitto ihr erzählt. So etwas müsste man haben. Diesen Rhythmus in sich, der Tag und Nacht unterteilt und alles zu einem einzigen Gebet wurde.

Es knackte, ein Maultier schnaubte. Hinter ihr raschelte Stoff, jemand anderes war auch aufgesessen. Vuiberat blickte sich um. Konnte es sein, dass sich bei den Maultieren etwas bewegte?

Die Gestalt hinter ihr sprang auf, trat auf die Schlafenden, die aufschreckten, eilte zu den Maultieren.

„Diebe! Räuber!“, schrie die Gestalt, es war Isenrich. Vuiberat war schon auf den Beinen, zerrte an Hittos Arm, der erschrocken aufschrie. Bei den Maultieren brüllten mehrere Stimmen auf. Da wurde sie von hinten gestoßen, fiel auf die Knie. Jemand rannte fluchend an ihr vorbei, trat auf ihre Hand. Eine Frau schrie. Metall klirrte, schlug auf Metall. Die Tiere wieherten erschrocken.

„Hildigarda!“, rief jemand. Vuiberat hatte sich wieder erhoben, wusste nicht, wohin sie sich wenden sollte. Zu den Tieren, wo Gerangel herrschte oder in den Wald. Hitto konnte sie in der Dunkelheit nicht erkennen, um sie herum riefen Gestalten. Da sank sie auf die Knie, kroch herum und tastete nach der Feuerstelle. Jemand fiel über ihre Beine. Warme Kohle zerbröckelten zwischen ihren Fingern. Sie pustete, einige orange Punkte glühten auf. Mit den Händen tastete sie nach Ästchen, bekam etwas zu fassen, legte es in die Glut und blies. Jemand brüllte, eine Stimme antwortete.

„Sie hauen ab, diese ...“, schrie Isenrich und ließ einen fürchterlichen Fluch fallen. Eine Flamme flackerte auf. Jemand trat neben Vuiberat und hielt einen Ast in die Glut. Vuiberat blies und legte Reisig nach. Als sie hochschaute, konnte sie Gaudentius erkennen, den Blick starr auf die Flammen gerichtet. Aus der Dunkelheit traten Walha und ihre Schwester herbei. Die Gesichter bleich, die Augen aufgerissen vor Schreck.

„Zählt die Maultiere und kontrolliert das Gepäck!“ Gaudentius hielt den brennenden Ast in die Höhe und nickte Vuiberat zu. Diese blies weiter in die auflodernden Flammen.

Hitto erschien neben ihr, rieb sich den Oberarm, fragte hektisch, ob sie verletzt sei. Sie schüttelte den Kopf und schickte ihn zu den Maultieren. Im flackernden Schein der Flammen legte sie mehr Äste nach. Winithar und Sigmund fischten je einen brennenden Ast aus dem Feuer und suchten die Umgebung ab. Gaudentius zählte die Anwesenden.

„Mila?", hörten sie Otto nach seinem Maultier rufen. „Mila?"

„Schrei nicht!", rief jemand. War es Duomhard? „Halte besser die Tiere fest."

Nach und nach beruhigten sich die Maultiere, vereinzelt kamen die Überfallenen zum Feuer zurück. Ängstlich und misstrauisch blickte man sich an, wagte nicht zu fragen, was fehlte.

Irgendwo hörte man Isenrich auf Otto einreden, seine Mila werde man erst bei Tageslicht suchen.

Jemand legte Vuiberat die Hand auf die Schultern. „Unsere Tiere sind noch da", sagte Hitto, „das Gepäck auch." Vuiberat nickte. Das Gepäck hatte neben ihnen gelegen und unmöglich verschwinden können.

Walha brach in Tränen aus. Sie besaß kein Maultier, aber Isenrichs Tier war verschwunden mitsamt seinem und ihrem Gepäck. Irmina legte den Arm um ihre Schultern, tröstete sie leise. Winithar erklärte mit zitternder Stimme, dass er bis zum Morgengrauen bei den Tieren wachen werde.

„Dieses verdammte Saupack", schimpfte Isenrich. Das Schwert noch in der Hand. Blut rann aus seiner Nase. „Das waren die aus dem letzten Dorf. Die haben die Tiere angestarrt, als würden sie die am liebsten essen!" Vuiberat musterte ihn. Er musste mit ihr aufgewacht sein und hatte auf die Unruhe der Maultiere gleich reagiert.

Nach und nach verstummten sie alle, setzten sich um das Feuer, schauten ausdruckslos in die Flammen.

Hitto setzte sich neben seine Schwester. Er zitterte noch. Sein Kopf brummte. Er hatte einen Schlag gegen die Stirn bekommen und mehrere Püffe in die Seite, nachdem er sich erhoben hatte und zu den Tieren gestürzt war. Die meisten um ihn herum rieben sich eine Stelle an ihrem Körper. Hildigarda wischte ihrem Mann das Blut aus dem Gesicht. Duomhard hielt sich mit der Hand ein Auge zu. Zum Glück saßen alle hier und niemand war ernsthaft verletzt worden, als die Maultiere brüllend ausgeschlagen hatten.

Vuiberat war aufgestanden, suchte etwas in ihrem Gepäck, kam wieder mit Ampfer und Spitzwegerich, reichte etwas davon Irmina, diese nickte nur und schob sich ein paar Blätter in den Mund, um daraus einen Brei zu kauen. Selbst Walha zerrieb schluchzend welche zwischen den Fingern.

Da fing Vuiberat an zu singen: „canticum David cum fugeret a facie Abessalon filii sui ..."

‚Ein Psalm Davids, als er vor seinem Sohne Absalom floh (Ps 3.1).' Hitto sah sie erstaunt an. Den dritten Psalm sang man zur Vigil erst nach der Eröffnung. War sie so verwirrt? Der Blick seiner Schwester war starr auf die Flammen gerichtet, eine kleine Falte in der Stirn zeugte von ihrer Konzentration.

Da verstand er. Die anderen waren verstummt, blickten Vuiberat an, beinahe feindselig.

„Ach Herr, wie zahlreich sind meine Feinde", übersetzte Hitto. „Viele sagen von mir: Er findet keine Hilfe bei Gott." Gaudentius' Blick traf Hittos, er hob leicht eine Augenbraue. „Du aber Herr bist ein Schild für mich, du bist meine Ehre und richtest mich auf." Gaudentius grinste.

„Ruhe!“, rief jemand.

„Laut rufe ich zum Herrn und er erhört mich ...“, übersetzte Hitto weiter.

„Ruhe! Wir wollen hier kein Gebet!“, grollte Isenrich und zog sein Schwert.

„Viele Tausende von Kriegern fürchte ich nicht“, übersetzte Hitto. Da verstummte Vuiberat, blickte zu Isenrich hoch, starr, die Augen aufgerissen.

„Hör auf mit deinem Gesinge!“, blaffte Isenrich, „das brauchen wir nicht!“

Vuiberats Gesichtszüge blieben ruhig. „Es heilt das Wort, nicht das Schwert“, sagte sie. Nur das Feuer knisterte. Isenrich stierte sie an, dann senkte er das Schwert.

„Verdammte Weiber!“, fluchte er und stapfte davon. Erschreckt sahen die anderen ihm nach. Hitto blickte kurz zu Duomhard hinüber, der, das eine Auge zuhaltend, dorthin schaute, wo Isenrich in der Dunkelheit verschwunden war. Da hob Vuiberat wieder zu singen an.

„Beim Herrn ist die Hilfe, dein Segen über deinem Volke“, übersetzte Hitto.

Als es dämmerte, waren die meisten nochmals in einen leichten Schlaf gefallen, schreckten ab und zu hoch, schlossen dann wieder erschöpft die Augen. Ottos Mila fanden sie nicht mehr. Sein Maultier und eines von Isenrich blieben verschwunden. Isenrich fluchte fürchterlich, doch er hatte noch ein zweites Tier dabei. Otto, der sein einziges Tier verloren hatte, starrte nur verloren vor sich hin. Winithar hatte ihm angeboten, die Satteltasche, die er als Kopfkissen benutzt hatte, nun seinem Tier aufzubinden.

Duomhards rechte Gesichtshälfte war blau gefärbt. Sein Auge ganz zugeschwollen. Er kniff in Vuiberats Hintern, als sie, über ihn gebeugt, zerkaute Ampfernblätter über die geschwollene Stelle rieb.

„Hab schon mehr Fleisch in den Händen gehalten", nuschelte er.

„Hab schon einem Edelmann die Augen ausgestochen", antwortete sie.

Er lachte, stöhnte aber gleich auf, weil sich seine geschwollene Gesichtshälfte verzogen hatte.

„Das glaub ich dir, Weibsstück. Wirst du wieder singen? Heute Morgen hast du es unterlassen."

„Gott wird mir verzeihen." Vuiberat packte seine Hand, die unterdessen zu ihren Schenkeln gerutscht war, und nahm sie in ihre gefalteten Hände. „Wir können das Gebet unterwegs nachholen."

Duomhard grinste vorsichtig, zeigte seine Zahnlücke. „Denk dabei an mich", wisperte er.

„Wir müssen mit Gaudentius sprechen", hatte Vuiberat Hitto zugeraunt. Dieser hatte ihr zugenickt und so war sie gleich nach dem Aufbruch nach vorne zum Priestermönch geeilt. Hitto führte unterdessen ihre beiden Tiere.

„Irmina erzählte mir, dass Ihr schon einmal nach Rôme gepilgert seid. Was habt Ihr dabei erlebt? Wurdet ihr oft ausgeraubt?"

Gaudentius lachte auf. „Mädchen, wen interessiert es, wie es war. Es liegt alles in Gottes Hand. Bete, dass wir mit dem Leben davon kommen, wenn sie uns überfallen, und mach mir Isenrich nicht kopfscheu. Wir brauchen ihn."

„Sein Schwert braucht Ihr, nicht Isenrich“, erwiderte Vuiberat. „Ich möchte wissen, ob wir eine Gruppe sind. Was geschieht mit Otto? Was mit Walha? Ihr Gepäck ist weg, was werden sie essen? Wie kommen sie zu einem neuen Maultier? Wenn wir wissen, dass wir uns gegenseitig helfen, dann wird die Reise für uns alle einfacher.“

Gaudentius blieb stumm, schritt voran.

„Ist Walha deine Schwester?“, fragte er dann. Vuiberat schüttelte den Kopf. „Otto dein Onkel?“

Vuiberat schloss kurz die Augen. Sie wusste, worauf Gaudentius hinaus wollte.

„Achte darauf, dass du lebend nach Rôme kommst, Mädchen. Die Reise wird genug anstrengend für uns alle und jede Entbehrung von uns fordern. Du kannst nicht für alle Pilger sorgen und sing mir jetzt keinen Psalm vor. Ich kenne die Psalmen, habe sie selber jahrelang gesungen.“

Vuiberat ließ sich bis zu Hitto zurückfallen. „Bis Pfevers bekommt Otto mein Trockenfleisch“, sagte sie zu ihm. „Ich hoffe, Irmina wird für Walha sorgen.“

„Du isst viel zu wenig“, entgegnete er.

„Ich lebe nicht vom Essen“, antwortete sie.

Das Tal wurde enger. Die Frauen bückten sich und zupften, Wegerich, Ampfer und Schafgarbe vom Wegesrand. Wenn sie einen Hof passierten, zog Isenrich sein Schwert, blickte drohend umher. Duomhard grinste neben ihm, sein geschwollenes Gesicht verzog sich dabei zu einer Fratze. Die anderen hielten die Halfter ihrer Tiere fester und beschleunigten ihren Schritt.

Bevor sie das Ende des Tals erreichten, stiegen sie in die Höhe, weg von den Mücken. Gaudentius wollte oben bei der

Kapelle dem Heiligen Luzius danken, dass nichts Schlimmeres geschehen war.

„Er wurde hier oben von Heiden in einen Brunnen geworfen und wundersam daraus gerettet“, erklärte er und selbst Isenrich senkte ergeben das Haupt.

Hitto folgte ihnen nur zögerlich. Die Gebeine des Heiligen lagen in Kure und über sich erblickte er farbige Bänder an den Bäumen flattern. Schon zwei Mal waren sie an Felsen mit Ritzungen vorbeigekommen. In kleinen Kuhlen hatte er Getreidekörner entdeckt. Die Bevölkerung hier vertraute nicht dem Heiligen. Er bekreuzigte sich und folgte den anderen.

Auf der Anhöhe verweilten sie in der Kapelle. Die Pilger knieten sich vor den Altar und beteten. Gaudentius segnete sie alle. Die Freiherren lehnten an der Wand, die Hand am Schwertknauf.

Einige Schritte hinter der Kapelle konnten sie erkennen, wie der Weg wieder ins Rîntal hinunterführte. Nach einem scharfen Knick schlängelte sich der Fluss nun gegen Osten. Die Flussarme glitzerten darin.

„Die Mücken werden uns gebührlich empfangen“, brummte Walhafrid.

„Die Klosterkirche von Pfevers“, Gaudentius zeigte auf die andere Talseite, wo sie in der Höhe die weiße Kirche leuchten sahen. „In den Höfen unten werden wir einen finden, der uns den Weg durch den Sumpf zeigt“, erklärte er.

Vuiberat stopfte gerade einige Brennnesseln in die Satteltasche, selber an einigen Blättern kauend. Da hörte sie den langgezogenen Ruf einer Frau. Gaudentius donnernde Stimme antwortete sogleich. Vuiberat wechselte mit Hitto einen Blick. Als sie um die Wegbiegung kamen, sahen sie, wie der Mönch den

Stock erhoben hatte. Die Frau kauerte am Boden und hielt sich die Arme schützend vor das Gesicht. Ihre Kleider waren zerrissen, Arme und Beine verdreckt.

„Vuiberat", sagte Hitto warnend, doch sie eilte schon zur Ausgestoßenen. Bald mussten sie in ein Dorf kommen.

„Lass sie in Ruhe", fauchte Vuiberat Gaudentius an und warf zugleich einen warnenden Blick auf die beiden Edelmänner, die den üblichen Abstand zur Ausgestoßenen hielten.

„Betteln und stehlen, die können wir nicht auch noch gebrauchen", schimpfte Gaudentius.

Die Frau jammerte etwas Unverständliches, linste zwischen den Armen hervor. Diese waren zerkratzt, die Augen schielten.

„Schnell weiter. Die hat den bösen Blick!", rief Walha.

„Es gibt keinen bösen Blick!", fauchte Vuiberat, bückte sich, blickte in die Achseln der Frau, musterte die Haut an den nackten Armen, wie sie es bei den Mönchen im Infirmarium gelernt hatte. Die Narben an Hand- und Fußgelenk waren noch nicht verheilt. Man musste sie gefesselt haben. Aber abgesehen von diesen Wunden schien sie gesund zu sein. Keine Seuche, nichts.

„Der Herr kennt keinen bösen Blick!" Sie warf Gaudentius selber einen bösen Blick zu. „Haben sie dich darum ausgestoßen, diese Unwissenden?", fragte sie die Frau.

„Vuiberat!" Hitto stand neben ihr. „Wir sind Pilger, wir wollen nach Rôme."

„Es gibt keine bösen Blicke", wiederholte Vuiberat und schaute sich angriffig um. „Ich kenne hundert Psalmen, darin gibt es keinen bösen Blick. Komm", wandte sie sich an die Frau und hielt ihr die Hand hin, „wir gehen zur nächsten Kirche. Der Priester wird uns das bestätigen."

Gaudentius starrte sie mit offenem Munde an. „Die Dörfler haben diese Frau ausgestoßen. Sie werden ihre Gründe gehabt haben!“, rief er.

„Ich sehe keinen Grund“, antwortete Vuiberat. „Der Dorfpriester soll ihn mir nennen.“

„Sie werden uns mit Steinen empfangen und die Frau hinter unserem Rücken wieder verstoßen.“

„Wir nehmen die Frau nach Pfevers mit. Das Kloster wird seine Pforte für die Ausgestoßenen öffnen.“

Sie kniete sich neben die Frau. „Versteht Ihr mich?“, fragte sie. Ein Gestank nach Fäkalien und Schweiß schlug ihr entgegen. Die Frau starrte sie stumm an, hielt ihr dann die Hand zum Betteln entgegen. Die anderen wandten sich zum Gehen. Nur Hitto blieb.

„Das ist mein Bruder Hitto“, sagte Vuiberat langsam, „er ist Priester. Er wird uns in die nächste Kirche begleiten, um die Schande von dir zu nehmen.“

Die Frau schlug sich die Hände vor das Gesicht, blickte durch ihre Finger zu Hitto hoch. Zuckte dann zusammen und bückte sich, als wäre sie geschlagen worden.

„Danach kommt Ihr mit uns nach Pfevers. Im Kloster brauchen sie immer Hände, die anpacken.“

Ein undefinierbarer Laut entrang ihren Lippen. Vuiberat schaute zu Hitto hoch. Wie viele Ausgestoßene und Kranke hatten sie beide auf den Fronhof gebracht und umsorgt? Doch es war etwas anderes gewesen, die eigenen Untertanen zu pflegen.

Schnell erhob sie sich. „Es gibt keinen bösen Blick“, sagte sie laut. „Verstehst du. Es gibt ihn nicht.“ Hier am Wegesrand würde die Frau nicht lange überleben.

Die Frau kroch langsam von ihnen weg. Erst jetzt bemerkte Vuiberat, dass etwas mit ihren Beinen nicht stimmte. Hatte man sie gebrochen?

Schweißperlen bildeten sich auf ihrer Stirn. Etwas drückte auf ihren Nacken. Hittos Hand legte sich auf ihre Schulter. „Wir sind Pilger. Wenn wir uns jedes Ausgestoßenen annehmen, der uns bis Rôme begegnet ...", er unterbrach sich. Sie schloss die Hände zu Fäusten, öffnete sie wieder. „Es gibt ihn nicht", flüsterte sie, „es gibt keinen bösen Blick."

Sie sah vor sich, wie das Gesinde des Fronhofs sie anstarrte, ihre Augen musterten, als sie aus der Langobardia zurückgekommen war. Sie hörte das Getuschel hinter ihrem Rücken.

Ihre Nägel fuhren in ihren Handrücken, schnitten in ihre Haut, damit der Schmerz hinausfinde. „Es gibt ihn nicht", sagte sie lauter. „Ich habe ihn nicht!"

„Schwester!", drang Hittos Stimme an ihr Ohr. Er schüttelte sie an der Schulter. „Ich weiß, dass es keinen bösen Blick gibt!"

Mit einem Aufschrei presste sie ihre Hand auf den Mund. Sie war auf einer Pilgerfahrt und das Getuschel vom Fronhof weit weg! Sie hörte ihr Keuchen. „Oblaz uns sculdi unseero", flüsterte sie und blickte in den Himmel, bis sie ruhiger atmete.

„Lassen wir ihr das Trockenfleisch von dieser Woche hier", sagte sie mit zitternder Stimme.

„Willst du dieses nicht Otto geben?", fragte Hitto.

Vuiberat schüttelte den Kopf.

Das Dorf sah aus, wie die vielen anderen, die sie passiert hatten. Einzelne eingezäunte Höfe. Die kleine Steinkirche war geschlossen. Der Leutepriester wandere von Ort zu Ort, wurde ihnen erklärt. Vuiberat erwähnte die Frau nicht.

„Vielleicht verfiel sie dem falschen Geliebten oder hat keine Eltern", sagte Vuiberat, als sie die Häuser hinter sich gelassen hatten.

„Vielleicht war es der Wille des Herrn, dass sie ausgestoßen wurde. Wir können es nicht wissen."

Vuiberat sackte in sich zusammen. Hitto hatte Recht. Trotzdem sträubte sich alles in ihr, daran zu glauben. Wenn man doch nur genug beten konnte, Tag und Nacht. Alle Menschen. Dann konnte der Widersacher keine Seelen mehr verführen.

„Warum tun wir das? Menschen ausschließen."

„Um das Böse loszuwerden und das Essen wird knapp im Winter", sagte Hitto.

„Wir haben Frühling, alles sprießt. Auf den Feldern benötigen die Bauern jede helfende Hand."

Vuiberat fuhr sich über den aufgekratzten Handrücken. Und wenn die Frau eine Besessene war? Sie sollte dem Herrn nicht ins Handwerk pfuschen. Wenn sie Unrecht getan hatte? Ihre Nägel drangen in ihren Handrücken.

„Wir müssen aufschließen, den Weg durch den Sumpf können wir nicht alleine zurücklegen", drängte Hitto.

„Oblaz uns sculdi unseero", antwortete sie.

3 Anno Domini 908 Alpen

Die Nacht verbrachten sie in einem Hof, welcher dem Kloster gehörte. Hitto und Gaudentius versuchten, sich auf

Latein mit dem Pächter zu verständigen. Dieser antwortete in seinem Dialekt. Ein Knecht führte sie tags darauf durch den Sumpf, watete mit ihnen durch die seichten Stellen der Flussarme. Er wies sie an, sich Tücher vors Gesicht zu binden, um die giftigen Dämpfe der verborgenen Ungeheuer nicht einzuatmen. Auf der anderen Talseite erhoben sich die Flanken der Berge.

Als sie am Fuße der Berge wieder festen Boden unter den Füßen spürten, traten sie wieder auf die abgewetzten Steine der alten Straßen, die sie aus der Umgebung von Pregentia her kannten. Hitto atmete auf, wenn die Römer hier durchgewandert waren, konnte der Weg nicht gefährlich sein.

Sie rasteten erst hinter den Ruinen der Porta Romana bei der kleinen Steinkapelle des Heiligen Georg, die auf einem Hügel über der Sumpflandschaft thronte. Müde lehnte sich Hitto an die Steinmauer, nachdem er seine durchnässten Schuhe an die Sonne gestellt hatte. Er überblickte das sumpfige Tal, heimlich hoffend, dass der Weg nun weniger beschwerlich wurde. Doch er wusste, dass die wirklich hohen Berge noch vor ihnen lagen.

Vuiberat setzte sich neben ihn, legte den Kopf an seine Schulter. Die Strahlen der untergehenden Sonne fächerten schräg ins Tal. Reglos blieben sie sitzen. Die Berge im Norden verdeckten ihnen die Sicht in die Heimat, wo weite Wälder die Hügel bedeckten und im Herrenhaus jetzt die Töpfe über das Feuer gestellt wurden. Unter ihnen blökte es. Schafe wurden Richtung Klosterstallungen getrieben. Eine Frau stimmte ein Lied an.

Erst als die Dämmerung einsetzte, stiegen sie beide zum Kloster hoch, dankten auf den Knien dafür, dass ihnen die Reise bis hierhin gelungen war. Die Pilgerherberge war überfüllt. Hitto zeigte einem Mönch das Pergament, das ihnen der

Onkel für den Abt mitgegeben hatte. So wurden sie in den Gästetrakt des Klosters geführt.

„Vielleicht senden die Mönche hier eine Gruppe nach Rôme. Denen können wir uns anschließen", sagte Hitto. Vuiberat schüttelte den Kopf: „Otto braucht uns."

„Otto wird hier bleiben", ereiferte sich Hitto. „Er fühlt sich zu schwach. Das hat er mir selber gesagt. Gaudentius traue ich nicht. Er kennt den Weg. Doch in der Nacht teilt er keine Wachen ein und er verfügt keine Autorität über die beiden Freiherren. Wenn es den Mördern passt, können sie mit uns machen, was sie wollen."

„Gaudentius' Auftrag ist es, die Edelmänner nach Rôme zu bringen", antwortete Vuiberat. „Wir anderen haben sich ihnen nur angeschlossen. Er ist für uns nicht verantwortlich. Wir müssen uns der Hilfe des Herrn anvertrauen."

„Wir dürfen Gott nicht herausfordern. Hinter Pfevers drängen die Berge in die Höhe, Schwester. Wir werden nur noch einzelnen Hirten begegnen, dann werden wir tagelang alleine auf uns gestellt sein. In schroffen Felsen und bedrohlichen Tälern, menschenfeindlichen Orten voller Geister und Dämonen."

Vuiberat schaute stumm vor sich hin. Hitto konnte beim besten Willen nicht verstehen, was sie bei diesen Menschen hielt. Niemand von ihnen zeigte nur annähernd eine Zuwendung zum Herrn. Im Gegenteil, Vuiberats Ansichten, auch ihre Hilfe bei der Aussätzigen wurden belächelt oder ignoriert. Wollte sie deswegen bleiben?

„Die Angst soll dich nicht begleiten", unterbrach sie seine Gedanken. „Die Pilgerherberge ist überfüllt. Wir werden sicherlich andere Begleiter finden." Hitto atmete auf.

Während der Morgenmesse wurde ihnen im Laienschiff ein Platz in der vordersten Reihe zugewiesen. Der Abt segnete sie persönlich. Vuiberat strahlte. Hitto war dies nicht genug. Sein Onkel hatte seine Länder nicht deswegen Bischof Salomo geschenkt. Sie benötigten Nahrung und brauchten Auskünfte. Er beobachtete die Mönche, achtete darauf, welcher dem Abt am nächsten stand. Da fing er den Blick eines älteren Mitbruders auf, dieser nickte ihm zu. Nach der Messe wartete er auf sie.

„Das Geschwisterpaar, das uns Bischof Salomo empfiehlt", sagte der Mönch auf Alemannisch und stellte sich als Bruder Simon vor.

Bruder Simon half ihnen, wo er konnte. Er versprach die Geschwister mit Hirse und Trockenfleisch auszustatten und riet ihnen, ihre Schuhe dem Schuster zur Kontrolle abzugeben.

„Hier warten über dreißig Pilger, dass der Berg Septimen endlich schneefrei wird", beruhigte er Hitto, der nach weiteren Rômepilgern fragte. „Vor zwei Wochen hat es nochmals tief hinunter geschneit. In fünf oder sechs Tagen werden die Wartenden mit einigen Säumern aufbrechen."

Hitto nickte dankbar, erkundigte sich, wer Satteltaschen flickte. Simon erklärte es und zog ihn beiseite.

„Seit Wochen warten wir auf die ersten Händler aus dem Süden. Zurzeit kursieren nur Gerüchte. Seit Kaiser Ludwig geblendet wurde und Berengar sich in den Norden zurückgezogen hat, herrscht wieder Unruhe in der Langobardia." Er schaute Hitto ernst an. „Das Land ist verwüstet. Plündernde Horden durchstreifen die Dörfer. Keiner schaut zum Rechten."

Hittos Blick suchte Vuiberat.

„Als vor einigen Jahren die Ungaren die Langobardia verwüsteten, kamen keine Pilger mehr zu uns durch. Ludwig hat daraufhin aufgeräumt und die Wege wurden sicherer. Aber jetzt ..."

„Was würdet Ihr uns raten?", fragte Hitto.

„Raten? Nur der Herr weiß, was geschehen wird."

Vuiberat ergriff Hittos Hand. „Heute sind es die Krieger Berengars, morgen die Barbaren. Gott schützt uns, wenn kein Kaiser für Ruhe und Sicherheit sorgt."

„Wenn wir wissen, dass Gefahr herrscht, dürfen wir Gott nicht herausfordern", zischte Hitto.

„Wir reisen zu seinem Stellvertreter nach Rôme!"

„Falls in Rôme gerade ein Papst herrscht und nicht mehrere."

Er sah, wie Vuiberat den Mund öffnete, um ihm zu widersprechen, doch sie hielt inne.

Walha suchte Vuiberat einen Tag später im Gästehaus auf.

„Sigmund möchte Euch sprechen", sagte sie und schaute sich scheu und sogleich neugierig um.

Vuiberat konnte sich nicht vorstellen, was der Händler von ihr wollte und begleitete Walha hinaus.

Sigmund war ein etwas zu klein geratener, schmächtiger Mann, der oft ein nachdenkliches Gesicht machte und wenig sprach. Als er die beiden Frauen erblickte, winkte er sie zu sich und wollte sie gleich mit sich ziehen. Aber Vuiberat blieb stehen, betrachtete die schiefen Hütten der Landlosen, die morastigen Wege, auf denen es von Menschen wimmelte. Lieber wollte sie auf Hitto warten. Als Freifrau war sie eine sichere Begleitung gewohnt. Und wer war schon Sigmund, der ihr bei den Handwerkern und Tagelöhnern etwas zeigen wollte? Sigmund ließ sich nicht erweichen. „Wir gehen nur zwei Straßen weiter, zum Markt", erklärte er aufgeregt. Walha hüpfte einige Schritte vor ihnen auf und ab.

Dort zog er Vuiberat neben den Käsestand und zeigte daran vorbei. Sie begriff sogleich, als sie die Frau erblickte. Diese kauerte an einer Hausmauer, hatte mit einem Arm die Augen verdeckt, hielt die andere ausgestreckt und ließ ab und zu einen langen Jammerlaut von sich.

„Sie ist Euch gefolgt", sagte Sigmund und seine Stimme überschlug sich. „Sie ist Euch durch die Sümpfe bis hierhin gefolgt."

Vuiberat zögerte. Konnte das wirklich wahr sein? Sie ging zur Bettlerin, kauerte sich hin und berührte sanft ihren Arm.

„Kommst du mit mir zur Kirche?", fragte sie. Die Frau hob kurz den Arm, um ihn gleich wieder über ihre Augen zu legen. Dann, als würde es sie viel Kraft kosten, stemmte sie sich hoch. Sie schwankte, als sie auf ihren verkrüppelten Beinen stand.

Sigmund und Walha halfen ihr, die Frau zu stützen. Sie stank nach Urin. Vuiberat verwehrte sich, ein Tuch vor die Nase zu nehmen.

„Zuerst muss sie wieder menschenwürdig aussehen", entschied sie, nachdem sie mehrmals vergebens die Frau angesprochen hatte. Als sie vor der Kirche ankamen, sah sich Vuiberat suchend um. Sie mussten die Frau in den Krankentrakt bringen und jemanden suchen, der sich ihrer annahm.

„Irmina wird mir helfen, sie zu waschen", sagte Walha.

Dankbar überließ Vuiberat die Frau der Pilgerin und suchte die Konventsküche auf.

„Nein", die Köchin schüttelte energisch den Kopf. „Wir füttern hier nicht jeden durch. Denkt Euch, was geschieht, wenn neben den Pilgern nun auch noch die Bettler plötzlich vor der Türe stehen."

„Sie wurde von der Dorfgemeinschaft ausgestoßen", widersprach Vuiberat. „Das Kloster ist verantwortlich für jeden, der an seine Pforten klopft. An wen kann ich mich wenden?"

Die Köchin musterte sie. „Bringt sie morgen vorbei", befahl sie dann abrupt und wandte sich um.

Vuiberat hastete zurück. Irgendwo konnte sie sicherlich Kleider für die Frau besorgen.

Weder in der Pilgerunterkunft noch im Krankentrakt konnte sie jemanden finden. Etwas verloren schaute sie sich um, kehrte nochmals in die Pilgerunterkunft zurück und fand schließlich Walhafrid.

„Die Ausgestoßene?", sagte er. „Die Schwestern und die Edelmänner nahmen sie ins Badehaus mit."

„Badehaus?", schnappte Vuiberat.

„Isenrich wird sie dort für ihre Dienste bezahlen", sagte er verächtlich.

Vuiberat schüttelte den Kopf. Walha konnte sie unmöglich so missverstanden haben. „Bring mich dorthin", befahl sie.

„Ich?", antwortete Walhafrid entsetzt. „Ich bin ein anständiger Mann."

Aber Vuiberat hatte ihn schon am Wams gepackt und zog ihn aus dem Raum.

Das Badehaus stand etwas außerhalb der Hüttenansammlung um das Kloster, als wäre nur der am weitesten entfernte Platz von der Kirche gut genug. Im Eingang saß eine breite Frau, das Mieder weit geöffnet.

„Ich suche drei Frauen", sagte Vuiberat.

„Das sagen alle", antwortete die Frau gelangweilt und musterte Walhafrid. Vuiberat trat einen Schritt zurück, betrachtete die Öffnungen in der Wand, aus denen, obwohl mit Tüchern verhängt, Dampf drang.

„Walha!“, schrie sie. „Irmina! Isenrich!“

„Sei ruhig!“, fauchte die Matrone. Aber Vuiberat forderte Walhafrid auf, dasselbe zu tun. Schimpfend erhob sich die Frau. „Nur das Mädchen!“, donnerte sie und zeigte nach hinten durch den Eingang. Vuiberat huschte an ihr vorbei.

Sie war noch nie in einem Badehaus gewesen. Im Hof dampften vier Bottiche, Mägde schleppten Eimer, ihre nassen Kleider klebten an ihren Körpern. Schwere Tücher hingen vor den Eingängen der Räume, die alle in den Hof führten. Die Geräusche, die dahinter hervordrangen, waren nicht misszuverstehen.

„Zwei Edelmänner, einer groß und blond, der andere braunhaarig mit drei Maiden?“ Die Magd zeigte auf einen der Eingänge. Vuiberat eilte darauf zu und riss den Vorhang weg.

Alle fünf befanden sich im Bottich. Isenrich und Duomhard hatten ihre Köpfe auf den Rand gelegt und dösten vor sich hin. Walha saß auf dem Rand, hielt das verfilzte Haar der Frau in der Hand, während Irmina versuchte, die Finger durch dieses dichte Gestrüpp zu ziehen.

„Vuiberat!“ Walha winkte ihr zu. Wasser lief zwischen ihren kleinen Brüsten hinunter. „Wir haben ihr eine Binde um die Augen gelegt. Jetzt hält sie endlich die Arme runter. Komm auch rein, es ist noch warm.“

Vuiberat trat langsam näher. Das Gesicht der Frau hatte sich entspannt, sie musste einmal sehr schön gewesen sein. Vorsichtig streckte sie eine Hand ins Wasser, das diese wohlig warm umschloss.

„Nein danke", sagte sie leise, nestelte an ihrem Gehänge und reichte Walha den Kamm ihrer Mutter. „Ich werde ihr etwas zum Anziehen organisieren, bis ihr fertig seid."

„Isenrich leiht ihr sein zweites Unterhemd. Wir werden ihre Lumpen verbrennen", antwortete Irmina.

Plötzlich spürte sie am Rücken das Kratzen ihres Bußhemdes. Vuiberat blinzelte zu den beiden Männern hinüber. Duomhard hatte die Augen geöffnet und grinste sie an.

Sie warteten zwei Wochen, bis die Nachricht sie erreichte, dass der Pass wieder überquerbar sei. Tags darauf wurden vor den Stallungen die Maultiere gepackt.

„Nach dem Schnee ziehen zuerst die Säumer über den Pass. Diese kennen den Weg und räumen den ärgsten Schaden beiseite", riet ihnen Bruder Simon.

Hitto konnte sich nicht entscheiden, mit welchen Leuten er reisen wollte. „Den Pass hinauf werden die meisten zusammen im Tross bleiben. In zwei Tagen erreichen wir ein Anwesen mit Kanonissinnen, die können uns weiterhelfen", erklärte er und hoffte, bis dann eine geeignete Gruppe zu finden.

Vuiberat hörte ihm nur mit halbem Ohr zu. Mit Walha zusammen hatte sie sich um Gisalja, die Ausgestoßene gekümmert. Sie durfte im Mägdehaus wohnen und in der Küche aushelfen.

Nun half sie Walhas neue Habseligkeiten auf Winithars Maultier zu schnallen. Der Schmied war noch mehr abgemagert, die Nase ragte dünn aus dem gelblichen Gesicht. Im Gegensatz zu Otto wollte er den Weg weiter unter die Füße nehmen. Walhafrid hatte ihn zur Seite genommen und sprach auf ihn ein.

„Wenn Winithar stirbt, bekomme ich seine Schuhe und das Maultier", sagte Walha und zog die Riemen des Zaumzeugs etwas fester an. „Wir sollen ihn dort begraben, wo er liegen bleibt, findet er."

„Hitto kann die Messe lesen", sagte Vuiberat trocken.

„Fein! Das wird ihn freuen!" Walha hüpfte davon, um Winithar die Nachricht zu überbringen. Vuiberat blickte ihr erstaunt nach.

Irmina trat aus dem Gästehaus, strich ihr Haar zurecht, zupfte dann an ihrer Tunika, schloss ihre Mantelfibel und schlenderte Hüfte schwingend zu Vuiberat. Isenrich lehnte an seinem Maultier und ließ sie nicht aus den Augen.

„Bereit zum Aufbruch?", fragte Irmina leichthin.

„Ihr weidet an vielen Orten", sagte Vuiberat.

„Mein Kelch ist groß." Irmina kraulte die Stirnhaare des Tieres.

„Ihr macht damit die Männer brünstig."

„Sollen sie." Irmina zuckte die Schultern.

„Ich kann Euch nichts verbieten. Aber es bringt Unruhe in die Gruppe, wenn Ihr Euch auf fremden Weiden vergnügt." Vuiberat deutete auf Isenrich, der immer noch zu ihnen herüber starrte. „Und ich nehme an, dass Euch dies nicht zugutekommt."

„Zu Gute?", Irmina trat mit zusammengekniffenen Augen an Vuiberat heran. „Was wisst Ihr als verwöhnte Freifrau von Gut und Böse!", zischte sie. „Mit welchen Mitteln, denkt ihr, sind wir bis jetzt hierhergekommen? Mit Beten?" Sie lachte auf. „Jeden Schritt haben wir hart erarbeitet. Walha ist das ganze Gepäck gestohlen worden, meint ihr, Isenrich kommt aus

Mitleid für das alles auf?" Sie spuckte aus. „Zitiert Eure Psalmen. Aber lasst uns in Ruhe."

Vuiberat wollte ihr etwas antworten. Unterließ es dann aber und lief zu Hitto hinüber, der ihre Tiere belud. Das Zaumzeug war neu gefettet, die Satteltaschen verstärkt worden.

„Bereit zum Abmarsch?", fragte er.

Vuiberat nickte stumm.

Das Tal war flach und breit. Die Klosterhöfe darin verteilt. Vieh weidete auf den Wiesen, die Bauersleute arbeiteten auf dem Feld.

„Kommt nicht vom Weg ab", warnte Gaudentius seine Mitreisenden. „Der Fluss rauscht durch eine tiefe Schlucht. Wer da runterfällt, kommt nicht wieder."

Hitto hatte eigentlich Abstand zu ihm halten wollen. Bruder Simon hatte ihm den Weg bis hoch zum Berg Septimen genau beschrieben. Aber Walha hing sich an seine Schwester. Irmina stand hinter ihr und da waren die beiden Krieger und der Mönch auch nicht weit.

Bald kamen sie an einem gewaltigen Felsenbrocken vorbei, der wie von einem Riesen hingeworfen auf einer Wiese lag. Eine flache Rinne führte von seiner Spitze bis zum Fuß. Isenrich spottete über die Weiber, die über ihn rutschten, um Kinder zu bekommen. Einer der Säumer blieb stehen und fuhr den Edelmann an, er solle schweigen. Die Göttin herrsche auf dem Gunkels. Isenrich blickte ihn verdattert an, tastete dann zum Schwertgriff. Hitto beeilte sich, zwischen die beiden zu treten.

„Es gibt keine Göttinnen", erklärte er dem Säumer. Dieser drohte mit der Faust, wandte sich aber ab. Isenrich zuckte die Schultern. Irmina legte ihren Arm um seine Taille und zog ihn mit schmeichelnden Worten weg. Hildigarda hatte sich hingekniet und die Hand auf den Felsen gelegt.

Hitto blickte an sich herunter. Pertherads Lederbeutel hing an seinem Gurt. Fast wollte er seine Hand darauf legen, damit ihn niemand erblickte. Das Lied, das die Weiber hier auf den Feldern sangen, klang seltsam schnell und hoch. Sie sangen es in ihrem Dialekt, es war sicherlich kein Psalm. Huldigten sie einer Göttin? Das Tal wirkte so friedlich und fruchtbar. Er sah sich nach Vuiberat um. Sie stand am Fuße des Felsens und fing Hildigarda auf, die hinuntergerutscht war.

Tags darauf überschritten sie den Pass und sahen kurz darauf weit ins Tal hinunter. Der Rîn leuchtete blau aus seinem kiesernen Bett. In der Ferne konnten sie die schneebedeckten Berge erkennen. Nach dem ersten Staunen fragte sich Hitto, wie sie nun die steile Bergflanke hinunterkommen würden, folgte dann den anderen auf einem Pfad, der sich geschickt um die Felsen wand. Am Mittag standen sie im Tal, wo zwei Flüsse zu einem wurden.

„Rîn posterior, Rîn anterior", sagte Hitto und zeigte zur Furt, wo eben ein paar Säumer ihre Maultiere ins Wasser trieben. Bruder Simon hatte es ihm erklärt.

Vuiberat verschmähte es, sich aufs Tier zu setzen. Sie schlüpfte aus ihren Schuhen, hob ihre Tunika und folgte ihrem Bruder mit dem zweiten Maultier durchs seichte Wasser.

Vor ihnen verschwand der Rîn anterior in einer Schlucht. Sie stiegen eine sanfte Anhöhe hoch. Dann erblickten sie die hohen Felsen und den Fluss, der sich tief in den Boden gefressen hatte. Vor den schroffen Felsen konnte Vuiberat eine Steinkirche erkennen. Sogleich wandte sie sich dorthin. Aber Hitto hielt sie zurück.

„Wir können nicht jede Kirche besuchen, an der wir vorbeikommen. Wir sollten heute Abend das Anwesen der Kanonissen erreichen."

Mehrere Saumtiere, mit Fellen und Leinen bepackt überholten sie.

„Vielleicht ist es besser, bis Klevene mit Säumern zu reisen", überlegte Hitto. Vuiberat zuckte die Schultern und zog ihr Maultier übers offene Feld in die Richtung, wo die Berge wieder enger standen. Ein Saumpfad führte an den Felsen vorbei. Eine verfallene Mauer und eine Ruine auf dem Felsen zeugten davon, dass hier einmal eine Zollstation gestanden hatte. Hitto sah sich aufmerksam um. Hier herrschte der Bischof von Kure, ein aufmüpfiger Hunfridinger. Abt Salomo mochte ihn nicht. Nach einigen Biegungen wurde das Tal breiter und flach. Sie erblickten Felder und sogar ab und zu eine Steinkirche.

„Wusstest du, dass hier eine mächtige Familie regierte?", fragte Hitto. „Die Viktoriden, ihr Bistum war größer als Chostinze und mächtiger als Sante Gallen. Sie kontrollierten alle Übergänge über die Berge."

„Was ist mit ihnen geschehen?", fragte Vuiberat.

„Die Karolinger waren an den Passübergängen interessiert. Sie eroberten Kure. Rätien wurde dem Herzogtum Schwaben unterstellt wie Alemannien auch. Die Karolinger scherten den Viktoriden das Haupt und steckten sie ins Kloster."

„Was Karolinger tun, wenn sie sich eines mächtigen Feindes entledigen wollen", sagte Vuiberat leichthin.

„Was Bischof Salomo gerne mit dem jetzigen Bischof von Kure tun möchte", erwiderte Hitto. „Der Hunfridinger will aus Alemannien und Rätien ein eigenes Herzogtum machen, gegen den Willen des Königs."

Vuiberat winkte ab. Hitto wusste, dass sie mit Onkel Albrich über die Ansprüche des rätischen Bischofs gesprochen hatte. Ihm gegenüber hatte Albrich nie etwas erwähnt.

„Müssen wir ein Entgelt zahlen, um über den Pass zu kommen?“, wechselte Vuiberat das Thema.

„Als Pilger kaum und die Säumer ...“, Hitto deutete auf die Tiere. „Die werden schon wissen, was sie zu tun haben.“

Gegen Abend erblickten sie die Steinkirche mit dem kleinen Turm, die dem heiligen Martin geweiht war, und etwas davon entfernt, das mit einer Mauer geschützte Stift.

„Morgen verlassen wir den Rîn“, erklärte Hitto. Bruder Simon hatte ihm erzählt, dass es einen Weg dem Fluss entlang gäbe und mehrere Tagesreisen von hier auch einen Übergang über die Berge. Der sei aber viel zu gefährlich, da sich der Fluss zu stark in den Felsen gefressen habe und deren Wände so eng stünden. Sie nennen den Weg die Veia Mala, den bösen Weg. Darum müssten sie nach Osten ausweichen und über den Septemen.

Er blickte nach Osten, wo ein enges Tal sich durch die Berge schnitt.

Die Unterkunft für die Pilger und Säumer befand sich außerhalb des Stifts. Es war ein einfacher Holzbau, mit einer Feuerstelle in der Mitte. Vuiberat war froh, dass sie darin nicht übernachten mussten. Nach der langen Wanderung wünschte sie sich Ruhe. Hitto zeigte das Siegel von Abtbischof Salomo. Die Kanonissinnen waren im Verbrüderungsbuch von Sante Gallen eingetragen und ließen sie in den Konvent. Als Leutepriester schlug Hitto vor, den Diakon abzulösen und am folgenden Morgen die Messe zu lesen. Dafür durften sie in dessen Unterkunft übernachten.

Die Geschwister nickten sich zu, als sie der jungen Monialen über den Hof folgten. Vesper sei eben vorbei, erklärte sie, und führte die beiden, nachdem sie ihre Maultiere von ihrer Last befreit und untergestellt hatten, in die Küche. Dort wurde ihnen Haferbrei und Wasser hingestellt. Die Kanonissin versprach ihnen, nach dem Abendgebet ihre Unterkunft zu zeigen. Eine Dienerin folgte ihr hinaus.

„Falls wir heimkehren", sagte Hitto vorsichtig, „würdest du hierbleiben?"

Vuiberat brauchte eine Weile, bis sie begriff. Sie betrachtete die gut ausgerüstete Küche mit den drei Mägden, die die Kessel scheuerten, sah in den Hof hinaus zur Kapelle. Sie war noch nie in einem Kanonissinnenstift gewesen. Es wurde behauptet, dieses hier sei das älteste in der Gegend. Im Hof war es ruhig, von irgendwo hörten sie ein Lachen.

„Ich weiß nicht", sagte sie scheu. „Die Familien zahlen viel, wenn sie eine ihrer Töchter ins Stift schicken."

„Albrich würde alles für dich tun. Du bist hier versorgt und unter deinesgleichen."

„Meinesgleichen?", flüsterte Vuiberat und sah ihn zweifelnd an.

„Sie beten hier täglich und weben Kleider für die Kleriker. Einzig den Schleier haben sie nicht genommen, können sich frei bewegen. Sogar austreten können sie, wenn es sein soll."

Vuiberat blickte in den Hof hinaus, unterdessen war es dunkler geworden. Aus dem Fensterloch der Kapelle strahlte Licht. Sie konnte selber nicht sagen, warum ihr der Gedanke nicht behagte. Hier war sie sicher, durfte dem Herrn nahe sein, ihn spüren, in ihm aufgehen. Hier lernte sie den Rhythmus des heiligen Tages, konnte eintauchen in die Verehrung alles Heiligen, bis ... bis an ihr Lebensende. Und trotzdem legte sich eine Enge um ihre Brust. Wenn sie daran dachte, sah sie sich am Webstuhl sitzen, endlos die Fäden spannen, immer und immer wieder, neben ihr die kichernden Mitschwestern unter dem Blick der Oberin. Und dann keimte die Schwere in ihr. Was, wenn sie sich nicht mehr zurückhalten konnte, wenn sie sich kratzte und die Schwestern sich hinter ihrem Rücken Blicke zuwarfen?

Vuiberat schnappte nach Luft. „Wir werden sehen", sagte sie. „Wir werden sehen, falls wir heimkehren."

Sie tauchte den Holzlöffel in den Brei und aß weiter. Und da wusste sie, dass noch etwas anderes sie zurückhielt, hierhin zu kommen. Hitto würde nicht im Konvent sein und Kebini, auch Albrich nicht und selbst Pertherad. Sie ließ den Löffel sinken. Das Band um ihre Brust hinderte sie am Atmen. Sie hatte Heimweh nach dem Fronhof, und sie waren erst seit ein paar Wochen unterwegs.

Vuiberat tauchte in den hellen Gesang der Stimmen ein, wurde ein Teil von ihnen, schwang mit.

„Laudate eum in cymbalis sonantibus laudate eum in cymbalis tinnientibus omne quod spirat laudet Dominum alleluia."

‚Lobt ihn mit hellen Zimbeln, lobt ihn mit klingenden Zimbeln. Alles, was atmet, lobe den Herrn Halleluja. (Ps 150. 5-6)', übersetzte sie.

Rein klangen sie, die feinen Frauenstimmen, ließen das Paradies erahnen, die ewige Ruhe.

Schon längst hatte sie die Augen geschlossen, horchte den Klängen nach, ließ sie nachwirken, ließ sich reinigen von ihnen. Schon schlugen die Kanonissen die nächsten Töne an.

Als es still wurde, blieb sie knien. Bald würde Hitto mit der Messe beginnen. Da tippte jemand auf ihre Schulter.

„Im Hof wartet jemand auf Euch", flüsterte eine Stimme. Vuiberat hätte sie gerne ignoriert, erhob sich jedoch und folgte der Frau in den Hof. Es nieselte leicht.

In der Morgendämmerung konnte sie Walha erkennen.

„Winithar", keuchte sie, „es geht ihm nicht gut. Ihr kennt Euch aus mit Kräutern."

Vuiberat schaute sich kurz um, sah in die mit Kerzenschein erleuchtete Kapelle, wo die Frauen noch in tiefer Versunkenheit knieten und Hitto gleich mit der Messe beginnen würde.

„Ich hole meine Sachen", sagte sie zu Walha, die ihr auf den Fersen blieb. „Wie bist du hier hereingekommen?" Die Pilger besuchten die Martinskirche außerhalb des Stiftes. Die Chorfrauen wollten hier ein abgeschiedenes Leben führen.

„Ich kenne viele Wege", sagte Walha leichthin.

Winithar krümmte sich, stöhnte, warf dann den Kopf nach hinten und keuchte laut.

„Der Dummkopf hat sich überfressen", brummte Duomhard. Walha fuhr ihn an, den Mund zu halten.

Vuiberat legte ihre Hand auf die schweißnasse Stirn. Unruhe herrschte in der Pilgerherberge. Einige waren am Aufbrechen, packten ihre Tiere, andere lagen noch auf der gestampften Erde, eingewickelt in Mäntel und Decken.

Vuiberat konnte dem Pilger nur einen Aufguss gegen seine Krämpfe geben, sonst wusste sie sich nicht zu helfen. Sie würde im Stift nachfragen, wer sich auf Kräuterkunde verstand. Sie trug Walha auf, heißes Wasser zu machen, als sie der Kranke am Handgelenk packte.

„Ich muss weiterpilgern", flüsterte er heiser.

„Winithar“, sagte Vuiberat beruhigend, „Ihr müsst zuerst gesund werden. Ich werde schauen, ob die Kanonissen ...“

„Nein“, keuchte er, „und wenn ihr mich aufs Tier binden müsst.“

„Wir werden in den nächsten Tagen nur noch den Hirten begegnen. Wir können Euch nicht am Wegesrand abladen, wenn Ihr nicht mehr weitergehen könnt“, insistierte Vuiberat.

„Nein“, flüsterte Winithar, „mitgehen, mit nach Rôme.“

Es war zwecklos, mit ihm zu verhandeln. Sorgsam strich Vuiberat ihm die verschwitzten Haare aus der Stirn. Jemand beugte sich über sie.

„Wenn er es so wünscht, werden wir ihn mitnehmen.“ Sigmund kauerte sich neben sie nieder. „Er wird so oder so bald sterben.“

Vuiberat reichte Walha die Schafgarben, damit sie sie im Wasser aufkochte.

„Wann will Gaudentius aufbrechen“, fragte sie.

„Er sagte, es müsse nicht früh sein“, antwortete Walha. „Eine Tagesreise von hier liege nochmals ein Frauenstift, dort können wir über die Nacht Schutz suchen. Danach will er über den Pass ziehen. Das würde uns genug abverlangen, hat er gesagt.“

Vuiberat wandte sich um, blickte zur Tür hinaus, erkannte am Ende des Tales nur den Berg, dessen Flanken auf beiden Seiten in steile Schluchten abfielen. Sie konnte sich nicht vorstellen, wer dort hinten ein Stift baute.

„Ich werde mit Hitto sprechen“, sagte sie. „Wir werden euch begleiten. Wenn Winithar es bis Klevene schafft, können sie ihn im Kloster gesund pflegen. Wir haben einen Begleitbrief.“

Hitto blieb erstaunlich ruhig, als sie ihm den Vorschlag unterbreitete.

„Winithar hätte in Pfevers bei Otto bleiben sollen“, sagte er nur und blickte sehnsüchtig in die dunkle Zelle, die ihnen der Diakon überlassen hatte.

„Möchtest du hier bei den Kanonissinnen bleiben?“, fragte sie spöttisch.

„Nein, natürlich nicht.“ Hitto raffte ihre Sachen zusammen und stopfte sie in die Tasche. Vuiberat überließ ihm das Bepacken der Maultiere und begab sich wieder zur Pilgerherberge. Isenrich lungerte davor herum, reinigte mit einem Dolch seine Fingernägel. Winithar lehnte mit zitternden Beinen an seinem Maultier. Sigmund half Walha, ihr Gepäck auf sein Maultier zu laden.

Der Aufbruch zögerte sich heraus. Hitto wollte sich noch verabschieden. Gaudentius erkundigte sich bei den Säumern über den Weg. Es ging schon gegen Mittag zu, als sie endlich den Ort hinter sich ließen. Die Pilger, die vor ihnen aufgebrochen waren, waren schon längst ihren Blicken entschwunden. Wer zurückblieb, brach erst am folgenden Tag auf.

Zum ersten Mal rückten die steilen Bergwände bis an den rauschenden Gebirgsbach heran, der sich in die Felsen gefressen hatte. Sie stiegen in die Höhe, weil ein Durchgang unmöglich war.

Walha führte Winithars Maultier. Er selber hockte darauf, zusammengesunken, wankte manchmal bedenklich, krallte sich immer wieder fest oder krümmte sich, wenn er Krämpfe hatte. Vuiberat schaute weg, konzentrierte sich auf ihre eigenen Schritte auf den glitschigen Steinplatten. Die Kapuze tief in die Stirn gezogen, da der Regen zugenommen hatte.

Gaudentius führte sie unentwegt weiter, ohne eine Pause zu machen.

„Bete zum heiligen Petrus, dass es nicht zu schneien beginnt und wir umkehren müssen", brummte er Vuiberat zu. Sie erreichten das Frauenstift nicht und mussten im Freien übernachten. Gaudentius brummte unzufrieden vor sich hin. Beim ersten Morgengrauen zogen sie weiter und erreichten gegen Mittag Prada bei Alfosen, wo eine Kirche mit drei Apsiden neben den Hütten der Kanonissinnen stand. Staunend legte Vuiberat im hohen Innenraum den Kopf in den Nacken, fragte sich, warum die Decke, die von keiner Säule gestützt wurde, dort oben bleiben konnte. Die Kanonissinnen erzählten, dass die Kirche von den Karolingern erbaut worden sei. Vuiberat musterte die Ornamente und den segnenden Christus an den Wänden, während sich ihre Gefährten um das Feuer drängten.

Am frühen Morgen zogen sie weiter, querten den Fluss. Das eisige Wasser umspülte Vuiberats Beine, tötete jedes Gefühl an ihren Füßen ab, und wollte sie mitreißen. Hittos Tier blieb mehrmals störrisch stehen und ließ sich nur noch mit Schlägen weitertreiben. Winithar lag auf seinem Maultier, sein Kopf pendelte hin und her. Vuiberat hoffte, dass er das Bewusstsein verloren hatte.

Von den gewaltigen Bäumen hingen manchmal Stofffetzen oder bemalte Schnitzereien. Opfer an die heidnischen Götter oder Geister, um sie friedlich zu stimmen. Gleich wie Walha wischte Vuiberat sich mit der Hand schnell über Auge und Stirn und bekreuzigte sich dann. Dies lenkte die Geister von ihr ab. Ab und zu tastete sie nach dem Fuchslederbeutel.

Gegen Abend wandten sie sich nach Süden und erreichten ein noch engeres und steileres Tal. Gaudentius versprach, dass es oben, wo sie ihr Nachtlager aufschlagen wollten, breiter werden würde.

Als es dunkel wurde, wanderten sie aber noch immer zwischen den Felsen neben dem stiebenden Gebirgsbach. Gaudentius eilte immer schneller vorwärts, stolperte mehrmals und hielt endlich unter einem Felsvorsprung an. Nur das wichtigste Gepäck wurde den Tieren abgenommen, bevor man sie anband. Die Pilger drängten sich so eng wie möglich aneinander, um sich warm zu geben. Es war empfindlich kälter geworden als noch die Nacht zuvor. Der Regen hatte kaum nachgelassen. Der Boden war nass und aufgeweicht.

Winithar wurde in die Mitte gelegt. Das Rauschen des Baches überdeckte sein Stöhnen. Walha kuschelte sich ganz nahe an ihn heran. Vuiberat fiel in einen unruhigen Schlaf, schlotternd vor Kälte, die unentwegt in ihre Glieder drang. Hitto hielt sie eng umarmt.

„Fater unserr, thu pist in himilie", flüsterte sie in Hittos Ohr.

„Uuihi namun dinam", flüsterte er zurück.

Vuiberat schreckte mehrmals hoch. Hatte sie etwas geweckt? Das Rauschen des Baches schien lauter geworden, hinderte sie mit der Kälte am Einschlafen. Hitto zog sie näher an sich. Auch er war wach, auch seine Zähne klapperten. Als die Dämmerung anbrach, hörte sie, wie sich jemand erhob, die Hände zusammenschlug. Isenrich hauchte in seine Fäuste, stampfte auf den Boden.

„Gehen wir! Sonst friere ich hier fest", rief er laut.

„Hitto", Walhas Stimme war noch schlaftrunken, „Winithar verlangt die letzte Ölung."

Vuiberat schüttelte ihren Bruder, der erst nach genaueren Erklärungen verstand, was man von ihm wollte.

„Ich habe kein Öl“, brummte Hitto. Vuiberat sah, wie er Gaudentius einen missmutigen Blick zuwarf. Der Mönch war wohl ein Geistlicher, fühlte sich aber der Gruppe gegenüber nicht seinen geistlichen Aufgaben verpflichtet.

„Jemand hat vielleicht noch etwas Schmalz dabei“, rief sie und warf Sigmund einen fragenden Blick zu. Es war Hildigarda, die ihnen aus einem Töpfchen etwas anbot. Isenrich brummte unruhig, als Hitto sich neben den zitternden Schmied kniete.

„Geht schon“, fauchte Vuiberat ihn an, „wir werden euch schon einholen!“ Der Edelmann warf ihr einen spöttischen Blick zu, nickte Duomhard und Gaudentius zu, die ihre Maultiere losbanden und sich auf den Weg machten. Irmina flüsterte Walha etwas ins Ohr, dann folgte sie ihnen.

Vuiberats Hände tasteten ihrem Gehänge entlang. Sie stockte. Sigrids Kamm war weg. Sie durchsuchte ihren Schlafplatz, dann prüfte sie das Gepäck. Der Kamm blieb verschwunden. Der Kamm ihrer Mutter, Gertruds Geschenk. Sie blickte auf Winithar, spürte aber nur ihre eigene Leere und Müdigkeit.

Die anderen standen etwas verloren um den Kranken herum, der mit bebenden Lippen in Hittos Ohr hauchte. Hitto setze die Kreuze, nahm Winithars Hände in seine und betete mit ihm. Dann erhob er sich schwerfällig.

„Wir helfen ihm aufs Maultier“, sagte er an Walha gewandt. Diese holte das Tier, gemeinsam hoben sie den Kranken hinauf. Hildigarda blieb neben ihm, während die anderen ihre Tiere bereit machten. Dann zogen sie los.

Wie Gaudentius vorausgesagt hatte, wurde das Tal breiter, stieg aber stark an. In einigen Talkuhlen konnten sie Schafe und Ziegen erkennen, aber kein Hirte tauchte bei diesem

Regen auf. Gegen Mittag erreichten sie Gaudentius, der mit seinen Begleitern unter einer gewaltigen Tanne lagerte. Der Boden darunter war trocken geblieben. Erfreut zog sich Vuiberat die Kapuze vom Kopf. Gaudentius drängte gleich weiter, da das Tal wieder enger werde und er nicht noch einmal eine solch vermaledeite Nacht erleben möchte.

Vuiberats Beine waren schwer, ihr nasser Mantel wog schwer. Sie ahnte, wenn sie sich hinsetzte, würde sie vor Erschöpfung gleich schlafen. Darum wankte sie mit den anderen weiter.

Gegen Abend gelang es ihnen, noch vor der Dunkelheit einen weichen und fast trockenen Platz in einem Tannenwald zu finden. Der Regen hatte aufgehört. Vuiberat sang mit Hitto die Psalmen. Die anderen hatten sich schon hingelegt.

Am Morgen stand Winithar nicht mehr auf. Vuiberat legte ihre Hand auf seine wächserne Stirn, fühlte nach seinem Puls. Walha faltete seine Hände, schloss seine Augen. Hildigarda, die unter dem aufmerksamen Blick ihres Ehemannes seit dem vergangenen Tag nicht mehr von Winithars Seite gewichen war, ordnete seine Kleider und weigerte sich, dessen Schuhe Walha zu geben.

Ein paar Schritte von ihnen entfernt fingen die Männer an, ein Loch zu graben. Selbst Isenrich beteiligte sich daran. Hitto hielt die Grabrede kurz. Er segnete den Leichnam. Bevor er in die Erde gelegt wurde, schnitt Walha, die unterdessen seine Schuhe trug, eine Haarsträhne von ihm ab, um sie nach Rôme zu bringen.

„Das hat er sich gewünscht", sagte sie bestimmt. Dann füllten sie die Grube, legten Steine darauf. Staub zu Staub.

Niemand weinte. Gaudentius drängte zum Aufbruch. Vuiberat war froh darum. Sie fror, hatte die ganze Nacht gefroren, fror seit ihrem Aufbruch in Prada. Ab und zu hob sie den Kopf und suchte den Horizont vor sich ab, wo an den Berghängen Büsche die Bäume verdrängten. Sie schritt weiter, einen Fuß vor den anderen setzend. In Gedanken rezitierte sie den 58. Psalm, dann den 59. das lenkte sie ab.

Eine zerfallene Hütte bot ihnen unterhalb der Baumgrenze Schutz vor dem kalten Wind. Das Dach war eingefallen, der Boden morastig. Da auch einige Säumer hier Unterschlupf suchten, ließen sie die Maultiere draußen rasten. Sie drängten sich alle eng aneinander, das nasse Holz wollte nicht richtig brennen.

Hildigarda borgte Vuiberat ihren Kamm. Einige der Säumer traten hinaus in die Dunkelheit, riefen ihre Zaubersprüche in die Nacht, beschworen die Geister, deren Gejammer man in den knarrenden Ästen der Bäume hörte.

„Singt ihr noch eines der Lieder, die von den Menschen erzählen, die Gottes Strafe überwunden haben?", fragte Walha mit blauen Lippen.

Vuiberat nickte, schaute Hitto an.

„Magnificat anima mea Dominum et exsultavit spiritus meus in Deo salutari meo ... Meine Seele preist die Größe des Herrn, und mein Geist jubelt über Gott, meinen Retter… (Lk. 1.46) ", begann sie den Lobgesang Marias. Hitto antwortete.

Über der Baumgrenze konnten sie die gepflasterte Straße wieder erkennen. Der Wind war kälter und stärker geworden. Vuiberat zog ihren Mantel fester um sich, dachte an Winithars Seele, die nun langsam entschwand, langsam dem Himmel zuflog, um dort ihre letzte Prüfung zu bestehen. Sie fragte sich, was er für ein Mann gewesen war, und wusste darauf keine Antwort, schickte ihm mehrere Paternoster hinterher und hoffte, dass Hittos Segen wirkte.

Tags darauf folgten die Säumer dem Fluss, der aus dem Osten kam. Gaudentius schüttelte den Kopf und zeigte Richtung Süden. Sie stiegen das breite, baumlose Tal hoch, in dem ein Bach spielerisch mäandrierte. Der Weg war einfach zu finden. Eine Römerstraße, die auf einem Damm angelegt war, um die sumpfigen Stellen zu überqueren.

Hohe Pfiffe drangen durch die Luft, als sie höher stiegen. Geister, dachte sich Vuiberat und blieb mit den anderen stehen. Gaudentius zeigte auf braune Tiere, die wie Biber aussahen.

„Marmotten", erklärte er, „die Hirten essen sie oder reiben sich mit ihrem Fett ein."

Nochmals gellten Pfiffe durch das Tal, dann verschwanden die Tiere in Erdlöchern.

Eine Hand hielt Vuiberat am Arm fest. Walha war dicht an sie herangetreten. „Hast du sie gesehen?", fragte sie, bleich und mit aufgerissenen Augen. Vuiberat blickte sich aufmerksam um. „Eine weiße Kriegerin", flüsterte Walha. „Sie stand dort auf dem Felsen und winkte uns zu." Vuiberat konnte auf dem Felsen nichts erblicken. Ihre Hand zuckte zum Fuchslederbeutel.

„Komm", sie zog Walha mit sich. „Es gibt keine weißen Frauen."

„Was bedeutet das?", Walha stolperte hinter ihr her. „Man sagt, wenn jemand ..."

„Nein", unterbrach Vuiberat sie bestimmt. „Es ist kein Zeichen und es wird nichts geschehen." Sie deutete auf eines der braunen Tierchen, das aus einem Loch guckte. Walha blickte es fasziniert an und sprach nicht mehr über die Kriegerin.

An schattigen Stellen lag noch Schnee. Sie wichen ihm aus, wenn es möglich war, rissen die gelben Blumen ab, die aus dem Schnee hervorlugten und kauten sie. Der Wind blies noch stärker, als sie sich dem Pass näherten. Endlich erblickte Vuiberat die hohen, zackigen Bergspitzen auf der anderen Seite.

„Gratia Deo", flüsterte sie. Gaudentius hatte versprochen, dass es nun nur noch wärmer werde.

Ein kleiner Teich lag auf der Passhöhe. Froschlaich schwamm darin. Gaudentius zog seine Schuhe aus, trat in das eiskalte Wasser. Er schöpfte mit seinen Händen Wasser, hob es hoch über seinen Kopf und ließ es zurückrinnen. Laut rezitierte er ein Paternoster. Vuiberat flüsterte die Worte mit. Tränen rannen ihr über das Gesicht. Selbst Isenrich sank auf dem morastigen Boden in die Knie.

Sie rasteten nicht. Der Wind fuhr durch ihre wollenen Mäntel, ließ sie in ihren verschwitzten Tuniken erschauern. Vuiberats Knie schmerzten, als sie den Weg hinuntereilten, der sich bald in engen Serpentinen den Abhang hinunter schlängelte. Sie vertiefte sich wieder in einen Psalm, um ihre müden Glieder nicht zu spüren. Das Maultier folgte ihr von selbst.

Irritiert blickte sie hoch, als Gaudentius anhielt, war doch noch nicht Mittag und auch nicht genügend Platz für alle auf dem Pfad im Steilhang. Isenrich drängte nach vorne, die beiden Männer bückten sich. Vuiberat erblickte die aufgeschnittene, leere Satteltasche, einige Lederriemen, den Lederschuh und eine Mütze im Gras. Hitto eilte an ihr vorbei. Vuiberat bekreuzigte sich und folgte ihm.

„Ein Überfall", Gaudentius zeigte den Abhang hinunter, wo sich Krähen um den Kadaver eines Maultieres stritten.

„Der Kadaver ist neu. Vielleicht die Pilger, die vor uns aufgebrochen sind."

„Die Säumer haben ihnen aufgelauert", brummte Isenrich.

„Säumer überfallen keine Pilger", erklärte Gaudentius und blickte sich ratlos um. „Der Pass gehört zu Rätien", brummte er. „Wenn die schon hier oben herumstrolchen." Er befahl den beiden Edelmännern ihre Schwerter zu ziehen. Isenrich sollte an der Spitze, Duomhard am Schluss gehen. „Haltet eure Dolche griffbereit", empfahl er den anderen.

„Wenn wir uns wehren, schlitzen sie uns auf", widersprach Sigmund. Vuiberat nickte ihm zu.

„Wir werden uns nicht wie willenlose Lämmer auf die Schlachtbank führen lassen", knurrte Duomhard und schwenkte sein Schwert. Irmina hielt plötzlich einen Dolch in den Fingern und spielte damit. Vuiberat blickte zu Hitto, erkannte, wie er zögerte, ihr einen fragenden Blick zuwarf. Sie schüttelte nur unmerklich den Kopf. Er sollte seine Dolche stecken lassen.

„Es gibt nur einen Pfad hinunter", sagte Gaudentius entschieden. „Je schneller wir im Tal ankommen, desto besser. In Casetze gibt es eine Pilgerherberge, dort sind wir sicher."

Er zog an den Zügeln seines Maultieres, nickte Isenrich zu, und eilte davon.

Vuiberat drängte ihr Maultier zurück, ließ ihre Mitpilger an sich vorbeiziehen und blickte in ihre harten Gesichter. Sie würden ihr Leben verteidigen, um jeden Preis. Und wenn sich der Herr anders entschieden hatte?

Duomhard deutete ihr mit dem Schwert an, sich einzureihen, was sie befolgte.

„Die Diebe haben bekommen, was sie wollten", sagte sie zu ihm.

„Vielleicht haben sie auch nur Blut geleckt und wollen mehr“, antwortete er.

Konnten hier wirklich irgendwo Straßenräuber lauern? Jetzt am helllichten Tag? Ihr Blick schweifte über die Matten zu den zerklüfteten Felswänden. Der Weg verschwand dahinter.

Duomhard trieb sie an, damit sie möglichst zusammenblieben. Irmina und Walha führten die Maultiere der Edelmänner. Hildigarda das von Walhafrid. „Vuiberat“, rief sie, „betet für uns!“

Vuiberat blickte sie überrascht an, nickte ihr zu und überlegte.

„Oculi eius robustos tuos circumspiciunt insidiatur in abscondito quasi leo in cubili insidiatur ut rapiat pauperem rapiet pauperem cum adtraxerit eum ad rete suum … -

Er lauert im Versteck wie Löwen im Dickicht, er lauert darauf, den Armen zu fangen, er fängt den Armen und zieht ihn in sein Netz. (Ps 10.9)“

„Sei ruhig Schwester“, fuhr Hitto sie an. „Führ uns nicht vor Augen, was wir gerade eifrig zu vermeiden hoffen.“

Vuiberat lächelte. „Surge Domine Deus leva manum tuam noli oblivisci pauperum – Herr, steh auf, Gott! Erheb deine Hand, vergiss die Gebeugten nicht. (Ps 10. 12)“, rief sie.

Der Wind wurde heftiger. Sie zerrte am Strick ihres Maultieres. Am Horizont verschwanden die hohen Bergzacken hinter bewaldeten Hügeln. Sie setzte einen Fuß vor den anderen, immer wieder, immer wieder. Die Schmerzen im Knie waren verklungen. Der Schweiß rann ihr über das Gesicht. „Nequaquam ultra superbiat homo de terra - Kein Mensch mehr verbreite Schrecken im Land. (Ps 10. 18)“

Sie stiegen über die Pfeiler einer verfallenen Brücke, die noch aus dem reißenden Bergbach ragten. Sie stützten sich gegenseitig, damit niemand ins Wasser fiel. Isenrich spähte mit erhobenem Schwert hinter die nächsten Felsen. Doch nichts regte sich.

Bald flaute der Wind etwas ab und sie konnten hinunter in ein enges Tal blicken. Dort entdeckten sie die Männer. Isenrich blieb stehen.

„Wir müssen dort durch. Der Heilige Gaudentius wird uns führen", rief Gaudentius. Vuiberat blickte ihn überrascht an.

„Wir können mit ihnen verhandeln", meinte Sigmund. Aber Gaudentius schüttelte den Kopf. „Wenn sie sehen, dass wir stark sind, werden sie uns durchlassen. Sie haben den Überraschungsmoment nicht auf ihrer Seite." Nun stimmte er den zehnten Psalm an. Hitto und Vuiberat stimmten sogleich ein.

Sie schlossen näher auf. Zusammen trieben sie die Maultiere über die alten Steinplatten. Als Isenrich an den ersten Männern vorbeikam, musterte man sich stumm. Er hob spielerisch sein Schwert. Vuiberat zog fester an den Zügeln ihres Maultieres, sang lauter.

Die Männer hockten auf dem Boden. Gewisse trugen einen Helm, lederne Wadenbinden, eine Sax am Gurt. Knüppel und Äxte lagen neben ihnen. Keiner stand auf, keiner grüßte. Vuiberat wünschte sich, Augen im Hinterkopf zu haben, als sie an ihnen vorbeizogen. Immer wieder drehte sie sich um, blickte zurück. Aber niemand regte sich.

Die ersten Bäume umfingen sie. Aufatmend sah man sich an. Gaudentius schritt singend weiter, den nächsten Abhang hinunter, dem Dorf entgegen.

Obwohl die Worte des Herrn auf ihren Lippen vibrierten, fühlte Vuiberat die Blicke der Männer in ihrem Rücken. Es kratzte in ihrer Kehle, sie unterdrückte ein Husten. Gaudentius war unterdessen verstummt und an einer Weggabelung stehen geblieben.

„Weiter oben liegt die Kapelle mit den Gebeinen des Heiligen Gaudentius." Er machte eine Pause, sah fast etwas schuldbewusst drein. „Dank ihm sind wir heil angekommen. Beten wir um seinen Schutz", erklärte er. „Wer weiter will, wird die Pilgerherberge in Casetze problemlos erkennen."

Vuiberat nickte Hitto aufmunternd zu.

„Die Banditen beobachten uns noch", raunte er. „Wenn wir aus der Kapelle treten, werden sie uns um alles erleichtern."

„Wenn dies Gottes Wille ist", antwortete sie.

„Fordere Gott nicht heraus", fauchte er.

„Seit wann schaust du mehr auf das Ziel als auf den Weg?" Hitto wollte etwas entgegnen. Schüttelte dann den Kopf und nahm den Zügel ihres Maultieres in die Hand.

Nur Gaudentius und Vuiberat zogen los, während die anderen ins Tal eilten.

Der Weg war gut gekennzeichnet. Gaudentius schaute weder nach links noch nach rechts und hastete drauflos. Vuiberat konnte ihm kaum folgen. Erst als die Nadelbäume immer dichter wurden, verlangsamte der Priestermönch seinen Schritt.

„Der Heilige Gaudentius predigte hier im Tal", erklärte er, als Vuiberat aufgeholt hatte. „Die Heiden von Casetze schlugen ihm deswegen das Haupt ab. Er nahm sein abgeschlagenes Haupt und schritt auf einen Hügel hinter dem Dorf. Daraufhin baute man dort eine Kapelle", erklärte er.

„Stammt Ihr aus dieser Gegend?", fragte sie.

Gaudentius schüttelte den Kopf. Stumm schritten sie weiter, bis sie zwischen den Bäumen die Kirche mit ihren runden

Fensterbögen erkennen konnten. Gleichzeitig blieben sie stehen. Die verkohlten Dachbalken zeigten wie ein Gerippe in den Himmel. Kein Laut war zu hören.

Gaudentius eilte zum Eingang. Vuiberat folgte ihm. Die Türflügel hingen schräg in der Halterung. Der Ruß hatte seltsame Muster darauf gezeichnet. Vuiberat musste sich zwingen, durch den Eingang zu blicken. Das hereinfallende Licht schien auf angekohlte Holzplanken, die zerstreut am Boden herumlagen.

„Ich schaue nach, ob einer der Brüder noch hier ist“, sagte Gaudentius mit leiser Stimme, bückte sich und trat ein. Vuiberat blieb draußen stehen. Zögernd streckte sie die Hand aus, strich ein Kreuz durch den Ruß. Dann zog sich ihre Brust zusammen, sie hustete. Gaudentius trat heraus und schüttelte den Kopf.

„Die Gebeine des Heiligen ...“, hauchte er.

„Wir können hier draußen Eurem Namensvetter für seinen Schutz danken“, unterbrauch ihn Vuiberat und sank auf die Knie. Gaudentius blieb stehen. Stumm lehnte er sich an die Wand, während sie dem Heiligen dankte.

Hitto schaute in die kleine Runde. Im Lichte der einen Kerze zeichneten sich die Gesichter gespenstisch ab. Selbst Isenrich schien niedergeschlagen zu sein. Als sie die Pilgerherberge ausgebrannt vorgefunden hatten, hatte der Edelmann noch spöttisch gelacht und geholfen, die Feuerstelle einzurichten. Erst Gaudentius‘ Bericht hatte die Stimmung getrübt. In Pfevers hatte man ihnen die Namen der Brüder, die hier weilten, und sie beherbergen würden, genannt.

Die Dörfler waren bei ihrer Ankunft weggerannt, hatten ihre Türen verschlossen. Erst Gaudentius‘ langes Zureden in ihrer Sprache, ließen einige hervortreten und die Umstände erklären.

Vor Wochen hatte sich die Nachricht im Tal ausgebreitet, dass eine Horde brandschatzender Krieger die Dörfer unsicher machte. So nahmen die Brüder die Gebeine des Heiligen an sich und flohen über den hinteren Pass. Herberge und Kapelle überließen sie sich selber.

Nahrung gaben die verschreckten Dorfbewohner keine her, selbst nicht, als Gaudentius ihnen Münzen unter die Nasen hielt. Große, hungrige Augen hatten sie angeschaut von ausgemergelten Menschen mit zitternden Händen.

„Hier bekommen wir nichts zu essen“, erklärte Gaudentius. „Schauen wir, dass wir die Herberge in der Nacht verriegeln können.“

Duomhard regelte die Wachablösung. Vuiberat schlief erschöpft in Hittos Armen, ab und zu schüttelte sie ein Hustenanfall. Er schreckte bei jedem Geräusch auf.

Hitto gähnte. Müde musterte er die Gesichter der anderen, sah ihre dunklen Augenringe, die bleiche Haut.

Vuiberat war damit beschäftigt, ihre Tiere zu beladen. Sie hatten sie in der Nacht mit in die Hütte genommen.

Hitto schüttelte sich den Schlaf aus den Gliedern. Isenrich musterte sein gezogenes Schwert, während Irmina seine Decke auf sein Tier schnallte. Erst als sie alle Tiere beladen hatten, nickte Gaudentius und blies die Kerze aus. Isenrich trat zur Tür und schob den Riegel, den sie am Abend zuvor zusammengezimmert hatten, zurück. Er riss die Tür auf, die mit einem Ächzen an die Wand schlug. Es war noch dunkel draußen. Trotzdem erkannte Hitto, dass Männer dort lauerten, vor ihrer Tür. Dass sie wie die Katze darauf warteten, dass die Mäuse aus ihrem Loch sprangen.

Lächelte Isenrich? Mit einem Schrei hob er sein Schwert, sprang hinaus. Duomhard folgte ihm. Draußen hörten sie ein Brüllen.

„Los“, schrie Gaudentius und gab dem nächsten Maultier einen Schlag auf den Hintern. Erschreckt machte es einen Satz vorwärts. Hitto zog am Zügel, den Dolch in der anderen Hand. Mit einem Blick über die Schulter versicherte er sich, dass Vuiberat auf ihrem Tier saß und ihm die Fersen in die Flanken schlug. Seit Jahren war sie nicht mehr auf einem Reittier gesessen, fuhr es ihm durch den Kopf. Dann hatte er die Türe passiert. Etwas schlug ihm gegen den Arm, er stieß mit dem Dolch danach. Vor sich konnte er Isenrich erkennen, der brüllend sein Schwert schwang, die Männer in Schach hielt. Hittos Maultier schrie auf. Vuiberat schoss mit ihrem an ihm vorbei. Irmina folgte auf einem weiteren. Die Strolche streckten die Hände aus, fassten in die Stricke. Irmina schlug mit einem Stock um sich, wurde gepackt. Hitto sprang neben sie, stieß mit seinem Dolch um sich. Ein weiteres Tier jagte an Hitto vorbei, streifte ihn. Der Strauchdieb konnte gerade noch zur Seite springen. Da war die Lücke geöffnet. Vuiberat war in der Dunkelheit schon verschwunden. Hitto packte Irminas Maultier beim Zügel und rannte. Hinter sich hörte er das Getrampel der anderen Tiere, das Gebrüll Isenrichs. „Weiter“, schrie Gaudentius von irgendwoher. „Schneller!“

Hitto keuchte. Irmina war schon an ihm vorbei galoppiert. Sein Tier jagte durch die Dunkelheit seinen Gefährten nach. Ohne dessen Zügel loszulassen, stolperte er über Steine, rutschte über Gras. Da endlich wurde das vorderste Maultier gezügelt.

„Wer ist hier?“, hörte er die Stimme seiner Schwester. Einige Frauenstimmen antworteten, auch Sigmund und Gaudentius. „Weiter, wir sind noch zu nahe am Dorf“, rief dieser.

„Ich kann den Weg nicht erkennen", antwortete Vuiberat. Gaudentius drängte sich an ihnen vorbei. Schon setzte sich die Gruppe wieder in Bewegung.

Hitto strauchelte. Auch sein Maultier rutschte über die flachen Steine. Er atmete auf, als sich am Horizont endlich ein Lichtstreifen zeigte, nach und nach die Steine und Bäume zu erkennen waren. Da erst ließ Gaudentius anhalten. Die Frauen rutschten erschöpft von den Maultieren. Walha rieb sich das Knie, jammerte leise. Erst jetzt bemerkte Hitto, dass sein Arm schmerzte. Seine Tunika war aufgeschlitzt, von seinem Blut gefärbt. Erschreckt hielt er sich an seinem Tier fest.

„Das verbinden wir", hörte er Vuiberats Stimme neben sich. Sie lächelte ihn schwach an, suchte in ihren Satteltaschen nach den Wegerichblättern, um sie zu zerkauen.

„Sind alle mitgekommen?", fragte er müde.

„Die Edelmänner und Walhafrid sind noch nicht da."

Da kollerten Steine hinter ihnen. Hitto tastete nach seinem Dolch, musterte die dunklen Gestalten, die den Weg hinab eilten. Mit einem Siegesschrei hielt Isenrich sein Schwert in die Höhe. Sein Wams war dunkel gefärbt. Duomhard hielt sich den Arm.

„Feiges Bauernpack!", rief Isenrich und grinste.

„Das waren keine Bauern", sagte Vuiberat leise und strich Hitto den Kräuterbrei über den Arm.

Gaudentius sah prüfend in die Runde. „Weiter", sagte er scharf.

Sie zogen weiter, bis die Sonne hoch am Himmel stand. Dann rasteten sie in einem Lärchenwäldchen. Feine hellgrüne

Nadeln zierten die dunklen Äste. Braune Nadeln bedeckten den Boden.

Irmina legte sich gleich auf ihren Mantel und rollte sich zusammen. Auch Hitto faltete sich ein Kopfkissen zurecht. Vuiberat blieb bei den Maultieren stehen, kraulte ihnen die Stirn. Das Erlebnis der vergangenen Nacht erinnerten sie an schreiende Frauen in einer Kirche. Bilder, die sie nicht sehen wollte. Sie sollte besser beten und für ihre Rettung danken. Aber ihr Blick schweifte durch den lichten Wald. Bald würden sie in die Ebene kommen. An Orte, wo ganze Römerstädte aus Stein standen und das Wasser in langen Kanälen bis in die Siedlungen floss. Nur noch schemenhaft konnte sie sich erinnern, wollte sich nicht erinnern. Aber die Bilder kamen trotzdem: Die Menschen lebten in mehrstöckigen Häusern. Niemand würde auf dem irdenen Boden schlafen. Und nicht nur Äbte und Herzöge, sondern auch das niedere Volk kleidete sich in glänzende Stoffe. Vuiberat zupfte an ihrer wollenen Tunika. War Reichtum ein Geschenk Gottes?

Sie hatte das Glänzen in den Augen der Pilger gesehen, wenn sie Rôme beschrieben. Die Ewige Stadt. Die Menschen bestaunten die Gräber der Heiligen Apostel, aber auch das Kolosseum, die Bäder. Gebäude, die Heiden gebaut hatten. Trafen sie auf Gottes Paradies oder einen Hort der Eitelkeit? Sie schüttelte sich. In den Psalmen hieß es, die Gläubigen würden von Gott reich beschenkt.

Ein Kribbeln meldete sich in ihrer Brust. Dann zog sich ihre Lunge zusammen. Sie hustete, verschluckte sich, hustete nochmals, bis sie klebrigen Schleim ausspuckte.

Gottes Reichtum konnte nicht von dieser Welt sein. Sie wischte sich über die Lippen. Ihre Brust schmerzte. Der Widersacher steckte überall, auch in ihren Gedanken. Sie durfte nicht urteilen. Nicht über die Kleider der Menschen, noch über deren Häuser. Sie zog ihren Gürtel ein bisschen enger, damit das Bußhemd auf ihrer Haut scheuerte. Das sollte sie daran erinnern, nicht hochmütig zu sein.

Jemand legte ihr die Hand auf die Schulter. Als sie aufsah, blickte sie in Walhafrids besorgtes Gesicht.

„Hast du meine Frau gesehen?“, fragte er, „sie wollte sich nur kurz ...“ Er schaute sich um. „Hildigarda!“, rief er.

Vuiberat musterte den lichten Wald. Sie war so in Gedanken versunken gewesen, dass sie nicht bemerkt hatte, was um sie geschah. Oder doch?

„Hildigarda!“ Walhafrids Stimme klang ängstlich.

War nicht jemand vorhin dort oben vorbeigeschritten? Vuiberat betrachtete die schlafenden Menschen. Isenrich fehlte.

Sie hob ihre Tunika und eilte zur Anhöhe. Das Gehänge schlug ihr gegen die Beine. Der weiche Boden dämpfte ihren Schritt.

Sie lagen hinter der Anhöhe in einer Mulde. Hildigardas nackte Beine zappelten in der Luft. Sein Arm bog ihren Kopf zur Seite, die Hand verschloss ihren Mund. Er lag auf ihr und stieß auf sie ein.

Mit wenigen Schritten stand Vuiberat neben ihnen, riss ihn an der Schulter.

„Tier“, schrie sie, „du, Tier!“

Er stieß sie weg. Sie stolperte und fiel hin. Hildigarda zwängte sich unter ihm hervor, verdeckte mit dem Rock ihre Schenkel.

„Hildigarda“, hörten sie Walhafrids Aufschrei hinter sich. Isenrich sprang auf die Füße, zog seine Hose hoch. Vuiberat fiel Walhafrid in den Arm, als er sich auf Isenrich stürzen wollte. Er bemerkte es kaum. Ein Faustschlag Isenrichs ließ ihn zu Boden taumeln.

„Was in Gottes Namen ...“, rief Vuiberat und stellte sich zwischen die beiden.

„Hör auf mit Gottes Namen“, fuhr Isenrich sie an, „ich nehme mir meinen Lohn.“

„Lohn?“, fauchte Vuiberat zurück. „Ihr nennt das Lohn?“

„Ich habe euch alle gerettet. Da gebührt mir Dank.“

„Das ...“ Vuiberat sah, wie Hildigarada zu Walhafrid kroch, wie sie versuchte ihm das Blut aus dem Gesicht zu wischen und er sie beiseitestieß. „Irmina stillt deine Lust, so oft du willst“, schrie Vuiberat Isenrich an. „Warum schändest du einen verbotenen Kelch?“

„Tu nicht so heilig?“, antwortete er wütend, „meinst du, wir wissen nicht, was du mit deinem Bruder treibst?“

Vuiberat sah ihn verdutzt an, schloss ihren Mund.

„Ihr bezichtigt mich der Unzucht mit meiner Schwester?“ Hitto und Sigmund waren neben sie getreten.

„Hitto“, warnend legte Vuiberat ihrem Bruder die Hand auf den Arm. Ein in die Enge getriebener Eber griff an und ihr Bruder war kein Krieger. Sie trat einen Schritt auf Isenrich zu, musterte ihn. „Wenn Ihr Euch Sorgen um meine Keuschheit macht“, sagte sie so laut wie möglich, „könnt Ihr Euch gerne in der Nacht zwischen mich und meinen Bruder legen.“ Sie fixierte seinen Blick, ließ ihn nicht los, bemerkte, wie seine Augenlider flatterten. „Falls Ihr mit uns weiterreisen dürft“, zischte sie. Er senkte den Blick.

Vuiberat trat zurück. Sie sollte nicht hier stehen und mit ihm streiten. Die Männer sollten über Isenrich richten. Sie warf Hitto einen fragenden Blick zu. Die Wut verzehrte seinen

Mund. Gaudentius würde nicht ohne Isenrich weiterreisen. Walhafrid war zu schwach, um Genugtuung zu bekommen. Hitto musste sich etwas einfallen lassen.

Hildigarda kauerte am Boden, blickte erschreckt zu den Männern hoch. Vuiberat reichte ihr eine Hand, half ihr auf, schüttelte die Nadeln und das Moos aus ihrer Tunika, strich ihre Haarsträhnen hinters Ohr.

Walha und Irmina traten dazu und halfen. „Gehen wir zum Bach, wo du dich waschen kannst“, sagte Walha mit ihrer sanften Stimme.

„Ich habe nicht ... ich wollte nur ...“, stotterte Hildigarda.

„Isenrich ist ein Mann, der in fremden Gärten wildert“, unterbrach Vuiberat sie und blickte zu Irmina hinüber. Deren Gesicht zeigte einen gelangweilten, fast gleichgültigen Ausdruck. Vuiberats Arm legte sich schützend über Hildigardas Schultern. Irmina drehte sich von ihnen weg und eilte zum Lagerplatz zurück.

Das Wasser im Bach war eiskalt. Sie standen alle drei bis zu den Waden darin. Walha rieb Hildigardas Schenkel ab. „Das wäscht sich alles weg“, sagte sie leichthin. Als sich ihre Muskeln von der Kälte zusammenzogen, wateten sie ans Ufer. Walha zog einen Kamm aus der Falte ihrer Tunika. Sigrids Kamm. Ohne mit der Wimper zu zucken, reichte sie ihn Vuiberat. Diese öffnete Hildigardas Zopf und bändigte ihr Haar. Erst jetzt fing Hildigarda an zu schluchzen, wischte sich die Tränen aus dem Gesicht. Walha beugte sich zu ihr nieder, sprach sanft auf sie ein. Hildigarda drehte sich weg.

Vuiberat strich über ihr Haar, teilte es. Still legte sie die Strähnen übereinander, achtete darauf, dass sie nicht zu stark daran zog.

Gaudentius würde bei Isenrich bleiben und Walhafrid bei Gaudentius. Die Frauen mussten sich besser schützen.

„Wenn du dich erleichtern musst, fragst du eine von uns, damit wir dich begleiten. Wir entfernen uns nicht mehr alleine aus dem Lager", sagte Vuiberat entschieden. Walhas ungläubiger Blick traf sie, sie achtete nicht darauf.

Da trat Irmina zu ihnen heran, eine kleine Phiole in der Hand. Sie nestelte an ihrem Gehänge und zog einen kleinen Kelch hervor, wusch ihn mit Wasser aus und entstöpselte die die Phiole.

„Damit nichts in dir heranwächst", sagte sie. Hildigarda sah sie entgeistert an, dann schüttelte sie den Kopf.

4 Anno Domini 908 Langobardia

Hitto erblickte seine Schwester hinter dem Pilgerhaus. In ihre Mäntel gehüllt saßen sie und Walha in der Sonne. Ihre ausgewaschenen Tuniken flatterten im Wind.

Vuiberats trockener Husten widerhallte von der Hauswand. Ihre gelblichen Wangen waren noch mehr eingefallen als sonst.

Walha kicherte. Vuiberat schüttelte den Kopf, erzählte etwas. Walha kicherte wieder. Dann trat Hildigarda zu ihnen. Ihre nassen Haare glänzten in der Sonne. Hitto wandte sich um, begab sich an den Stallungen vorbei in den Klosterbezirk. Er war unruhig. Gaudentius drängte zum Aufbruch. Die anderen würden ihm folgen. Auch Vuiberat wollte mit ihm ziehen. Dabei war sie krank.

„Alles ist Gottes Wille", hatte sie ihm geantwortet. „Achte nicht auf mich."

Hitto setzte sich auf einen der gelieferten Mühlesteine, wandte sein Gesicht der Sonne zu und schloss die Augen.

Wie stark durften sie Gott herausfordern? Hier in Klevene könnten sie bleiben, bis Vuiberat nicht mehr hustete. Seine Schwester war zäh. Aber wenn sie darniederlag wie Winithar?

Hittos Hände krallten sich in seine Tunika. Die Herrlichkeit Rômes wollte er nur an der Seite seiner Schwester erblickten. Er öffnete seine Augen. Die Sonne blendete ihn. Bald würde die Vesper beginnen. Es war schon lange her, dass er sich so nach dem Gebet gesehnt hatte.

Gaudentius kam aus einem der Ställe, steuerte direkt auf ihn zu. Hitto musterte den hageren, hochgeschossenen Mönch. Gaudentius hatte sich nie zu dem Vorfall zwischen Isenrich und Hildigarda geäußert. Er selber hatte dem Edelmann mehrere Stundengebete zur Busse auferlegt, sowohl das sich Auspeitschen mit einer Rute am Morgen und mit der Geißel während des Betens, um die Lust in Zaun zu halten. Isenrich hatte gelacht. „Bete du für mich", hatte er leichthin geantwortet, „dafür bist du da." Er war nie während der Stundengebete aufgetaucht.

Hitto fuhr sich über die Stirn. Die Sünden der Lust. Als Leutepriester waren ihm die zölibatären Regeln der Mönche gleichgültig gewesen, bis Pertherad ihr Kind verlor. Er sollte am Morgen die Rute nehmen und sich peitschen.

Gaudentius grüßte und setzte sich neben ihn. „Die Pilger, die vor uns das Stift verließen, sind hier nicht angekommen", sagte er. Hitto nickte. Er hatte es schon erfahren. Sein Blick schweifte über die hellgrünen Weizenfelder, die sich vom Talboden bis an die Berghänge schmiegten. Gerodetes Land, kultiviertes Land. Nach Gaudentius' Erzählungen würden sie bald noch mehr davon sehen. Pavia, ein reiches Land im Süden und

Anziehungspunkt für Invasoren. Berengar hatte Ludwig vor zwei Jahren blenden lassen. Doch zum König gekrönt war er noch nicht. Der Krieg zwischen den beiden war zwar beendet, doch wilde Söldnergruppen durchstreiften das Land. Gruppen, wie sie einer in Casetze begegnet waren. Wo kein Lokaladliger mit eiserner Hand herrschte, herrschte die Willkür. Sie waren daran, die Berge mit steilen Tälern und Geistern zu verlassen. Aber ihre Reise würde nicht einfacher werden.

„Habt Ihr schon mit Pilgern gesprochen, die zurückkehren?“, fragte er Gaudentius.

„Es gibt keine hier. Die meisten weichen in den Osten aus. Berengar sorgt dort für mehr Ruhe.“

„Dann ziehen wir mit der Gnade Gottes“, sagte Hitto.

Gaudentius lachte auf. „Hat Euch Eure Schwester angesteckt?“

Hitto zuckte die Schultern. „Es ist das einzige, das uns hilft.“

Gaudentius erhob sich mit einem Ächzen. „Da wir Pilger sind, wird unsere Seele direkt ins Himmelreich fliegen, wenn sie uns erschlagen.“ War Spott in seiner Stimme zu hören?

„Erst wenn wir uns in Rôme von allen Sünden reinwaschen konnten“, flüsterte Hitto.

Sigmund, der Händler aus ihrer Gruppe, trat mit dem Wanderstock in der Hand an Vuiberat heran, den breiten Pilgerhut aufgesetzt.

„Ihr zieht schon weiter?“, fragte Vuiberat erstaunt.

„Ich werde euch nicht bis Meilan begleiten“, erklärte er. „Ich schließe mich einer Gruppe an, die nach Osten reist, in eine Stadt, die auf dem Meer schwimmt.“

„Ihr wolltet gar nicht nach Rôme?"

Sigmund schüttelte den Kopf. „Meine Familie handelt mit Wolle. Aber die Ungarn und danach die Kriege zwischen Ludwig und Berengar haben den Handel zum Erliegen gebracht. Nun werde ich die alten Kontakte wieder ausfindig machen."

Vuiberat wollte ihm schon ihren Segen erteilen, als er ihre Hand in seine nahm.

„Falls Ihr aus Rôme zurückkehrt", sagte er. „Ich werde viel unterwegs sein. Ich brauche eine Frau, der ich vertrauen kann. Eine, die auf eigenen Beinen steht und alleine den Kontor überblickt." Er blickte sie an. „Ich weiß, dass ihr die Nähe der Männer meidet. Es stört mich nicht. Aber Ihr seid eine mutige Frau und könnt lesen. Überlegt es Euch, wenn Ihr zurückkommt. Hitto sagte ..."

„Ihr habt mit meinem Bruder gesprochen?", unterbrach sie ihn.

„Er sagte, Ihr seid noch frei. Der Wollhändler in Chostinze, er weiß, wo ich bin." Er hob seinen Stock und nickte ihr zu.

Der Husten schüttelte ihren Körper, riss an ihrer Lunge. Sie tastete nach dem Maultier, hielt sich an seiner Mähne fest. Hitto hatte sie mehrmals aufgefordert, auf dem Tier zu reiten. Aber sie wollte die Schritte machen. Den Schmerz an ihren Fußsohlen spüren. Der war stärker als ihre Gliederschmerzen.

Die Welt verschwamm vor ihren Augen, der Atem kratzte im Rachen. Vuiberat schloss die Augen, schwankte, lehnte sich gegen den Hals des Tieres.

Da stand Hildigarda neben ihr. Hielt ihr die Phiole hin, die den klebrigen Saft enthielt, den ihnen die Mönche mitgegeben hatten. Vuiberat schüttelte den Kopf. Die Phiole enthielt nur noch einige Tropfen und diese wollte sie lieber am Abend einnehmen, damit sie den anderen in der Nacht nicht wieder den Schlaf raubte.

„Du hast Fieber", sagte Hildigarda. Vuiberat versuchte mit ihren aufgerissenen Lippen zu lächeln. Sie machte einen Schritt, noch einen. Die aufgeplatztten Blasen an ihren Fersen schmerzten, auch ihre Knie schmerzten, alle ihre Glieder schmerzten.

War dies Gottes Strafe für ihre Sünden? Den Hochmut und die Neugierde. Ihr Kopf wurde schwer, plötzlich so unglaublich schwer. Erlebte sie schon die Qualen der Hölle? Sie versuchte, ihren Kopf zu heben. Da zogen sich ihre Lungen zusammen, der Schmerz durchzuckte sie, als sie hustete. Zäher Schleim blieb in ihrem Hals stecken, behinderte ihren Atem. Sie würgte, spuckte ihn aus, keuchte. Sie sollte beten. „Pater noster ..." Wann hatte sie aufgehört zu beten? „Pater ..." Sie griff ins Leere, taumelte.

Rhythmisch schlug ihr etwas gegen den Kopf. War sie schon in der Hölle? Quälten sie die Barbaren? Vuiberat öffnete die Augen, erblickte den Boden, wie er unter ihr vorbeizog. Ihr Kopf baumelte hin und her. Ihre Wange strich über das Fell eines Tieres. In ihr brannte es, brannte ein Feuer. Das Feuer. Waren sie da, die Heiden? Kamen sie wieder mit ihren Spießen? Ein Schrei entwich ihrer Kehle, doch es war nur ein Krächzen. Sie hustete. Jemand zog ihr die Kapuze über das Haar. Es war so unendlich schwer, den Kopf zu heben. Sie blickte in blaue Augen, das blonde Barthaar war länger geworden.

„Isenrich", flüsterte sie. In ihrer trockenen Kehle kratzte es. Sie hustete, ein Stich fuhr ihr durch die Brust.

„Sei ruhig", brummte er und schob sie etwas höher, damit sie nicht vom Maultier rutschte.

„Ich spüre die Qualen der Dämonen", flüsterte sie, „die Feuer der Hölle. Tut Busse."

„Wir bringen dich ins nächste Kloster. Dort werden sie dich heilen und jetzt sei ruhig", antwortete er.

Sie versuchte mit ihrer Hand die seine zu ergreifen. Bemerkte erst jetzt, dass sie an die Satteltaschen gebunden waren.

„Das Feuer", krächzte sie und versuchte sich zu befreien. „Es wird ewig brennen. Ich sehe es."

„Hör auf mit dem Feuer. Das zieht mir die Hoden zusammen", brummte er. Sie kicherte irr, ihr Kopf schlug gegen den Hals des Tieres. „Gut so, Isenrich, gut so." Ein weiterer Hustenanfall schüttelte sie. Er wischte ihr den Speichel vom Mund.

5 Anno Domini 908 Meilan

Die Barbaren rösteten sie, stießen in sie mit ihren Spießen. Sie wollte beten, doch kein Wort drang über ihre Lippen. Dann wachte sie auf. Wasser wurde ihr gereicht oder eine salzige Brühe. Jemand strich ihr den Schweiß von der Stirn. Schon dämmerte sie wieder weg, sah die Flammen, das ewige Feuer der Verdammnis, das sie verbrannte.

Irgendeinmal fiel sie in einen tiefen Schlaf. Als sie aufwachte, war es dunkel. Seltsamerweise lag niemand an ihrer Seite. Dann bemerkte sie, dass eine Gestalt neben dem Bettgestell kauerte. An die Wand gelehnt schlief sie. Erschöpft schloss Vuiberat die Augen. Sie fühlte sich, als hätte sie seit Tagen nicht mehr geschlafen. Plötzlich bemerkte sie, dass kein Feuer mehr in ihrer Brust brannte. Fast ängstlich sog sie die

Luft ein. Ein dumpfer Schmerz meldete sich, aber der Hustenreiz blieb aus. Dankbar schnappte sie nach Luft. Sie war freigegeben, dem Feuer der Hölle entkommen.

„Pater Noster ...“, flüsterte sie und weinte, als die restlichen Worte mühelos über ihre Lippen kamen.

Hitto traten die Tränen in die Augen, als sie ihn am nächsten Morgen ansprach. Er küsste ihre Hand, reichte ihr etwas zu trinken, erklärte, dass sie sich auf dem Fronhof eines Landadeligen in der Nähe von Meilan befänden.

„Sie pflegen dich hier gut, es hat nicht mehr in ein Kloster gereicht“, sagte Hitto entschuldigend.

„Warum ...“, fragte Vuiberat und Hitto erklärte, dass er dem Conte hier ein Maultier angeboten habe. Seit einer Woche weilten sie schon hier. Die anderen seien weitergereist. Sie bat ihn, einen Psalm zu singen.

Ihre ersten Gehversuche machte sie auf wackligen Beinen. Umrundete das Bettgestell. Sie bestaunte die glatten, getünchten Wände in ihrem Raum. Vor dem Türeingang hing ein Tuch, wenn es zur Seite gebunden war, konnte sie in einen Innenhof blicken.

„Hat das Haus zwei Geschosse?“, flüsterte sie Hitto zu. Dieser schüttelte den Kopf, erklärte, dass ein Mosaik mit Fischen den Innenhof ziere. „Blick hoch zur Decke“, sprach er leise, „sie besteht aus Ziegeln.“

Vuiberat legte sich auf das Lager zurück. Sie war so müde. Sogar zu müde zum Beten.

„Betest du für mich?“, fragte sie schwach und spürte seine Hand auf ihrer.

„Ich bete schon die ganze Zeit.“

Sie hätte gelächelt, wenn sie nicht so schwach gewesen wäre.

Hitto band die Garben, hob sie den Knechten auf den Rücken. Er genoss die Bewegung nach dem Ausharren im abgedunkelten Krankenraum. Vuiberat erholte sich nur langsam. Hitto störte sich nicht daran, sie hätten den ganzen Sommer hierbleiben können. Der Hof besaß keine Kapelle. Aber der Hausherr ließ Hitto Vieh und Haus segnen, und wenn es in Strömen regnete, versammelten sie sich zur Vesper in der Haupthalle und Hitto sang die Psalmen.

Die Menschen hier sprachen ein anders Volkslatein, als es Hitto vom Gesinde des Fronhofes erlernt hatte. Doch es war für ihn nicht schwer, sich zu verständigen.

Vuiberat lag oft stumm da, starrte irgendwohin, betete kaum. Das verwirrte ihn. War sie es doch immer gewesen, die ihn an die Stundengebete erinnert hatte. Nun blieb sie meistens auf ihrem Lager liegen.

„Ihr Geist ist noch nicht aus dem Totenreich zurückgekehrt", flüsterte ihm eine der Mägde zu. Hitto tadelte sie über ihren Aberglauben. Doch insgeheim schauderte ihn. Erinnerte er sich doch noch genau, was man über seine Schwester auf dem Fronhof gemunkelt hatte.

Wenigstens heilte auch ihre zerkratzte Haut.

Er hob gerade eine Garbe, als jemand seinen Namen rief. Zuerst erkannte er den Pilger mit dem langen Stock und dem breiten Hut nicht. Dann erblickte er das Schwert und konnte einen Ruf der Überraschung nicht unterdrücken. Duomhard neigte zur Begrüßung den Kopf.

„Ich dachte, ihr seid schon längst weg", stotterte Hitto und umarmte ihn zögerlich.

„Wir weilen noch alle in Meilan", antwortete er. „Wie geht es deiner Schwester?"

Hitto erklärte, dass Vuiberat schlafe, führte den Edelmann aber trotzdem zu ihr. Schließlich hatte Duomhard wie alle anderen Vuiberat die letzten Tage ihrer gemeinsamen Reise auf dem Maultier gestützt oder getragen.

Seine Schwester hatte die Augen geöffnet, starrte an die Decke. Als sie Duomhard erblickte, lächelte sie, setzte sich sogar auf. Ihre Wangen waren noch stark eingefallen, die Haut spannte sich über die Knochen.

Der Edelmann beugte sich über sie, küsste sie auf die Stirn. Sie strich ihm über die Wangen. Hitto beobachtete es verwundert.

„Ich dachte, ihr weilt schon in Rôme und betet an den Gräbern der Apostel", sagte Vuiberat mit ihrer schwachen Stimme. Duomhard lächelte sie verlegen an.

„Isenrich hat im Streit einen Krieger des Herzogs von Meilan erstochen. Unglücklicherweise den Sohn eines Contes. Der Herzog ließ ihn in Ketten legen. Gaudentius wird nicht abreisen, bis er weiß, was mit Isenrich geschieht. Die anderen weilen bei uns."

„Hildigarda?", fragte Vuiberat.

„Beide blieben bei uns. Walhafrid will Isenrichs Kopf rollen sehen", antwortete Duomhard.

„Ist er zu Tode verurteilt?"

„Der Conte will seinen Kopf. Der Herzog wird kaum einen dahergelaufenen Pilger begnadigen. Isenrich kann höchstens noch lebenslänglich auf die Galeere kommen."

„Bei den Sarazenen?", fragte Hitto.

Duomhard zuckte die Schultern. Dann erzählte er von vorne. Wie sie zusammen in der Herberge Wein getrunken hätten, guten Wein aus dem Süden hier. Wie Isenrich immer lauter geworden war und den Händel mit den anderen Männern gesucht hatte. Wie diese darauf eingegangen waren, bis zum bitteren Ende.

„Sie hatten ihn gleich umzingelt." Duomhard sah schuldbewusst drein.

„Stimmt das Gerede, dass ihr vor der Pilgerfahrt schon jemanden ermordet habt?", fragte Hitto. Duomhard wandte den Kopf, blickte zum Ausgang.

„Der Bischof hatte uns gutes Geld versprochen, wenn sein Bruder verschwände. Isenrich fand es nicht für nötig zu lügen, als wir verdächtigt wurden", sagte er leise. „Das Geld haben wir nie gesehen, aber wenigstens hat der Bischof dafür gesorgt, dass Gaudentius uns nach Rôme geleitet und kein Meuchler, der uns unterwegs um die Ecke bringt."

„Ihr hättet Gaudentius jederzeit entwischen können", sagte Hitto. Duomhard zuckte die Schultern. „In Rôme werden wir begnadigt", antwortete er.

„Und jetzt?", frage Vuiberat. Duomhard verschränkte seine Hände.

„Isenrich tobte nach seiner Festnahme. Er lästert Gott und die Kirche. Der Bischof in Meilan hat darum das Gebot erlassen, dass er das letzte Sakrament nicht bekommt." Verzweifelt schaute er hoch. „Er muss von seinen Sünden befreit werden, bevor er hingerichtet wird."

„Der Herzog könnte ihn immer noch begnadigen und auf die Galeere schicken", wandte Hitto ein.

„Isenrich will sich nicht begnadigen lassen." Duomhard rang die Hände.

„Je näher seine Hinrichtung rücken wird, desto eher bittet er darum, auf die Galeere zu kommen“, erwiderte Hitto.

„Wir reisen nach Meilan.“ Vuiberat schlug ihre Decke zurück.

„Das geht nicht, du bist noch zu schwach“, protestierte Hitto.

„Deswegen bist du gekommen. Nicht wahr?“, Vuiberat schaute Duomhard an. „Isenrich soll seine letzte Ölung bekommen.“ Duomhard senkte schuldbewusst den Blick. Hitto sah verwirrt von einem zum anderen.

„Wenn der Bischof gerade dies verboten hat, wie sollen wir das dann anstellen?“, fragte er.

Vuiberat und Duomhard wechselten Blicke.

„Der Bischof wird mich nicht zu Isenrich lassen“, ergänzte Hitto.

„Aber mich“, flüsterte Vuiberat. Hitto starrte sie verständnislos an. Dann dämmerte es ihm.

„Du kannst das nicht“, sagte er.

„Wirst du mir danach die Beichte abnehmen?“, fragte sie.

Er starrte seine Schwester an. Ihre ausgemergelte Gestalt, das Feuer, das wieder in ihren Augen glomm. Er blickte zu Duomhard, erkannte das heimtückische Lächeln auf dem Gesicht. Das Gesicht eines Wolfes. Empört eilte er aus dem Raum.

Vuiberat wollte erst nicht auf dem Maultier reiten. Es sollte das Gepäck tragen, das nun Hitto und Duomhard mühsam schleppten. Denn sie fühlte sich zum Gehen zu schwach.

Nun waren ihre Schenkel vom Reiten wund gerieben, zudem flatterte immer noch ihr Herz und ihr Kopf brummte.

Hitto sprach immer noch nicht mit ihr. Sie hatte ihm gedroht, alleine mit Duomhard loszuziehen. Darum begleitete er sie.

„Es geht mehr um Duomhard als um Isenrich", hatte sie ihm beizubringen versucht. „Wie soll er seinen Glauben bewahren, im Wissen, dass die Kirche seinem Begleiter das letzte Sakrament verweigert hat."

„Es sind beides Mörder", antwortete Hitto.

„Jeder Krieger ist ein Mörder."

Hitto schüttelte heftig den Kopf. „Wie kann die Kirche für Ruhe und Ordnung sorgen, wenn jeder ihre Regeln missachten kann und dann trotzdem alles von ihr bekommt?", fragte er wütend. „Isenrich ist zu weit gegangen. Gott straft, wer ihn lästert. Das singst du täglich in den Psalmen."

„Hitto", Vuiberat rang mit den Händen, „Gott verzeiht, weil Jesus für uns am Kreuz gestorben ist. Das ist die Kraft, die uns vom heidnischen Glauben unterscheidet. Wir verehren nicht die Mächtigsten, die Kräftigsten und die Schönsten, sondern den Menschensohn, der sich geopfert hat. Wenn wir gefrevelt haben, dürfen wir wieder in den Schoß der Kirche zurück. Das macht uns stärker als der heidnische Aberglaube, in dem jeder Fehltritt bedingungslos bestraft wird."

Hitto hatte nichts erwidert.

Vuiberat presste dem Maultier ihre Fersen in die Flanken. Sie erinnerte sich an ihr letztes Gespräch mit Isenrich. Sie hatte ihm von dem Feuer der Hölle erzählt und er hatte nicht hinhören wollen. Sie mussten sich beeilen.

Gaudentius schlug das Kreuz, als er sie erblickte. Der Herzog habe entschieden. Isenrich würde in zwei Tagen hingerichtet werden, erklärte er. Irmina wollte ihn noch um Gnade anflehen, aber der Entscheid sei besiegelt. „Niemand wird zu ihm gelassen."

Erschöpft setzte Vuiberat sich auf den Boden und rieb sich Schläfen und Stirn. Hildigarda erschien, umarmte sie und dankte Gott, dass sie noch lebe. Hitto stand daneben und fühlte sich sichtlich unwohl in seiner Haut. Vuiberat berührte ihn sanft bei der Hand.

„Besuchen wir die Vesper", flüsterte sie und versuchte zu lächeln.

Tags darauf zogen sie zu dritt los, Duomhard, Irmina und Vuiberat.

„Als Männer der Kirche müssen wir dem Bischof gehorchen", hatte Gaudentius erklärt und Hitto zugezwinkert, dieser war aufgestanden und hatte den Raum verlassen.

Da die Messe eben zu Ende war, waren die Gassen schon sehr belebt. Karren holperten über die zerfallenen Römerstraßen. Marktschreier priesen ihre Ware, in der Ferne konnte man das Hämmern eines Schmiedes hören.

Vuiberat drängte sich näher an Irmina. Ein Bettler hielt ihr jammernd seine geöffnete Hand vor die Nase. Es stank nach Urin und Kot. Die Gassen waren voller Morast. Manchmal stiegen sie über einen schnarchenden Betrunkenen. Irmina hielt sich schützend ein Tuch vor die Nase und tänzelte geschickt hinter dem aufrecht schreitenden Duomhard her. Die Hand am Schwertknauf, bahnte er sich mühelos einen Weg durch das Gewimmel.

Der Kerker lag auf einer Anhöhe. Die gut zugehauenen Steinquader und die dicken Mauern wiesen darauf hin, dass es sich um ein römisches Kastell handeln musste, das an gewissen Stellen notdürftig ausgebessert worden war.

Duomhard unterhielt sich kurz mit dem Wachmann. Vuiberat sah, dass der Edelmann ihm etwas zusteckte. Dann wurden sie hineingelassen. Als wäre er schon oft hier gewesen, wandte sich Duomhard sogleich nach rechts und durchschritt eilig den Innenhof. Irmina zog den Schleier über ihr Gesicht. Sie eilten an den Stallungen vorbei und Duomhard trat in einen düsteren Raum. Irmina blieb draußen stehen. Sie lehnte sich an die Wand, verharrte bewegungslos.

„Haben sie ihn gefoltert?", fragte Vuiberat.

„Ich weiß es nicht", antwortete Irmina spitz.

„Hast du ihn seither noch nie besucht?"

Irmina schüttelte den Kopf. Duomhard trat heraus, gefolgt von einem kleinen, sehnigen Mann in lederner Kleidung. Ein Dolch hing an seinem Gurt und mehrere Schlüssel.

„Folge ihm", forderte Duomhard Vuiberat auf. „Er bringt dich zu Isenrich."

„Und ihr beide?", fragte sie.

„Ich bleibe bei Irmina."

Vuiberat verstand langsam und wollte protestieren. Duomhard packte sie und zog sie mit sich fort. „Irmina macht das für Isenrich. Folge dem Mann und tue, was du kannst", zischte er. Vuiberat nickte erschreckt und eilte der Wache nach. Als sie sich nochmals umdrehte, erblickte sie Duomhard, wie er breitbeinig vor dem kleinen Eingang stand. Irmina war verschwunden.

Das Gebäude, auf welches sie zusteuerten, war nicht hoch. Der Wächter hantierte am Schloss des hölzernen Tores. Irgendwo schrie jemand. Die Türe quietschte, als der Wächter sich dagegenstemmte. Er nickte seinen Kollegen, die dahinter auf die Füße gesprungen waren, zu und zog eine Fackel aus der Halterung. Die Wände waren schwarz vom Ruß. Der Gestank nach Kot und geronnenem Blut schlug Vuiberat entgegen. ‚Fater unseer', sie würde sich hier kein Tuch vor die Nase halten. So aufrecht wie möglich eilte sie an den beiden Wachen vorbei ihrem Führer nach. Die steinerne Treppe nach unten war breit, die Steine ausgetreten. Das Feuer der Fackel erhellte die feuchten Wände. Jemand polterte schreiend gegen eine der Holztüren. Die Wache schritt ungerührt daran vorbei. Bei der hintersten Pforte blieb der Mann stehen, die Schlüssel klimperten. Dann sperrte er die Türe auf. Das Gewölbe dahinter war erstaunlich weit. Durch zwei vergitterte Schlitze an der Decke fiel Licht hinein. Mehrere Gestalten waren an die Wände gekettet, andere lagen auf dem nackten Stein. Es stank nach Urin.

„Der Mörder des Conte", murmelte der Wächter und zeigte in die hintere Ecke. Vuiberats Knie waren weich, als sie die Stufen hinunterstieg.

Isenrichs Kleider waren zerrissen. Die Haut darunter vom Blut verkrustet und schmutzig. Seine Nase war eingeschlagen, ein Auge geschwollen. Er hing an der Wand, die Ketten erlaubten es nicht, sich hinzulegen. Vuiberat eilte zu ihm hin, strich ihm die verfilzten Haare aus dem Gesicht. Da öffnete er das gesunde Auge.

„Die kleine Heilige", flüsterte er, seine Schneidezähne fehlten. „Begleitest du mich in die Hölle?"

Vuiberat blinzelte ihre Tränen weg, ihre Kehle war wie zugeschnürt.

„Duomhard schickt mich. Irmina lässt dich grüßen", flüsterte sie endlich. „Wenn du um Gnade flehst, kann der Herzog dich immer noch auf die Galeere schicken." Isenrich gab ein Ächzen von sich.

„Ich hoffte immer, im Kampf zu sterben“, raunte er. Sie betrachtete sein geschwollenes Auge, die blutunterlaufenen Wangen.

„Weißt du nicht, dass der Gang auf den Richtplatz der schwerste Kampf ist?“, fragte Vuiberat.

„Mit gefesselten Händen und Füssen?“, fragte er.

„Aber frei im Geist.“

Lächelte er? „Es werden keine Priester anwesend sein. Nicht wahr?“

Vuiberat schüttelte den Kopf. „Ich habe dir eine gesegnete Hostie mitgebracht, das Fleisch Christi“, sagte sie.

„Eine geweihte Hostie. Für mich?“

„Das Abendmahl der Morgenmesse. Ich habe sie nicht runtergeschluckt.“

Isenrichs Lachen klang heiser. „Duomhard sagte immer, du seist mehr Zauberin als Heilige“, keuchte er, „dafür wirst du in der Hölle schmoren.“

„Ja“, sagte Vuiberat, zog ein Tuch aus der Tasche und wickelte sorgsam die Hostie aus. „Ich habe die Hölle gesehen, und du auch Isenrich.“ Sie hielt ihm das Fleisch Christi vor den Mund.

„Ich habe Duomhard immer gesagt, wenn es wirklich einen Gott gäbe, würde er nicht zulassen, dass sie ihre eigenen Brüder ermorden. Sie sind alle Lügner und Heuchler.“

„Wir alle sind Sünder. Das weißt du“, antwortete Vuiberat.

„Ich spucke auf euer Brot.“

„Es wird davon nicht besser.“

Er blickte sie an, lange. „Du bist ein seltsames Mädchen“, sagte er dann.

„Ich lebe vom Wort des Herrn."

„Dann gib mir deine gestohlene Hostie." Seine Mundwinkel zuckten. „Und du glaubst wirklich, das wird mir etwas nützen?"

„Ich weiß es", antwortete Vuiberat, legte ihm das Brot in den Mund und machte ihm ein Kreuz über Stirn, Mund und Brust.

„Werdet ihr dort sein?", fragte er.

„Wir alle werden dort sein. Ich werde für deine Seele beten", antwortete sie.

„Dann bete leise, Mädchen", antwortete er.

Ein Ruf vom Eingang her ließ sie aufschrecken. Der Wächter winkte.

„Berichte Irmina, dass ...", Isenrich senkte den Kopf. „Sag ihr nichts."

Vuiberat trat näher an ihn heran. „Isenrich, hast du noch etwas mitzuteilen?", fragte sie eilig. „Beichte deine Sünden!"

„Verschwindet mit euren Sünden", brummte er.

Sie legte ihre Hand auf seine heiße Stirn, fuhr über seine stoppeligen Wangen. „Wir werden alle da sein", sagte sie. „Und für deinen letzten Kampf beten."

Er reagierte nicht.

Sie hastete durch das Verlies, die Türe knarrte hinter ihr, fiel ins Schloss. Sie nahm die Schreie der Gefangenen kaum wahr, während sie hinter dem Wächter durch den Gang eilte. Erst als sie wieder in der Sonne stand, atmete sie auf.

Irmina weigerte sich zur Hinrichtung zu gehen.

„Ich behalte ihn so in Erinnerung, wie er vor Meilan war“, sagte sie. „Ich will ihn nicht sterben sehen.“

„Je weniger Menschen vorne beim Galgen herumschreien und Unrat werfen, umso einfacher wird es für Isenrich sein“, entgegnete Duomhard. Irmina blieb standhaft.

Die Hinrichtung sollte am späten Nachmittag stattfinden, vor der Vesper, da dann am meisten Menschen anwesend waren. Vuiberat, Hitto, Gaudentius, Walha und Duomhard stellten sich schon früh neben das Blutgerüst.

„Walhafrid hat eine Gruppe Stoffhändler ausfindig gemacht, die morgen unter dem Schutz des Herzogs nach Genua aufbrechen“, erklärte der Mönch Vuiberat. „Von dort aus können wir eine Schiffsüberfahrt nach Rôme ergattern.“

Vuiberat blickte starr nach vorne. Gaudentius hatte schon oft von einer Schifffahrt gesprochen. Sie hatte ihm jedes Mal widersprochen. „Pilger gehen zu Fuß“, hatte sie erklärt. Aber jetzt. Ihre Beine fühlten sich so schwer an. Ihr Kopf schmerzte immer noch. Vuiberat bekreuzigte sich. „Wir begleiten euch“, sagte sie dann.

„Danke“, flüsterte Gaudentius.

6 Anno Domini 908 Mare

Hitto erbrach sich wiederum über die Bordwand. Vuiberat stand neben ihm, blickte gedankenverloren in die Weite des Meeres hinaus. Wie wunderbar Gottes Schöpfung doch war.

Ihre Reise nach Genua war problemlos verlaufen. Vuiberat atmete tief ein. Selbst ihr Husten war verschwunden. Walhafrid hatte mit den Kapitänen verhandelt. Hitto und sie hatten für die Überfahrt ihr zweites Maultier hergegeben.

„Wovon leben wir in Rôme? Wer trägt das Gepäck während der Rückkehr?", hatte Hitto gefragt.

„Wir machen es wie die Vögel auf dem Acker", hatte sie ihm geantwortet. Wie konnte er schon an eine Rückkehr denken, wenn sie gar noch nicht angekommen waren.

Vuiberat ertastete im Saum ihres Bußhemdes die Münzen, die ihr der Onkel gegeben hatte. Diese waren für den Lateran bestimmt, für das Seelenheil ihrer Familie. Sie durfte dieses Geld nicht für etwas anderes ausgeben.

„Der Steuermann meint, bei diesem Wetter landen wir in drei Tagen in Ostia", rief Walha und kam auf sie zu, etwas bleich im Gesicht. Hitto stöhnte neben ihr auf.

„Danken wir Gott." Vuiberat lächelt sie an, erkannte Isenrichts Hemd unter ihrer Tunika.

Niemand hatte aufbegehrt, als Irmina bei ihrem Aufbruch mit Isenrichs Maultier und seinen gefüllten Satteltaschen aufgetaucht war. Die beiden Schwestern mussten sich bis Rôme keine Sorgen um ihren Unterhalt machen.

Laute Rufe ließen sie den Kopf zum Schiffsbug wenden. Mehrere Edelmänner standen beieinander, diskutierten laut miteinander. Ab und zu warf einer von ihnen einen Blick zu ihnen hinüber.

Es waren Adelige aus dem Burgundischen.

„Das sind keine echten Pilger", brummte Hitto, nachdem man sich gegenseitig vorgestellt hatte. „Das sind Anhänger Ludwigs, die vom Papst und von den Grafen von Spoleto erfahren wollen, was sie gegen Berengar unternehmen sollen. Die Burgunder tun besser daran, die Langobardia in Ruhe zu lassen."

Vuiberat zuckte nur die Schultern. Sie alle wollten in Rôme erfahren, welche Adeligen gerade nach der Königs- und damit

Kaiserwürde strebten. Seit Karl, der große Karolinger, tot war, war das Frankenreich in mehrere Königreiche zerfallen. Jeder Hochadelige fand in seinem Stammbaum noch einen karolingischen Verwandten, was ihn zur Kaiserkrone legitimieren würde, falls er genug Anhänger um sich scharen konnte.

Berengar blickte gierig auf die Langobardia. Seit Jahren wollte er die Königskrone in den Händen halten. Da er das Land nicht vor den Ungarn schützen konnte, hatten die dortigen mächtigen Familien Ludwig von der Provence gerufen, ihn zum König und Kaiser krönen lassen und so gehofft, Frieden zu erhalten. Aber Berengar kehrte nach Pavia zurück. Er bekam Ludwig in seine Gewalt und blendete ihn. Und wer wollte schon einen blinden Kaiser? Sobald die Langobardia und das Friaul wieder in Gefahr waren, würden die Markgrafen nach einem König rufen und Berengar würde ihnen dann recht sein.

Vuiberat blickte aufs offene Meer. Im Grunde genommen war es nicht wichtig, wer König war. Es war nur wichtig, dass er dem Land Frieden bescherte. In der Langobardia waren die Klöster verlassen, die Dörfer zerstört, die Bevölkerung litt Hunger. Ohne die Schutzgarde des Herzogs von Meilan wären sie nicht weit gekommen. Zum Glück hatte Gaudentius Hitto in Meilan noch gedrängt, genügend Nahrung einzukaufen.

Sie blickte zum Himmel. Hatten die Langobarden so stark gesündigt, dass ihnen Gott diese Strafe auferlegte? Die Menschen waren ihr nicht sündhafter vorgekommen, nur ängstlicher und verzweifelt.

„Wir kennen die Wege des Herrn nicht“, flüsterte sie gegen den Wind.

Walha zupfte sie am Ärmel. „Was sagte er?“, fragte sie. Ein Burgunder stand neben ihr. Silberne Borten zierten seinen blauen Wollmantel. Hitto hatte Recht mit der Vermutung, dass sie keine richtigen Pilger waren.

Der Mann verbeugte sich, er war schmächtig. Dunkle Locken umrahmten sein Gesicht. Der Bart war gestutzt. „Ich wollte fragen, ob die Damen eine angenehme Reise genossen haben.“ Vuiberat hatte Mühe seinen starken Akzent zu verstehen.

„Er will mit uns Konversation betreiben“, erklärte sie an Walha gewandt. Diese kicherte und zog sich ihren Umhang vors Gesicht. Vuiberat blickte zu Hitto, der sich wieder über die Schiffswand beugte. Er war gerade nicht imstande, für ihren Anstand zu sorgen.

Irmina trat zu ihnen, musterte den Mann ungeniert von Kopf bis Fuß.

„Der Herr hat seine schützende Hand über uns gehalten“, antwortete Vuiberat schnell in ihrem schönsten Volkslatein. „Unsere Herzen singen, denn bald werden wir die Gräber von Paulus und Petrus erblicken.“

Der Burgunder stellte sich als Lothar vor und erklärte, dass er mit seinen fünf Mitstreitern erst vor einer Woche nach Rôme aufgebrochen sei. Irmina knuffte Vuiberat kurz in die Seite. Vuiberat nahm an, dass sie gerne gewusst hätte, was die Männer verbrochen hätten, um auf die Reise geschickt zu werden. Da Lothar weder seinen Titel noch seine Abstammung preisgegeben hatte, war klar, dass er einiges zu verbergen hatte.

„Frag ihn, wie viel sie für die Überfahrt bezahlt haben“, forderte Irmina Vuiberat auf. Aber Vuiberat fragte nicht.

„Es würde meine Mitstreiter und mich erfreuen, zusammen speisen zu dürfen“, sagte Lothar und verbeugte sich wieder.

Irmina nickte, nachdem Vuiberat übersetzt hatte. „Duomhard wird uns nicht die ganze Zeit beschützen können“, erklärte sie. Vuiberad blickte zu Hitto hinüber. Doch dieser hatte von dem ganzen Gespräch nichts mitbekommen.

Sie mussten mit Ruderbooten an den Strand gebracht werden, da der Hafen schon lange verlandet war. Die Seeleute luden die Waren auf kleinere Schiffe, die den Tiber hochfuhren. Lothar hatte sich neben Vuiberat gezwängt. „Wisst Ihr, wo Ihr in Rôme unterkommt?“, fragte er.

Sie schüttelte den Kopf. Gaudentius würde ihnen hoffentlich helfen. Wenn sie ehrlich war, hatte sie sich weder Gedanken über ihre Unterkunft, noch über ihren Aufenthalt in Rôme gemacht. Sie würden zum Lateran gehen, dort den Boden küssen und warten, bis sie in das Antlitz von Christi Stellvertreter schauen konnten.

„Auch wenn sie gerade erfolgreich die Sarazenen abgewehrt haben, verdienen einige Römer ihr Geld immer noch damit, junge Pilgerinnen an ihre Feinde zu verkaufen“, sagte Lothar warnend. „Nehmt euch in Acht. Die ewige Stadt steckt voller Gefahren.“

„Der Himmel auf Erden ist von Menschen bevölkert“, antwortete sie. Lothar lachte.

„Werdet Ihr hier begnadigt?“, fragte sie. Sogleich wurde er ernst. „Ich habe es nicht nötig, begnadigt zu werden. Mir werden hier alle Sünden erlassen, wie jedem anderen auch.“

Vuiberat faltete ihre Hände, löste sie wieder. „Die Pilger, die aus Rôme zurückkehrten ...“, begann sie.

„Führten ein genauso sündiges Leben, wie vor ihrer Reise“, fuhr Lothar fort.

Ein Ruck fuhr durch das Boot. Es war gegen eine Sandbank gefahren.

Lothar sprang über die Bootswand und stand hüfthoch im Wasser.

„Kommt“, rief er Vuiberat zu und hielt ihr die Hand hin. Sie starrte darauf. ‚Irgendetwas‘, dachte sie, ‚irgendetwas wird sich im Leben eines Menschen ändern, wenn er den Stellvertreter Christi auf Erden gesehen und am Grab der Apostel gebetet hat.‘

Sie zeigte auf Hildigarda. „Helft ihr zuerst“, sagte sie und warf einen prüfenden Blick auf Hitto, der sich an der Bootswand festklammerte.

7 Anno Domini 908 / 909 Rôme

Hittos Nase kitzelte vom Staub auf dem gepflasterten Boden. Es stank nach Urin. Trotzdem hielt er die Stirn auf die Pflastersteine gepresst. Heiliger Boden.

„Dimitte nobis debita nostra.“ Seine Stimme ging unter im Gemurmel der knienden Pilger um ihn herum. Das Kitzeln in der Nase nahm zu. Gerade konnte er sich noch die Hand vor den Mund halten, dann nieste er. Er setzte sich auf. Strich mit der Hand über seine feuchten Augen. Der weitläufige Platz war voller Menschen. Sie standen auch in den Öffnungen der mehrstöckigen Ruinen, die den Platz umschlossen. Ehemals stolze Häuser, die nach dem Erdbeben notdürftig verstärkt worden waren mit den antiken Trümmern aus dem Campo disabitato, das gleich dahinter begann. Vor ihm verdeckten hohe Holzgerüste die rissige Fassade der Lateranbasilika mit ihrem eingestürzten Dach.

Endlich waren sie hier. Wenn doch bald seine Schuld von ihm genommen würde. „Mea culpa maxima.“ Hitto beugte sich wieder zu Boden. Er sah Pertherad vor sich, ihren abweisenden Blick. Er sah Vuiberat, die eingewickelte Kinderleiche im Arm.

„Et ne nos inducas in temptationem.“ Aber sie war noch da. Die Schuld, seine tiefe Schuld. Und die Versuchung zeigte sich überall. In Irminas Lachen, in Hildigardas scheuem Blick. Zucht und Gebet, nur damit konnte er sich befreien.

„... sed libera nos a malo.” Sein Same war nicht für diese Welt. Gott hatte ihn dafür bestraft. Hittos Nase kitzelte wieder, er presste seine Hand darauf. Unterdrückte das Nießen. Er musste hier Vergebung finden.

Ein Raunen ging durch die Menschen. Rufe schallten durch die Luft. Er blickte auf. Arme zeigten nach vorne. Einige Reiter waren vor der Basilika aufgetaucht, weitere suchten ihren Weg durch die Menge. Hitto wandte sich Vuiberat zu. Doch diese hielt ihre Augen geschlossen, ihr Gesicht war bleich. Die Lippen bewegten sich:

„Et benedictio Dei omnipotentis: Patris et Filii et Spiritus Sancti descendat super vos et maneat semper.“

Die Worte waren kaum zu vernehmen. Hitto blinzelte, da ihn die starke Sonne blendete. Ihm war leicht schwindelig. Trotzdem überblickte er die kniende Menge und versuchte den Papst ausfindig zu machen. Trug er die päpstliche Krone? Hitto konnte nichts erkennen. Nur die vielen Reiter mit Rüstungen und Standarten. Sein Kopf brummte. Sie knieten schon seit heute Morgen hier. Bald würde die starke Sonne seinen Verstand vernebeln.

Die Menschen um ihn herum erhoben sich, riefen etwas, drängten nach vorne. Alarmiert stand Hitto auf, streckte seine Beine durch und blickte auf Vuiberat, die immer noch mit geschlossenen Augen im Staub kniete und schwankte. Sie würde nicht die erste sein, die ohnmächtig wurde. Schützend stellte er sich neben sie.

„Der Papst kommt“, wisperte er ihr zu. Sie sollten in der Öffentlichkeit nicht Alemannisch sprechen, um nicht für Formosianer gehalten zu werden. Papst Sergius verfolgte diese wieder. Vuiberat hob ihre Lider, blickte ihn mit leeren Augen an.

„Vuiberat?“, fragte er alarmiert. Ihre Augen verdrehten sich, dann ging ein Ruck durch ihren Körper. Sie packte ihn am Arm und zog sich mit schmerzverzogenem Gesicht langsam hoch.

„Gehen wir nach Hause.“ Ihre Stimme klang rau.

„Wie bitte?“

Tränen zeichneten eine glänzende Spur über ihr staubiges Gesicht. „Ich will nach Hause.“ Hitto schüttelte energisch den Kopf. „Wir sind erst in Rôme angekommen! Wir beteten noch nicht einmal am Grabe der Apostel!“

Sie schwankte wieder. Er legte seinen Arm um ihre Schultern und zog sie an sich. Sie legte ihr Haupt an seine Brust. Sanft strich er über ihre struppigen Haare.

„Zuerst beten wir am Grab der Apostel“, sagte er leise. Vuiberat nickte stumm, immer noch rannen Tränen über ihr Gesicht.

Hitto stützte Vuiberat, als sie die Ruinen des Campo disabitato durchquerten. Er versuchte nicht mehr, den vielen Fäkalien auf der Straße auszuweichen. Ratten wühlten im Unrat. Die Gräber würden sie an einem anderen Tag besuchen. Vuiberat war jetzt nicht in der Lage. Hoffentlich würde sie verstehen, dass sie Herbst und Winter in Rôme bleiben mussten. Jetzt war eine Rückkehr über die Alpen nicht möglich.

Es war noch weit in ihre Herberge, die in der Nähe des Petersdoms stand. Wenigstens lag sie im Borgo, dem einzigen Pilger-Viertel, das von einer Mauer geschützt wurde. Die Männer schliefen auf dem Boden im Erdgeschoss, wo sich auch die Schenke befand. Für die Frauen gab es einen Raum im oberen Stock. Die Alemannen-Herberge, die Gaudentius aufsuchen wollte, war verschlossen gewesen. Also hatten sie die Burgunder dorthin gebracht. Die Burgunder!

Hitto mochte sie nicht. Am wenigsten Lothar, der sie mehrmals gewarnt hatte, dass die Sarazenen viel Geld für hellhäutige Sklavinnen zahlen würden. Hitto konnte sich des Verdachts nicht erwehren, dass Lothar wohl selber den Sarazenen ein paar Frauen aushändigen würde.

Er und seine Begleiter kamen ihm wie gestelzte Gecken vor, die sich hier vergnügen wollten. Sie waren jedenfalls nicht gleich bei ihrer Ankunft zur Lateranbasilika geeilt, um die Messe zu hören und den Segen des Papstes zu bekommen.

Lothar höhnte, der Papst renne ihnen nicht davon. Seine Basilika sei eine Ruine. Gott habe das Gebäude durch ein Erdbeben zerstört. Papst Sergius solle dieses Urteil besser akzeptieren. Vuiberat hatte Lothar mit aufgerissenen Augen angestarrt. Irmina und Walha hatten sich noch zu gerne zu ihm gesellt. Duomhard war schon verschwunden.

Darum hatte Hitto Vuiberat gepackt. Sie waren alleine losgezogen und stundenlang vor der dachlosen Basilika in der Sonne gekniet. Die Messe wurde außerhalb der Kirche abgehalten, seit vor ein paar Wochen herunterfallende Steine einige Pilger erschlagen hatten.

Und nun hing Vuiberat erschöpft in seinen Armen!

Endlich erreichten sie ihre Herberge. Im düsteren Hauseingang kam ihnen Lothar entgegen.

„Rômekoller?", fragte er, als er Vuiberat erblickte. Hitto zuckte die Schultern. Gerne hätte er Lothar etwas Anklagendes gesagt.

„Kommt in die Schenke", schlug Lothar vor, „das muntert euch auf."

Hitto schüttelte energisch den Kopf und drängte Vuiberat an ihm vorbei. Doch Lothar packte sie beim Ärmel, neigte sich zu ihr und flüsterte ihr etwas zu. Sie blickte ihn an, als würde sie ihn erst jetzt erkennen. Dann lächelte sie ihn scheu an.

„Ich besuche den Petersdom, wo die Gebeine der Apostel liegen", sagte Hitto laut. Vuiberat blinzelte ihn an, als würde sie kein Wort verstehen. Er umfasste ihre Taille und schob sie mit sich.

8

Vuiberat lehnte mit geschlossenen Augen an der Mauer des Petersdoms. Seit Monaten weilten sie in Rôme und nur hier fand sie Frieden. Das Gemurmel der vielen Pilger um sie herum verschmolz zu einem einzigen Klangteppich, strich ihr beruhigend über den Nacken. Sie schwebte, schwebte mit den Worten der Hoffnung. Irgendwo fing eine hohe Stimme an, Psalmen zu rezitieren. Sie blinzelte ins Halbdunkel, blickte in die Höhe. Die Decke war unendlich weit weg, gestützt von mächtigen Pfeilern. So sah der Himmel aus.

Sie schloss die Augen wieder, genoss die Kühle des Ortes. Hier lagen die Gebeine der Apostel. Sie stellte sich etwas aufrechter hin, versuchte in den Boden zu spüren. Hier lagen sie und würden ihre Seele heilen.

Hitto war nach der Messe in die Herberge zurückgekehrt, die nur einige Gassen weiter hinten lag. Den Weg dorthin war für eine Frau gefahrlos.

Rôme behagte ihr nicht. Vom ersten Augenblick an hatte sie die Hitze erschlagen, der Staub. Die vielen Menschen in den Gassen. Papst Sergius' Garde konnte nicht für Ruhe sorgen. Dauernd musste man sich vor Dieben oder Überfällen in Acht nehmen. Noch mehr, wenn sie als Ostfranken erkannt wurden.

„Die Römer halten alle Ostfranken für die Anhänger des Formosus, weil Arnulf von Karinthia Formosus unterstützte", meinte Lothar. Obwohl es schon über zehn Jahre her war, dass Papst Formosus' Leiche verurteilt und in den Tiber geworfen wurde, habe Papst Sergius die Beschlüsse der Leichensynode wieder in Kraft gesetzt. Formosus' Anhänger wurden wieder verfolgt und damit die Ostfranken.

„Papst Sergius kriecht mit diesem Beschluss dem Grafen von Spoleto in den Arsch", erklärte Lothar weiter. „Wohl aus schlechtem Gewissen, weil er dessen Gattin Marozia bespringt."

Vuiberat verschränkte ihre Hände, konnte keine Ruhe in sich spüren. Rôme war ein einziger Sündenpfuhl. Die vielen Pilger verrichteten auf offener Straße ihr Geschäft. Überall standen halbnackte Dirnen herum, die ihre Dienste anboten. Frauen, die nichts mehr zu verlieren hatten.

„Wir sind alle Sünder", flüsterte sie. Man hatte sie vor Rôme gewarnt, jetzt sah sie es mit eigenen Augen. Sie blickte zur Decke. Warum erlaubte Er dies in dieser Stadt?

Jemand trat neben sie.

„Wir werden bald weiterziehen", hörte sie Lothars singende Stimme neben sich. Überrascht drehte sie sich zu ihm.

„Morgen lassen wir uns segnen. Wir ziehen in den Süden und nehmen von dort ein Schiff ins Heilige Land.“

Vuiberat wusste nicht, was sie darauf antworten sollte.

„Die Heiden“, fuhr Lothar fort, „bauen Städte, durch die immer ein kühler Wind weht, und ein Duft nach Blumen schwebt Tag und Nacht in den Gassen.“

Vuiberat nickte. Oft hatte sie den Erzählungen von Pilgern, die aus dem Heiligen Land zurückgekehrt waren, gelauscht. Diese hatten von den riesigen Märkten geschwärmt, den fremden Gewürzen, den feinen Stoffen und berauschenden Tönen. Wie sie süße Früchte auf offener Straße essen konnten, ohne gleich von jammernden Bettlern belästigt zu werden, wo an jeder Straßenecke eine rauschende Fontäne ihren Durst stillte, und dass weder Unrat noch Ratten auf den Straßen zu sehen seien. Und wenn sich jemand krank fühle, würde ihm der Bauch aufgeschnitten und man zöge alle schlechten Geister heraus.

War es die Strafe Gottes, dass die Heiden solche wunderbare Städte errichteten? Und nun pilgerte Lothar dorthin. Vuiberat musterte sein feines Gesicht, die dunklen Augen, die sie faszinierten.

„Werdet Ihr auch weiterziehen?“, fragte Lothar. Sie schüttelte den Kopf.

„Ihr bleibt hier, weil Euer verschrobener Bruder die Absolution erhalten will. Er liegt täglich im Staub und betet ohne Unterlass“, sagte Lothar.

„Urteilt nicht über meinen Bruder“, fuhr Vuiberat ihn an. „Er sucht hier dasselbe wie ich.“

Lothar hob beschwichtigend die Hände, murmelte eine Entschuldigung.

„Wenn Ihr die Herrlichkeit Gottes erblickten wollt“, fing er wieder an, „müsst Ihr in den Osten ziehen. Rôme ist eine zerfallene Stadt mit einem geilen Papst, umringt von raffgierigen Adligen.“

Vuiberat hätte ihm gerne zugestimmt. Sie stimmte ihm oft zu. Mehr als anderen.

„Der Herr hat erlaubt, dass ich am Grab der Apostel bete“, erwiderte sie. „Wir dürfen den Herrn nicht herausfordern.“ Wenn sie die Herrlichkeit Gottes nicht in Rôme fand, würde sie diese auch nicht im Osten finden.

Stumm standen sie nebeneinander, bis er sanft ihren Arm berührte. „Werdet Ihr heute Abend zu mir kommen?“

Sie glaubte, ihren Ohren nicht zu trauen. „Ich bin keine Rose“, sagte sie, wollte zurücktreten. Aber da spürte sie seine Hand in der ihren, warm und kräftig. Kräftiger als Hittos Hand.

„Aber euer Geist formt Rosen“, raunte er in ihr Ohr. „Wie könnt ihr die süßen Worte Gottes singen, ohne je von seinem Nektar genossen zu haben?“ Sie zog ihre Hand zurück.

„Das Wort der Herrn ist Nektar genug“, entgegnete sie. Lothar blickte sie an. Lange.

„Es wäre ein Geschenk von mir. Das Schönste, das ich euch geben kann“, sagte er und sie spürte dort ein Kribbeln, wo er sie berührt hatte.

Vuiberat erschrak über ihr Zögern. Lothar sprach von etwas Unbekanntem. Etwas, das in ihr Resonanz fand.

Hastig hob sie ihre Tunika. Walha hatte gefragt, ob sie mit ihr die Baustelle der Lateranbasilika besuche. Sie würde sie begleiten.

Hohe Holzgerüste ragten in den Himmel. Das Dach war ganz eingebrochen, mehrere Pfähle stützten die Mauern ab. Breite Risse gruben sich durch das Mauerwerk.

Die Strafe des Herrn. Vuiberat musterte die dunklen Spalten.

Vor dem Eingang hämmerten mehrere Steinmetze auf Marmorblöcke ein, Steine aus dem Campo disabitato. Staub lag in der Luft.

Duomhard hustete, erklärte, dass er irgendwo eine Schenke aufsuchen würde. Walha hatte ihn gebeten, sie zur Lateranbasilika zu begleiten. Sein Interesse an der zerstörten Kirche war schon verflogen.

Hildigarda hielt Vuiberat ein Tuch hin, das diese vor Mund und Nase hielt, bevor sie zusammen über Geröllhaufen stiegen und immer wieder den Trägern von Steinblöcken und zerborstenen Holzbalken auswichen. Vuiberat stützte Hildigarda. Ihr Bauch war gewachsen, die Fußknöchel geschwollen.

Das hohe Portal, dem die Türflügel fehlten, gähnte ihnen entgegen. Mit einem Schaudern durchschritten sie es, traten auf das unebene Mosaik, dessen Risse mit Dreck gefüllt waren. Die erbarmungslose Sonne schien ins Innere der Kirche. Vuiberat stellte sich in den Schatten und blickte hoch zum blauen Himmel. Reglos stand sie da, als würde sie das geschäftige Treiben nicht bemerken. Rufe schallten durch die Luft. Jemand brüllte.

Vuiberats Blick wanderte nach vorne. Der steinerne Altar erstrahlte im Sonnenlicht. Staub und Gesteinsbrocken lagen darauf. Entweihung des Gottesortes. Papst Sergius hatte Recht, hier wieder ein Stück Himmel auf Erden entstehen zu lassen.

Die junge Frau mit ihrem Gefolge erblickte sie erst jetzt. Der Steinmetz neben ihr zeigte in die Höhe. Die Frau nickte, deutete ins Seitenschiff, sagte etwas. Die Ränder ihrer Tunika glitzerten in der Sonne. Das durchscheinende Tuch, das sie keck ums Haupt geschlungen hatte, ließ eine kompliziert hochgesteckte Frisur darunter erahnen. Kostbare Ohrringe blitzten auf, als sie den Kopf verführerisch neigte.

„Das ist Marozia, die Gattin des Markgrafen von Spoleto und die Hure des Papstes", flüsterte Hildigarda neben ihr. Vuiberat beobachtete sie fasziniert. Die Nase war zu lang, die Augen lagen zu weit auseinander für eine Schönheit. Doch ihre gezielten Bewegungen und das sicher eingesetzte Lächeln zeigten, dass die Frau ihr Umfeld beherrschte und aller Aufmerksamkeit auf sich zog.

Die Gruppe war näher gekommen. Hildigarda trat zur Seite und verbeugte sich. Vuiberat blieb stumm stehen, konnte ihren Blick nicht von der stolzen Gestalt abwenden, obwohl Walha sie am Ärmel zog. Die Blicke der beiden Frauen begegneten sich. Vuiberat war überrascht, wie jung Marozia war, jünger als sie selber. Marozia winkte mit der Hand und der Mann verstummte. Sie hob leicht ihr Kinn, wandte sich dann an eine der Dienerinnen und raunte ihr etwas zu. Diese trat auf die drei Frauen zu und fragte, wer sie seien. Walha löste ihren Schleier vom Haar, blinzelte keck zu Marozia hinüber.

„Sag ihr, ihr Reichtum offenbare ihre Seele", sagte Vuiberat. Die Dienerin schaute sie mit aufgerissenen Augen an. Marozia rief etwas, die Dienerin eilte zu ihr, antwortete stockend. Marozia musterte Vuiberat.

„Und was wird aus meiner Seele, wenn kein Reichtum mehr da ist?" Ihre Stimme war tief und herrisch.

Vuiberat blickte in die von grüner und schwarzer Schminke umrandeten Augen. Ergründete den herausfordernden Blick. „Darüber sollt Ihr euch keine Sorgen machen", antwortete sie. „Eine beschenkte Seele ..." Vuiberat stockte. Im Diesseits konnte jeder Körper zu Fall gebracht werden und mit ihm sein stolzer Geist.

„Sie fragt, ob ihr das zweite Gesicht habt?" Die Dienerin stand wieder neben ihr.

„Der Herr behüte", Vuiberat bekreuzigte sich. „Nicht in der Heiligen Stadt."

Marozia lachte ob Vuiberats Reaktion, sagte etwas zu den umstehenden Frauen und verabschiedete sich mit einem Kopfnicken. Ihr Gefolge zog hinter ihr nach.

„Sie sagt, wenn du die verruchten Seelen erkennst, müsstest du dir auch keine Sorgen machen." Walha war an Vuiberat herangetreten, sah sie fragend an. „Welche Seelen, welche Sorgen?"

Vuiberat wandte sich dem Altar zu. „Ich habe keine Sorgen", sagte sie schnell, konnte es aber nicht unterlassen, sich nochmals umzudrehen und der hohen, schlanken Gestalt nachzublicken. Der feine Seidenumhang blähte sich im Wind ihrer forschen Schritte.

„Besuchen wir noch die Klausnerinnen bei der Marienkirche?", fragte Walha, als sie die Baustelle hinter sich gelassen hatten. Vuiberat zögerte, Duomhard war nirgends zu sehen. Auch Hildigarda war stehen geblieben, rieb sich über den Bauch.

„Hitto und du werden heute Abend mit Walhafrid sprechen?", versicherte sie sich bei Vuiberat. Diese nickte zustimmend.

„Vielleicht können uns die Klausnerinnen etwas dazu sagen“, sagte Hildigarda scheu.

Sie drückten sich an mehreren Marktständen vorbei, umrundeten bettelnde Krüppel. Walha bahnte ihnen den Weg durch das Gewimmel, als wäre sie es gewohnt, ohne männliche Begleitung unterwegs zu sein. Vuiberat war froh, dass sie ab und zu in der Herberge auftauchte. Schon wenige Tage nach ihrer Ankunft waren die Schwestern ausgezogen. Sie hatte nie nachgefragt wohin. Aber Walha besuchte sie ab und zu in neuen feinen Gewändern, brachte etwas zu essen mit und fragte, ob sie zusammen eine Kirche besuchen würden.

Wenn man sich nach Irmina erkundigte, zuckte Walha die Schultern und behauptete, sie arbeite.

Die Kirche Santa Maria Maggiore war nicht weit vom Lateran entfernt. Wie um

gedrehte Schwalbennester gruppierten sich die Klausnerinnen-Zellen außen an die Kirche. Vor jeder Zelle hatten sich Pilger um die Maueröffnung gruppiert, drückten sich nach vorne, um eine Frage zu stellen oder etwas hineinzureichen. Ab und zu schnellte aus der Dunkelheit eine dürre Hand.

Eine Totenklaue, dachte Vuiberat und betrachtete ihre Hände. Auch diese sahen dürr und ledrig aus.

Sie begleitete die andern zwei nicht bis zu den Klausen, sondern beobachtete die Pilger, die sich um die Maueröffnungen drängelten. Wie konnten die Klausnerinnen beten, wenn sie dauernd bedrängt wurden?

Nur einmal war sie vor einem Fenster angestanden. Der Gestank, der ihr aus der dunklen Öffnung entgegenschlug, hatte sie erschreckt. Als sei der Fäkalienzuber darin seit Wochen nicht mehr geleert worden. Die dunklen Augen, die sie aus tiefen Löchern der Asketin anstarrten, ließen Vuiberat ihre

Frage vergessen. Konnte die Frau in diesem Loch wirklich die Herrlichkeit Gottes schauen?

Trotzdem verstand sie die Anziehungskraft der engen Zellen. Dort drin saß ein lebendiger Mensch. Sacrificium mentis. Einzig dazu da, sich Gott zuzuwenden. Sie spürte das Ziehen im Magen. Die Sehnsucht, sich dem Herrn hinzugeben. Geschwind stand sie auf und blickte sich nach Walha um. Hitto würde auf sie warten. Sie sollten noch mit Walhafrid sprechen.

Sie kamen erst Tage später dazu. Walhafrid saß oft in irgendwelchen Spelunken oder verschwand tagelang und Hildigardas entsetzter Blick heftete sich auf das Geschwisterpaar. Als sie den Händler endlich nüchtern in der Herberge vorfanden, behauptete Walhafrid, er habe Arbeit gesucht. Hitto musterte ihn nur finster.

Vuiberat mischte etwas Wasser unter einige Schlucke Wein und stellte den Kelch Hildigardas Ehemann hin. Die Tischplatte wies unzählige Kerben auf. Neben ihnen grölte ein Betrunkener.

„Du bist ein glücklicher Mann“, sagte sie leichthin. „Der Herr hat deine Bitten erhört.“

Walhafrid nahm ein paar Schlucke, knallte dann den Kelch auf den Tisch und rief: „Meint ihr, ich habe keine Ohren?“

Die Geschwister blickten ihn stumm an. Vuiberat hatte sich versichert, dass Hildigarda im Frauenraum wartete. Hinter ihnen quiekte die Dienstmagd auf und gab einem Gast eine Ohrfeige. Vuiberat rückte etwas näher an Hitto heran.

„Jeder hier weiß, dass der Teufel sie geschwängert hat!“, platzte es aus Walhafrid heraus. „Sie kann froh sein, dass ich sie nicht verstoßen ...“

„Der Teufel?“ Hitto bekreuzigte sich. „Ihr versündigt Euch!“

„Isenrich hat sie genommen und ihr ein Balg eingepflanzt! Und nun soll ich den Bastard aufziehen. Dabei ist nicht einmal klar, ob das Weib ihn mit ihrer Wollust ...“

Vuiberats Hand knallte auf den Tisch.

„Walhafrid“, donnerte Hitto, „dein Weib und du, ihr habt diese Pilgerreise gemacht, um den Herrn zu bitten, euch einen Erben zu schenken. Seit zehn Jahren seid ihr verheiratet und nun trägt deine Frau ein Kind in sich!“

„Ich habe Gott nicht gebeten, mir einen Bastard unterzuschieben!“

Vuiberat legte ihre Hand auf seine, packte zu, als er sie wegziehen wollte.

„Du hast den Herrn gebeten, einen Erben zu bekommen. Hast du ihm befohlen, was es für ein Erbe sein soll? Einer mit braunen Haaren und deiner Nase?“

Walhafrid lehnte sich von ihr weg. „Gott hat deine Bitten erhört“, sprach Vuiberat weiter. „Und anstatt ihm auf Knien zu danken, beschuldigst du dein Weib der Unzucht.“

„Aber sie hat ...“

„Ruhe!“, donnerte Hitto. Die Gäste an den anderen Tischen verstummten. „Niemand weiß hier, wer was hat. Wir wissen nur, dass deine Bitten erhört worden sind. Jeder hier kommt mit seinen Leiden hierher und hofft auf Erlösung und du trittst sie mit deinen Füßen. Wir alle sind sündige Kreaturen. Walhafrid, treibe es nicht auf die Spitze.“

Brummend lehnte sich Walhafrid zurück, tat so, als würde er die vielen Blicke nicht bemerken.

„Du wirst morgen den ganzen Tag auf der Scala Santa kniend um Vergebung bitten. Gaudentius wird dich begleiten“, befahl Hitto.

Walhafrid wand sich, bis er jemanden hinter Hitto erblickte und brummend den Kopf senkte. Walha war an ihren Tisch getreten, ihre grüne Seidentunika glitzerte im Kerzenlicht. Mit großen, erstaunten Augen sah sie alle an und setzte sich dann.

„Walhafrid wird morgen um Erlösung bitten“, erklärte Vuiberat. Hinter ihr verlangte jemand nach mehr Wein.

„Das haben wir alle nötig“, Walha senkte züchtig den Blick. Ihr hellbraunes Haar kringelte sich um ihr Gesicht. Die Frisur trugen sonst nur wohlhabende Damen.

„Kann ich dich alleine sprechen?“, raunte Walha Vuiberat zu. Diese wechselte einen Blick mit ihrem Bruder. Hitto würde Walhafrid nicht mehr aus den Augen lassen, bis dieser mit Gaudentius loszog. Sie nickten sich zu. Vuiberat erhob sich, trat zur Seite, als ein Betrunkener an ihr vorbeitorkelte.

„Durch Beten soll Walhafrid seine Gesinnung ändern?“, sagte Walha zweifelnd, als sie sich zwischen den Tischen durchschlängelte.

„Er soll erfahren, dass er in der Hölle schmort, wenn er Hildigarda verstößt.“

Walha schüttelte den Kopf. „Eigentlich müsste er froh sein. Hildigardas Sohn wird ein stattlicher Mann werden, größer und kräftiger als Walhafrid.“ Sie steuerte auf den Ausgang zu.

„Beten wir lieber dafür, dass Hildigarda einen Sohn bekommt.“

„Wenn nicht, weiß sie wenigstens, wie sie einen empfangen kann“, sagte Walha keck, packte Vuiberat beim Ärmel und zog sie über die Schwelle. Neben dem Eingang stand im Lichte einer Fackel Duomhard. Auch er trug eine seidene Tunika.

Selbst das Schwert an seiner Seite steckte in einer ledernen Scheide.

„Irmina möchte dich sehen“, erklärte Walha. Vuiberat blickte die finstere Straße hinab, schon nach wenigen Schritten verschwanden die Häuserfronten in der Dunkelheit. Keine anständige Frau verließ bei Anbruch der Dunkelheit das Haus.

Vuiberat kannte den Geruch geronnenen Blutes, vermischt mit dem stechenden Gestank des Urins und Erbrochenem – er steckte in den Kleidern, in den Wänden. Sie hielt sich den Ärmel vor die Nase wie sie es im Infirmarium in Sante Gallen auch getan hatte.

Zu hunderten pilgerten sie nach Rôme, um hier von ihren Leiden befreit zu werden. Wenn sie beim Morgengrauen noch auf der Straße lagen, wurden sie eingesammelt und hierher gebracht. Wenigstens das klappte. Zu stark befürchteten die Adeligen der Stadt, dass eine Seuche ausbrechen könnte.

Walha schwebte in ihrem seidenen Gewand zwischen den Siechen hindurch, als würde sie all das Elend um sich herum nicht wahrnehmen. Duomhard war gar nicht eingetreten.

Eine steinerne Treppe führte in den ersten Stock, wo man durch das löchrige Dach den Sternenhimmel erblicken konnte.

Eine Schwester erhob sich, als sie in eine Kammer traten. Sie wechselte mit Walha ein paar Worte, Münzen klimperten. Vuiberat achtete nicht darauf, sie blickte auf die ausgemergelte Gestalt auf dem Lager. Die gelbliche Haut glänzte im Schein der Kerzen. Sie zitterte. Das Feuer der Hölle brannte in ihr.

Mit wenigen Schritten stand sie neben Irmina, kauerte sich auf den Boden und nahm die heiße Hand in die ihre. Irminas Gesichtszüge waren hart geworden. Der Tod durchdrang ihren Körper.

Walha war beim Eingang stehen geblieben. Die Arme hingen hilflos an ihr hinunter.

„Ich bleibe bei ihr", sagte Vuiberat. Das Mädchen nickte und eilte davon.

Irminas Mund formte ein Wort. Ihr Atem ging unregelmässig.

„Ich bin hier", sagte Vuiberat und drückte ihre Hand. Irmina keuchte auf, dann war nur noch ihr stockender Atem zu hören. Von Zeit zu Zeit krümmte sie sich zusammen. Dann lag sie apathisch da. Wasser wollte sie keines einnehmen. Ab und zu befeuchtete Vuiberat ihre aufgesprungenen Lippen. Die Worte kamen von selbst über ihre Lippen.

Gegen Morgen schlief Irmina ein, erwachte dann mit Schüttelfrost. Vuiberat suchte jemanden, der das beschmutzte Stroh wechselte. Die Schwester versprach ihr, einen Knecht vorbeizuschicken und eilte davon.

Als sie wieder in die Kammer trat, bog Irmina ihren Körper in die Höhe, die Hände verkrallten sich im Stroh, die Augen waren aufgerissen, starrten schon in die Anderswelt. Vuiberat rannte zu ihr, strich ihr über die Oberarme, rief ihren Namen. Die Starre löste sich und Irmina fiel aufs Lager zurück.

Sie keuchte einige Male, dann beruhigte sie sich.

„Ich musste es tun", brach es aus ihr heraus. Vuiberat strich ihr weiter über die Schultern, wartete.

„Ich musste es tun." Irminas Atem rasselte, ihr Blick blieb an der Decke haften.

„Was? Was musstest du tun?"

Irmina drehte ihren Kopf zur Seite.

„Er brachte sie ins gleiche Badehaus. Es war derselbe Händler. Er hatte sie schon genommen. Sie war so klein." Irminas Stimme war kaum zu vernehmen.

„Walha? Sprichst du von Walha?"

Irmina reagierte nicht.

„Die vom Fronhof. Sie haben sie an den gleichen Händler verkauft."

Irminas Hand packte Vuiberats Arm. Keuchend zog sie sich hoch.

„Sie war so klein und die Männer so groß", flüsterte sie mit aufgerissenen Augen, die riesigen Pupillen verdrängten die Iris.

„Der Wirt", flüsterte Irmina. „Hat er es überlebt?"

Vuiberat stockte.

„Ich habe nicht fest zugeschlagen." Irmina keuchte auf.

Vuiberat drückte sie aufs Stroh zurück. Waren die beiden Frauen aus dem Badehaus geflohen und dann auf die Pilger getroffen?

Vuiberat wischte ihr den Schweiß von Stirn und Nacken. Sie erinnerte sich daran, wie ihr Onkel die Abgaben der Bauern senkte. „Sonst verkaufen sie ihre Töchter und die brauchen wir auf den Feldern", hatte er beschlossen und die Zahl der Krieger verringert, die er dem Schwaben-Herzog schickte, damit sie ihre Felder bestellen konnten. „Wenn er mehr Krieger will, soll er sie holen", hatte er gesagt.

Irminas Stirne glühte. „Ich musste es tun", flüsterte sie.

„Bete mit mir. Dann wird der Herr dir verzeihen", antwortete Vuiberat.

„Der Herr ..." Irminas Blick irrte umher.

Ein Zittern durchlief ihren Körper. Irmina krümmte sich, hustete.

„Ich hole einen Priester." Vuiberat erhob sich.

„Es wird keiner kommen", keuchte Irmina.

„Hitto wird kommen."

Irmina krümmte sich nochmals zusammen, dann blieb sie erschöpft liegen. „Lass ihn", flüsterte sie. Vuiberat blickte auf die Kranke hinunter, erinnerte sich an die große, stolze Frau mit den wiegenden Hüften. Langsam setzte sie sich wieder, strich der Zitternden das schweißnasse Haar aus dem Gesicht, wechselte ihr das feuchte Hemd. Dann nahm sie ihre Hand in die ihre und betete.

Irgendeinmal tauchte Walha auf, rutschte unruhig neben dem Krankenlager hin und her. Als sie aufstehen wollte, hielt Vuiberat sie zurück.

„Es geht nicht mehr lange", flüsterte sie. „Geh Duomhard holen!"

Walha schüttelte den Kopf. „Wir geben und wir nehmen. Männer haben hier nichts zu suchen."

Vuiberat nickte.

„Singst du für uns?", fragte Walha. „Du hast einmal ein Lied gesungen, wo sie alle sterben. Selbst die Reichen können sich davon nicht freikaufen. Der Tod lässt alle gleich verwesen. Irmina hat es gefallen."

Vuiberat blickte sie erstaunt an. Wer hatte den beiden Frauen die Psalmen übersetzt? Sie schloss die Augen, überlegte. Die Psalmen sprachen oft vom Sterben.

„Es hieß darin, dass auch die Reichen wie das Vieh sterben", ergänzte Walha.

„Das Lied der Korachiter", antwortete Vuiberat. „Der 49. Psalm."

„Bitte sing das Lied."

„Für das Leben ist jeder Kaufpreis zu hoch." Vuiberat blickte Walha an, vielleicht hatte Irmina den Gesang auch darum gemocht. Sie fing zu singen an.

Irmina kam nicht mehr zu Bewusstsein. Ihr stockender Atem hörte auf. Walha bemerkte es zuerst. Als Vuiberat aufblickte, ragte ihre gelbe Nase spitz in die Höhe.

„Hol einen Priester", sagte Vuiberat. Walha hielt ihr eine kleine Phiole hin.

„Setze du die Kreuze", sagte sie, „kein Priester soll sie anfassen."

Zögernd öffnete Vuiberat die Phiole. Der Gedanke, dass sie keine letzte Ölung geben durfte, verdrängte sie. Das Öl duftete nach Jasminblüten. Sanft strich Vuiberat über die Stirn der Toten, sprach die Segensworte. Da erhob sich Walha und verschwand.

Der Weihrauch stieg Vuiberat als erstes in die Nase. Ein Priester schritt laut betend durchs Zimmer.

Walha und Vuiberat blieben die ganze Nacht sitzen. Hitto und Hildigarda kamen nach der Morgendämmerung und brachten ihnen etwas zu essen. Sonst kam niemand.

Gegen Mittag waren die Schwestern selbst nicht mit Geld zu überzeugen, die Tote länger im Haus zu halten. Irmina wurde auf den Karren gepackt, mit dem die Seuchenwächter die Runde in der Stadt machten. Vuiberat und Walha folgten ihnen bis vor die Stadtmauern. Als die Leichen über die hölzernen Planken in die Grube rutschten, brach Walha schluchzend zusammen.

Vuiberat strich ihr über Nacken und Rücken, stützte sie, als sie dem Karren in den Borgo zurück folgten.

„Gaudentius will nach Ostern aufbrechen", sagte Vuiberat, als Walha nicht mehr schluchzte. „Begleitest du uns?"

Walha schüttelte den Kopf. „Da ist einer, bei dem leb ich gut", sagte sie. „Duomhard wird auch bleiben. Er sagt, sie suchen Krieger, die gegen die Sarazenen ziehen."

Vor der Pilgerherberge umarmten sie sich nochmals innig.

Angeklagt – Gallus' Lösung

1 Anno Domini 909 Turgouwi

Ungeduld kribbelte in Vuiberats Brust, als sie die Hügel am Horizont erkannte und die Wege bekannter wurden. Sie würde Kebini wiedersehen, Pertherad, Hartlieb und sie alle. Die Ernte wurde eingeholt. Im Fronhof würden sie froh um jede starke Hand sein. Aber … würde die Schwere wiederkehren?

Vuiberat blickte auf die wippenden Köpfe der Maultiere und tastete nach Hittos Hand. In Chostinze hatten sie sich von Gaudentius verabschiedet. Nur sie drei waren zurückgekehrt. Hildigarda wollte mit dem Neugeborenen nicht reisen und Walhafrid hatte sich gefügt. Auch von Walha und Duomhard hatten sie sich verabschiedet. Walha hatte ihr einen breiten Hornkamm mit einer Kupferverzierung geschenkt.

Die Rückreise der Via Francia entlang im Gefolge eines Burgundergrafen war beinahe ruhig verlaufen, abgesehen von zwei abgewehrten Überfällen. In der Langobardia hatten sie die Städte gemieden. Fliehende hatten ihnen berichtet, dass die Pest darin ausgebrochen war. Über die Berge hatten sie sich einer Gruppe gut bewaffneter Viehhändler angeschlossen, die in Pavia ihr Vieh gegen Korn, aber auch Lapislazuli, Eisensulfat und weitere Färbemittel für die Schreibstuben in den Klöstern getauscht hatten.

Im Münster von Chostinze dankten sie dem heiligen Pelagius auf den Knien für ihre Rückkehr. Der Kaplan segnete sie und verkündete Gottes Güte.

Vuillidrud, ihre Schwester, riss die Augen auf und schlug das Kreuz, als sie vor ihrer Tür standen.

Die Geschwister trafen zwei Bauern vom Fronhof auf dem Markt und fragten sie aus. Nun begleiteten sie sie nach Hause.

Bald würden sie Pilgerstab und –tasche ablegen. Und dann?

„Wenn wir lebend zurückkehren, werde ich mein Leben dem Herrn opfern. Mich dem Joch der Regel beugen und als Mönch ins Kloster Sante Gallen eintreten.“ Der Satz war aus Hitto herausgebrochen, noch bevor sie aus Rôme abreisten, so als hätte er ihn seit Monaten unterdrückt.

Vuiberat hatte genickt, nichts dazu gesagt. Das Leben dem Herrn opfern. Ihr Onkel fiel ihr ein, wie er Bischof Salomo Land geschenkt hatte, damit sie Begleitbriefe für ihre Reise erhalten hatten. War Hittos Eintritt ins Kloster damals schon verhandelt worden?

Vuiberat schritt schneller voran. Sie spürte Hittos Zögern, je näher sie dem Fronhof kamen.

„Was wird aus dir, Schwester?“, hatte er sie gefragt. Sie antwortete ihm nicht. Was würde Martha von Bethanien tun, welche Jesus bedient hatte? Im Infirmarium die Kranken pflegen? Etwas in ihr wich davor zurück.

Hitto würde in den warmen Schreibstuben beim geschriebenen Wort einen Platz finden und dort dem Herrn seinen Dienst erweisen. Sehnsüchtig dachte sie daran. Aber was hinderte sie daran, sich selber in ein Kloster zurückzuziehen? Schmuck und Waffen ihrer Eltern hatten sie vor ihrer Reise eingetauscht. Sie war mittellos. Der Onkel war tot. Die Bauern hatten es ihnen erzählt. Würde Hartlieb die Mitgift für ein Kloster bezahlen?

Vuiberats Blick schweifte zum Wegesrand, die Blätter des Weißdornes färbten sich schon gelb. – ‚Aufmüpfigen schert man den Kopf und steckt sie ins Kloster‘, dachte sie und spürte eine Enge beim Einatmen, nicht die der Mauern, aber die der Menschen um sich herum.

Hitto erwiderte Vuiberats Händedruck. War es ihre Vorfreude auf das Wiedersehen mit den Menschen auf dem Fronhof?

Er wusste es nicht. Seine Schwester hatte sich verändert. Rôme hatte sie verändert. Sie war ruhig geworden. Wenn sie in den Schenken und auf den Höfen gebeten wurden, von den Gräbern der Apostel zu erzählen, dann schwärmte Gaudentius von den Wundern der Gebeine der Heiligen und den Taten der Märtyrer, bis die Zuhörenden ihm mehr Wein einschenkten.

„Sieht man, wie die Engel über dem Palast des Nachfolgers Petri ihr Loblied singen?“, wurden sie gefragt und Gaudentius bejahte. Er, Hitto, war eher darauf bedacht gewesen, von den marmornen Gebäuden, seidenen Gewändern und vom Wiederaufbau der Laterankirche zu erzählen.

„Wenn die Kirche des Heiligen Vaters wieder steht, dann wird überall Friede herrschen“, hatte er erklärt und Vuiberats Blick gesucht. Genau das hatte sie doch immer getan, von der Herrlichkeit der Stadt geschwärmt. Aber sie hatte nur abwesend in die Ferne geschaut. Der Blick weit weg, als weile sie noch in der ewigen Stadt.

Ihre Arme waren seit langem verheilt. Nur noch einige Narben erinnerten an die blutigen Kratzer, die sie sich früher beigefügt hatte. Ein Wunder der Apostel. Dafür fehlte ihr das Feuer, mit dem sie früher ohne zu zögern jede Situation gemeistert hatte. Immer das Wort Gottes auf den Lippen. Nur nachts, wenn sie mit offenen Augen dalag, vermutete er, dass dieses Feuer tief in ihr glomm und ihr den Schlaf raubte.

„Was hält dich wach?“, hatte er sie gefragt. Aber sie war stumm geblieben.

„Wünschest du, dass ich nach unserer Heimkehr auf dem Fronhof bleibe?“, hatte er gefragt.

„Nichts auf dieser Welt soll dich daran hindern, Mönch zu werden“, hatte sie geantwortet. Er glaubte ihr nicht.

Hitto drückte erneut Vuiberats Hand. Er würde sie vermissen. Aber er hatte genug, vom Hochmut der Menschen, dem Kichern der Mägde, dem Hahnenkampf der Knechte. Ihre Brunst und Untreue, das alles widerte ihn an. Auf dem Fronhof würde er predigen müssen, was Hartlieb erlaubte, dieser aufbrausende Muskelprotz. Er musste sich die Beichten der Sünder anhören, immer dasselbe Lied. Das Kloster konnte ihn davor bewahren. Im kühlen Schatten der hohen Mauern wollte er sich dem Joch der Regeln unterwerfen und dem Herrn dienen ... wie er sich danach sehnte.

Hitto schaute hoch, erkannte die Form des Hügels vor ihnen. Noch vor Sonnenuntergang würden sie auf dem Fronhof ankommen. Es zog ihn nicht dahin. Viel lieber wäre er gleich ins Kloster geeilt, dem Ort seiner Sehnsucht. Aber er musste die Schwester zu Hartlieb bringen. Ihn am besten darum bitten, für sie einen Platz in einer gläubigen Frauengemeinschaft zu suchen. So wenig wie er würde sie auf dem Hof glücklich werden. Jetzt, wo die Glut nur noch tief in ihrem Inneren glühte und sie dort innen verbrannte.

Von weitem erkannte Vuiberat die Knechte und Unfreien auf dem Feld. Diese grüßten kaum, beugten lammfromm das Haupt und sichelten eifrig das Korn.

„Herrin Vuiberat!“ Der Ausruf einer Magd ließ die Menschen hochschauen.

Sie rannte auf die Geschwister zu und blieb atemlos vor ihnen stehen. „Ihr seid zurück!“ Sie ergriff Vuiberats Hand, als wolle sie sich versichern, dass diese auch leiblich vor ihr stehe. Vuiberat lächelte, nannte ihren Namen. Dann blickte die Magd zu Hitto. „Der Priester“, murmelte sie und senkte das Haupt. Sie trat einen Schritt zurück, noch einen, drehte sich um und rannte in Richtung Fronhof davon. Unterdessen waren die anderen zu ihnen herangetreten, musterten sie, nahmen ihre Kopfbedeckungen von ihrem Haupt. Hitto trat auf sie zu, begrüßte sie, segnete sie und erzählte von den Gesängen der Engel, die das Herz jedes Gläubigen jubilieren ließen. Vuiberat blieb hinter ihm stehen, musterte stumm die Szene. Sie erkannte die Gesichter, einige Namen fielen ihr ein. Sie suchte nach einem bestimmten Gesicht.

Als sie die Dächer des Fronhofes erkannten, eilten ihnen mehrere Menschen entgegen. Kebini an ihrer Spitze.

„Herrin Vuiberat“, rief sie und fiel Vuiberat um den Hals. „Herrin Vuiberat!“ Kebini schluchzte auf, ihr Schluchzen wurde stärker, schüttelte ihren ganzen Leib.

„Kebini“, flüsterte Vuiberat, strich ihr über den Rücken, übers Kopftuch, hielt ihren weichen, bebenden Körper. Hinter Kebini konnte sie Pertherad erkennen, die sie beide stumm betrachtete. Gertrud fehlte.

„Ihr werdet uns nie mehr verlassen, oder? Nie mehr!“, schluchzte Kebini.

„Nein“, sagte Vuiberat mit fester Stimme. Tränen rannen über ihr Gesicht. „Ich werde dich nie mehr verlassen.“

Lange blieben sie eng umschlungen stehen.

Nach der ersten Vesper auf dem Fronhof wartete Pertherad auf sie. Sie lehnte an der Kapellenwand, Kräuterbüschel hingen von ihrem Gurt. Vor Hitto neigte sie kurz den Kopf, doch ihr Blick war auf Vuiberat geheftet. Hitto grüßte, warf Vuiberat einen kurzen Blick zu und eilte ins Herrenhaus.

„Sante Georien liegt verwaist da“, sagte Pertherad, als sich Vuiberat neben sie stellte. Der Geruch von Ringelblumen umgab sie.

Vuiberat wusste nicht, wie Pertherad etwas über Sante Georien erfahren hatte.

„Hast du Heimweh nach Sante Gallen?“, fragte sie und wunderte sich, dass die große Frau noch hier auf dem Fronhof weilte. Pertherad zuckte die Schultern. Sie war füllig geworden. Hitto war errötet, als sie ihn bei der Heimkehr begrüßt hatte. Die Männer warfen verstohlene Blicke auf sie, wichen jedoch zur Seite, wenn sie vorbeischritt.

„Um Sante Georien wachsen saftige und starke Stauden“, sagte Pertherad. „Die Mönche brauchen immer welche fürs Infirmarium.“

Vuiberad versuchte zu verstehen, was sie ihr mitteilen wollte.

„Hitto wird nach Sante Gallen gehen, du kannst mit ihm ziehen“, sagte sie vorsichtig. Pertherad lachte auf und schüttelte den Kopf.

„Ich brauche eine, die beten kann“, sagte sie, den Blick auf den Boden geheftet. Ein Kribbeln drang durch Vuiberats Fußsohlen, fuhr ihr die Beine hoch, züngelte durch ihr Kreuz und es war, als würde sich eine Blume in ihrer Brust öffnen. ‚Beten‘, dachte sie und fasste nach Pertherads Hand.

2 Anno Domini 910 Turgouwi

Vuiberat zog am Flachs, mit der Rechten drehte sie die Spindel wie seit eh und je. Auch jetzt in der Dunkelheit.

Neben sich hörte sie Kebinis trockenen Husten, der sie seit dem ersten Schnee nicht mehr losließ. Irgendwo wimmerte ein Kind, wohl wieder Hartliebs Kleiner. Den Winter würde er kaum überstehen.

Und Hitto war fort.

„Man sucht sich nicht im Herbst ein neues Heim und isst dort im Winter den Vorrat weg", hatte sie ihm erklärt. Doch er war nicht zu halten gewesen. Abtbischof Salomo halte sich im Kloster auf, hatte er erklärt, der würde ihm gleich die Tonsur schneiden, wenn er auftauche.

Vuiberat wickelte den Leinenfaden auf die Spindel. Der jetzige Leutepriester am Hof kannte kaum einen Psalm auswendig. Hartlieb kümmerte es nicht. Aber sie sehnte sich nach Seinem Wort. Von Tag zu Tag wurden ihre Schultern schwerer. Die Arme waren noch heil, aber sie spürte schon die Blicke des Gesindes in ihrem Rücken.

„Wirst du uns das Haus wieder mit Siechen füllen?", hatte Hartlieb sie gefragt. Sie hatte verneint. Wahre Heilung gab es nur durch Ihn oder wo dank Reliquien der Heiligen Fürbitte im Himmel stattfand.

„Beten kannst du, so viel du willst", hatte Hartlieb ihr erklärt. „Aber sorge für Ordnung an der Feuerstelle. Die Weiber liegen sich in den Haaren, dass sie kaum eine Suppe auf den Tisch bringen. Meine kann nicht eingreifen, seit Wochen liegt sie geschwächt im Kindbett."

Währenddessen hielt sein Ältester ihr Bein umklammert, wischte seine Nase an ihrer Tunika ab. Sie strich dem Kleinen über das Haupt, blickte zur Feuerstelle hinüber. Sie fürchtete die Menschen nicht mehr, hielt sogar ihre lauten Stimmen und das Essen aus. Aber Sein Wort würde vom Geschrei der Menschen übertönt werden und in ihr verklingen. Und ohne Sein Wort starb ihre Seele im lebendigen Leib.

Im Frühling, hatte sie darum Kebini erklärt, im Frühling brechen wir auf und pilgern zum Kloster des Heiligen Gallus. Sie brauchte die Nähe eines Heiligen, die Kraft seiner Reliquien.

„Und was machen wir bei den Mönchen?“, hatte Kebini gefragt.

„Beten“, hatte Vuiberat geantwortet. Kebini hatte nichts darauf erwidert, aber Vuiberat hatte ihre Verwirrung gespürt.

Die Hungrigen werden gesättigt, die Kranken geheilt. Es ging nicht darum, dass sie Bedürftige pflegte oder auf den Feldern half. Das Wort des Herrn genügte zum Leben. Auch Kebini würde das erfahren.

Vuiberat lächelte in die Dunkelheit, leckte ihren Finger ab und befeuchtete damit den Flachs. Ein kalter Luftzug fuhr durch den Raum. Der Riegel wurde zugeschoben. Pertherad rief Vuiberats Namen. Sie antwortete leise, um die anderen nicht zu wecken, hörte Pertherads vorsichtige Schritte, wie sie sich einen Weg an den Schlafenden vorbei zu ihr ertastete. Hoffentlich hatte sie ihr Bärenfell dabei. Darunter würden sie alle Platz finden. Vuiberat legte Rocken und Spindel beiseite.

Die beiden Frauen nahmen die hustende Kebini in die Mitte. Hartliebs Ältester schnarchte in ihren Armen.

„Hast du den Schlehensaft getrunken, den ich dir gegeben habe?“, versicherte sich Pertherad. Kebini murmelte etwas.

„Hartlieb verlangte auch nach dem Saft“, sagte Vuiberat.

„Hartlieb soll an seinem eigenen Schleim ersticken", brummte Pertherad. Vuiberat lächelte.

Die Sonnenstrahlen wärmten schon so stark, dass Vuiberat den Umhang um ihren Arm legte. Hartlieb hatte seinen gar nicht mitgenommen. Das Wams über der braunen Tunika trug er offen, die Metallverschlüsse an seinen Wadenbinden blitzten. Trotz des harten Winters war er kräftig geblieben. Zwei Narben zogen sich über sein Gesicht. Diesen Frühling würde er seine zweite Frau ehelichen. Die letzte hatte sich nicht mehr aus dem Kindbett erhoben.

Für ihr Gespräch hatten sie die alte Eiche gewählt, welche zwischen dem Herrenhaus und den Schweineställen stand. Irgendjemand hatte rote Fäden für die Göttin an die untersten Äste geknüpft.

„Dann ziehst du wie dein Bruder zu Salomo, dem Verräter." Hartlieb lehnte breitbeinig am Stamm, ließ ihr dort keinen Platz. Vuiberat breitete ihren Umhang auf der gestampften Erde aus, setzte sich darauf.

„Wir haben die Langobardia durchquert", erklärte sie ruhig. „Seit Berengar Kaiser Ludwig von dort vertrieben hat, zerfleischt sich der Adel im Kampf um die Vorherrschaft. Das Korn verdorrt auf den Feldern. Die Menschen haben Hunger und sind ein Schatten ihrer selbst. Ein König würde für Ruhe und Sicherheit sorgen, auch Bischof Salomo sieht das so."

„Glaubst du? Der Karolinger hockt im Westen und zittert vor den Barbaren. Auch wir sind ein Schatten unserer selbst."

‚Nein', wollte Vuiberat erwidern. ‚Euer Hochmut bringt euch dazu, dem König zu trotzen – nicht die Not.' Sie hörte entfernte Schreie, roch den Rauch, spürte die Hand ihrer

Muhme auf den Schultern. Sie schloss die Augen und verdrängte die Bilder.

„Nach dem Karolinger wird ein anderer kommen, der für Ruhe sorgt. Des Königs Wort ist Gottes Wille“, sagte sie. Hartlieb lachte auf. „Bis dann verwesen unsere zerhackten Leichen im Morast, heulen unsere geschändeten Weiber. Graf Adalbert und Burchard werden dem ein Ende setzen und sich als Princeps ausrufen. Wir werden im Sommer losziehen und unter ihnen das Schwert führen.“

„Nein!“, Vuiberat sprang auf. „Weder Gott noch der König haben euch die Erlaubnis dazu gegeben!“

„Seit wann plapperst du die Worte der Schwarzröcke nach? Hat Hitto dich auf der Reise weichgeklopft?“

„Es gibt keinen Princeps und kein Herzogtum Alemannien und nur ein Heer wie das des Königs kann die Ungarn besiegen. Wenn du mit Burchard reitest, wendest du dich gegen das Gesetz.“

„Ich tue wenigstens meine Pflicht und schütze meine Untertanen.“

Vuiberat schüttelte den Kopf. Bischof Salomo vertrat in Alemannien das Wort des Königs und erlaubte keinen selbst ernannten Herzog. Doch Hartlieb glaubte nicht, dass ein Kirchenmann ihm etwas befehlen konnte. Diesen Winter hatte er Weib und Kind verloren. Seither hatte er wieder seinen unsteten Blick bekommen, lachte viel und laut und erzählte davon, in den Krieg zu ziehen. Vuiberat bekreuzigte sich, wenn das Wort ihn nicht erreichte, dann ...

„Komm“, sagte sie und hielt ihm die Hand hin. Er legte seine Pranke in die ihre und ließ sich mitziehen, hinaus durch das Tor am Palisadenzaun. Von hier aus hatten sie einen weiten

Blick über die Felder. Der Hafer reckte sich gerade zwei Faust hoch, die dunkle Erde leuchtete zwischen den Pflanzen.

„Wenn die Hunfridinger Adalbert und Burchard Gottes Wille auf ihrer Seite haben, sind sie wie der Habicht. Der Raubvogel, der sich auf die Ungarn niederstürzt und sie vernichtet", erklärte Vuiberat und zeigte zum Horizont. Kein Vogel war zu sehen.

Hartlieb sah sie von der Seite an, sagte aber nichts.

„... und der König und Bischof Salomo sind die feigen Krähen, die sich vom Aas ernähren", fuhr sie fort. Hartlieb brummte etwas. „Dann warten wir", sagte sie, stellte sich etwas breitbeiniger hin, schloss die Augen und betete stumm, dass die Krähen auf dem Feld den nächsten Habicht verscheuchen.

3 Anno Domini 911 Sante Gallen

Kebini erkannte das enge Tal gleich wieder, hörte das Rauschen des Baches. Hohe Stauden überwucherten die Lichtung. Das Dach der Kapelle war im hinteren Teil eingebrochen. Die Holzhütte daneben schien noch intakt zu sein. Wie lange war es her, dass sie hier zusammen mit Hitto und Pertherad gehaust hatten!

Pertherad war vorausgeeilt, stemmte sich gegen die Tür. Kebini zögerte. Ihr war nicht wohl dabei, diesen Ort zu bewohnen.

„Die Mönche arbeiten in den Schreibstuben, sie werden uns gewähren lassen", hatte Vuiberat beruhigend erklärt. Sie würde im Kloster um Einlass bitten und hatte Kebini und Pertherad schon vorausgeschickt.

Aber der Sommer war angebrochen und sie würden erst jetzt etwas anpflanzen. Vuiberat sagte zwar, dass sie wie die Vögel auf dem Felde leben konnten. Aber im Winter verschwanden diese. Und was Kebini am meisten fehlte, war ein Palisadenzaun, wie er das Kloster oder den Fronhof umgab.

Sante Georien lag nicht an einer Hauptverbindung. Doch die Bauern stiegen durch dieses enge Tal zum Kloster hinunter und schließlich würde es sich herumreden, dass hier oben drei Frauen hausten. Kebini blickte sich um. Niemand würde sie hier beschützen.

Sie stellte ihr Bündel vor der Hütte ab und äugte in den düstern Raum, auf den gestampften Erdboden, die vom Ruß geschwärzte Feuerstelle. In den Ecken lagen dürre Blätter, sonst war nichts darin.

„Ich geh Holz sammeln." Pertherad war hinter sie getreten. „Schau nach, ob du hinter der Hütte etwas Essbares findest."

Kebini nickte. Der Borretsch stand schon hoch, auch wilden Fenchel und Minze konnte sie erkennen. Selbst wilde Möhren reckten ihre weißen Dolden durch das Brombeergestrüpp. Sie zog ihren Dolch aus dem Gurt, bückte sich und schnitt den Günsel. Vielleicht wohnte der Ledergerber immer noch hinter der Mühle und auch bei der Frau des Schmieds konnte sie vorbeisehen. Pertherad hatte sie früher zu ihnen geschickt, um Kräuter und Salben gegen Getreide und Fleisch zu tauschen. Wenn der Gerber immer noch unverheiratet war, konnte sie ihm die Kleider ausbessern. Die Herrin ließ sich nicht überzeugen, in die Laiensiedlung neben dem Kloster zu ziehen. Aber die Dörfler würden ihnen helfen, hier zu überleben.

Kebini blicke sich um. Engelwurz und Kamille wuchsen auch hier oben. Pertherad würde sicherlich wieder Abnehmer für ihre Amulette finden. Vuiberat hatte nie nachgefragt, woher das Essen kam, das sie ihr damals gebracht hatten.

Was sie wohl im Kloster mit den Mönchen besprach? Abt Salomo war nicht anwesend. Der König, Ludwig das Kind, war gestorben, ohne einen Erben zu hinterlassen und Salomo war gleich abgereist. Ein Land ohne König. Kebini erhob sich, strich sich mit ihrer Hand übers Kreuz. Vuiberat sagte, wenn Salomo und die anderen Berater nicht so schnell wie möglich einen neuen König ernannten, würde es Krieg unter dem Hochadel geben. Kebini reinigte die Wurzel von der Erde. Sie verstand nicht viel von Königen. Aber Vuiberat betete täglich, dass bald einer gekrönt werde.

Hitto unterdrückte ein Lächeln. Zusammen mit Kebini schritt er den Pfad hoch nach Sante Georien. Die graue Kutte verfing sich in seinen Beinen. Seit die Dienerin ihm mitgeteilt hatte, dass seine Schwester nur noch am Sonntag zur Messe herunterkäme, sonst immer oben in der Kapelle bliebe, um zu beten, konnte er sich ein Schmunzeln nicht verkneifen.

„Heiliger als alle Heiligen“, hatte er Kebini gesagt. Abt Hartmann, Salomos Stellvertreter, war nicht erfreut gewesen, ihn aus den Klostermauern zu entlassen. Als Mönch hatte er unter dem Regeljoch des Gesetzes Nacken und Herz gebeugt. Aber schließlich ließ Hartmann sich überzeugen, dass einer einmal hochgehe und schaue, ob bei den Weibern alles beim Rechten sei.

Hitto schmunzelte wieder. Nur jemand, der Vuiberat nicht kannte, konnte den Berichten misstrauen, dass sie dauernd in der Kapelle kniete und betete. Vigil, Prim, Laudes – alles an einem Stück.

Hartmann reagierte hilflos auf Vuiberats Einnisten bei der einsamen Kapelle. Am liebsten hätte er sie verscheucht. Aber Vuiberat war als eine Von Klingen aufgetreten. Als eine, die die Erlaubnis von ihrem mächtigen Vetter hatte, hier zu hausen. Hartmann wollte darum das Urteil von Abtbischof Salomo abwarten. Doch dieser bereitete die Krönung von König Konrad vor und dann ... Hitto blickte hoch zu den Baumkronen, die den Himmel schmückten. Dann würde Salomo nicht ruhen, bis der neue König die Hunfridinger hinter Schloss und Riegel gebracht hatte. Sich als Herzog der Alemannen ausrufen zu lassen! Die Franken hatten das Herzogtum Alemannien abgeschafft und so würde es bleiben. Die Alemannen gehörten zum Herzogtum Schwaben. Burchard, der Hunfridinger, musste von Sinnen sein! Wenigstens war Hartlieb so vernünftig gewesen, ihm nicht zu folgen. Hitto hob seine Kutte, um über die Felsbrocken zu steigen.

Um jemanden wie Vuiberat kümmerte man sich derweil nicht. Und wenn sich genug herumsprach, dass sie Tag und Nacht betete, konnte man sie unmöglich vertreiben. Er schüttelte den Kopf. Wenn er sich recht besann, bekam seine Schwester genau das, was sie wollte und er kam nicht umhin, sie deswegen zu bewundern.

Er blickte zu Kebini, ließ seinen Blick auf ihren breiten Hüften ruhen. Kebini und Pertherad gebührte großer Dank, dass sie die Schwester umsorgten. Der Gedanke an Pertherad ließ sein Lächeln gefrieren. Hoffentlich weilte sie jetzt nicht oben, sondern irgendwo im Wald. Noch immer spürte er ihren dunklen Blick auf sich, wenn sie sich im selben Raum aufhielt wie er. Er war nach Rôme gepilgert und unversehrt zurückgekehrt. Die Tonsur schnitten sie ihm wöchentlich, zwei Mal wurde er in der Nacht geweckt, um zu beten und nicht den

Gelüsten des Fleisches nachzugeben. Aber nichts hatte sich zwischen ihr und ihm geändert.

Der Schweiß rann ihm über den Nacken. Der Weg führte immer steiler hinauf. Nur noch einige Schritte, dann würde das Tal flacher werden.

Hitto atmete auf, als der Pfad eben wurde. Er hatte seinen Aufenthalt in Sante Georien geliebt. Doch wenn er ehrlich war, zog er das Leben im Kloster vor. Wie aus einem Mund rezitierten sie die Psalmen, ertönte der Gesang des heiligen Wortes. Und wenn ihre Stimme im weiten Münster verhallte, dann spürte er für wenige Augenblicke Seine Herrlichkeit.

Und die Gespräche mit den Gelehrten im Kreuzgang, die tiefgründige Weisheit, die sich ihm eröffnete, ihre Kenntnisse von Abläufen, Gesetzen und Ereignissen. Die tiefe Demut seiner Mitbrüder und seine Arbeit in der Schreibstube, wo er alte Pergamentseiten abschabte, damit sie rein wurden für Sein Wort. Der Goldene Psalter erschien vor seinen Augen, die filigranen Schnitzereien von Touilio. Er hatte sich unterworfen und Gewissheit gefunden. Vuiberat würde ihn verstehen.

Der unerwartete Gestank ließ ihn den Blick heben. Zwei schwarze Löcher starrten ihn an. ‚Ein Geist', fuhr es durch seinen Kopf und er sprang zur Seite. Der Wolfsschädel schwankte im Wind, das herabhängende Fell war von Maden zerfressen. Eine Krähe hockte auf dem blanken Hinterkopf. Hitto schlug das Kreuz, blickte wieder hoch. Schädel mitsamt Fell war um einen Ast gebunden. Die Augen schon lange aus ihren Höhlen gepickt. Trotzdem hatte er das Gefühl, dass ihn jemand anstarrte. Hitto schüttelte sich. Pertherad, sie wollte damit nicht nur böse Geister vertreiben, sondern auch ungebetene Gäste. Er blickte zu Kebini, die schon weiter geeilt war, wollte ihr etwas zurufen. Dann hetzte er ihr nach. Einige

Schritte weiter hing der nächste Wolfsschädel. Er musste mit Vuiberat sprechen.

Sie umarmten sich lange. Vuiberat strahlte, wie sie seit Rôme nicht mehr gestrahlt hatte. Aus dem Ausschnitt der Tunika blitzte ihr Bußhemd hervor. Kurz blickte er zu Kebini hinüber, die verlegen den Blick senkte, als würde er sie gleich tadeln, dass seine Schwester noch magerer aussah als sonst. Die Haut an Vuiberats Armen leuchtete hell und rein, kein Kratzer war zu sehen. Er hatte sie vermisst.

Als sie ihm etwas zu essen anbieten wollte, lehnte er ab, trank das frische Wasser aus der Steinaha. Vuiberat leuchtete wieder aus sich heraus, das Beten tat ihr gut.

Kebini verschwand hinter der Hütte. Vuiberat fragte ihn über das Leben im Kloster aus, über die neuen Werke in der Bibliothek, reichte ihm fein gewobene Borten. Er solle sie mitnehmen, der Klosterschneider warte darauf. Hitto versprach, ihr gefärbte Wolle oder Leinen aus dem Kloster bringen zu lassen. Er nahm die Hände der Schwester in die seinen, hielt sie, blickte in das Feuer ihrer Augen.

„Ich habe die Wolfsschädel gesehen", sagte er eindringlich. Vuiberat schaute ihn erstaunt an. Wusste sie nichts davon?

„Zauberei, Dämonenglaube! Wenn sie im Kloster davon erfahren!", fuhr Hitto fort.

„Bruder", unterbrach ihn Vuiberat. „Pertherad tut es gut, sich damit zu schützen. Wir haben auf unserer Pilgerreise schlimmere Dinge gesehen."

„Ihr lebt hier, weil Stellvertreter-Abt Hartmann es erlaubt", sagte Hitto warnend. „Erzeugt ihr Missfallen, dann vertreiben euch die Mönche. Hartmann wartet auf Salomos Urteil und das wird noch eine Weile dauern. Wenn ihm aber solche Geschichten zugespielt werden ..." Vuiberat hatte ihn am Arm gepackt, zog ihn zu sich.

„Was bedeuten schon aufgehängte Wolfsschädel? Was kümmern uns Brot im Brunnen oder der Flug der Vögel? Ich sehe sie täglich, Hitto, die Dämonen. Sie kauern im Türeingang, haschen nach meinem Rock, wenn ich in die Kapelle trete und wenn ich bete ..." Vuiberat ließ ihn los, presste die Augenlider zusammen. „Sie dringen in meine Gedanken ein, machen meine Zunge schwer, wollen mir die Worte im Mund verdrehen und spotten meiner." Als sie die Augen wieder öffnete, war ihr Blick glasig geworden. „Täglich kämpfe ich gegen sie an, wenn sie mich aus der Dunkelheit anglotzen", flüsterte sie. „Kennt dein Hartmann den Widersacher nicht? Warum macht er sich Gedanken um aufgeknüpfte Tierschädel und Kräuteramulette?"

Hitto zog die Ärmel seiner Kutte über die Hände, sein Mund war plötzlich trocken.

„Du siehst Dämonen? Wenn das die Mönche ...", stotterte er.

„Gottes Wort wird sie besiegen!" Vuiberat starrte in die Ferne.

Hitto bekreuzigte sich, musterte sie verunsichert, gerne hätte er das Thema gewechselt. Je weniger er davon wusste, umso besser. Da bog Pertherad um die Ecke, den Rücken gekrümmt unter der Last des Brennholzes. Eifrig grüßte er sie, verschränkte die Hände. Sie schwankte an ihnen vorbei hinter die Hütte. Sie hörten, wie das Holz zu Boden fiel. Dann erschien sie wieder, lockerte ihre Schultern, grüßte Hitto, lächelte ihn an. Er trat zurück und senkte den Blick.

„Frieda, die Magd auf der hinteren Schwand fiel hin und kann nicht mehr stehen, und der Köhler fragt, ob er seine

Jüngste heute Abend vorbeischicken kann. Sie schreit und zuckt, wenn man ihr das Fleisch gewordene Brot in den Mund legt."

Vuiberat nickte ihr zu, im stillen Einverständnis blickten sich die Frauen an. Hitto spürte ein Kribbeln in seinem Nacken. Der Köhler setzte keinen Fuß über die Schwelle einer Kirche, geschweige denn seine Kinder. Er drehte sich weg, blickte zwischen den dunklen Baumstämmen hindurch. Das Kloster war ein Hort des göttlichen Wissens, ein Lichtstrahl in der Dunkelheit. Aber Vuiberat fächerte dieses Licht in die Weite, bis hin zum Köhler und seinen Gesellen. Er musste dies Abt Hartmann erklären. Hoffentlich verstand er ihn.

Pertherad zog eine Bienenwabe aus ihrem Umhang, schabte das Wachs darüber etwas ab, darunter glitzerte der Honig.

„Nimm", forderte sie Hitto auf und hielt ihm das Stück hin.

„Wir nehmen erst nach der Vesper wieder etwas zu uns", antwortete er. Sie wusste das.

Ihre dunklen Augen musterten ihn, sie zuckte die Schultern und führte die Wabe an ihre Lippen. Das Blut schoss ihm ins Gesicht. Da spürte er Vuiberats Hand auf seinem Arm.

„Begleite mich in die Kapelle", sagte sie leichthin. „Lass uns Friedas Fuß gesundbeten."

Dankbar ließ er sich mitziehen. Eigentlich hat er die Schwester noch so vieles fragen wollen, aber seine Fragen waren ihm entfallen.

Ein Türflügel stand halb offen, die Sonnenstrahlen fielen auf den Lehmboden, im hinteren Teil klaffte ein Loch im Dach. Er wusste, dass Hartmann Vuiberat den Schlüssel zur Kapelle nur sehr widerwillig übergeben hatte. Vuiberat war adelig, aber keine Klerikerin. Der Raum war leer. Die Mönche hatten ihn vor Jahren ausgeräumt, als sie aus Personenmangel niemanden mehr hierhin entsenden konnten. Hinter dem Altar prangte der Heilige Georg. Hitto neigte seinen Kopf. Die Frauen mussten die Holzkreuze an die Wand gehängt und auf den Altar gelegt haben. Ein Blumenkranz lag daneben. Wunderschön leuchteten die Heckenrosen darin.

„Von der Bäuerin aus dem oberen Rütihof“, antwortete Vuiberat auf seinen verwunderten Blick. Der Hof war ein halber Tagesmarsch von hier entfernt. Hitto betrachtete seine ausgemergelte Schwester. Wenn die Leute schon von so weit zu ihr kamen und sie um Rat fragten oder Gebete erbaten, war ihr Ruf weitreichender, als im Kloster bekannt.

Sein Blick wanderte zum Dach, musterten die angefaulten Sparren, die herunterhängenden Schindeln. Dunkle Stellen an der Mauer zeugten davon, dass Wasser hindurchdrang. Im Kloster baute man mehrere Kosthäuser und die Werkstätten wurden vergrößert. Abt Hartmann würde kein Ohr dafür haben, wenn er darum bäte, einige Mönche hier hoch zu schicken, um das Dach instand zu setzen.

Vuiberat hatte sich auf den Lehmboden gekniet. Langsam sank auch er in die Knie.

„Magnificat anima mea Dominum et exsultavit spiritus meus in Deo salutari meo.

Meine Seele preist die Größe des Herrn, und mein Geist jubelt über Gott, meinen Retter. (Lk. 1.46)“, rezitierte er den Lobgesang Marias. Ihre Stimme setzte sogleich ein, verstärkte die seine, stützte ihn. Wie oft, hatten sie das Magnifikat schon zusammen gesungen.

„... sed libera nos a malo“, flüsterte Vuiberat. Ihr Nacken schmerzte, ihre Augen drohten zuzufallen. Aber es gab so viel, so viel malum. Habgier, Hass, Neid. Ein Jammertal, in dem sich jeder an sein irdisches Hab und Gut klammerte.

Sie zupfte an ihrem Bußgewand unter der Tunika. Die Ziegenhaare kratzten auf ihrer Haut – hielten sie wach.

Gestern war die Tochter eines Töpfers in der Kapelle aufgetaucht, geflohen vor ihrem Ehemann, der sie grün und blau geprügelt hatte. Kebini hatte ihr etwas zu Essen gegeben, mit einem nachdenklichen Blick auf die eigenen leeren Schalen. Dann war Pertherad gerufen worden, weil eine fallende Tanne zwei Knechte unter sich begraben hatte. Sie hatte ein Feenkind mitgebracht, ein ausgestoßenes Balg, am Wegesrand gefunden, heute Morgen hatte es nicht mehr geschrien.

Seit Wochen regnete es, tropfte in die Kapelle, hinterließ Pfützen. Die Nässe kroch Tag und Nacht in ihre Hütte. Die Bauern haderten, weil ihre Ernte verfaulte, und prügelten aus Angst ihre Weiber. Die Herren forderten ihre Tribute zu Martini und die Besitzlosen hungerten schon jetzt. Und da war immer noch die Angst vor den Barbaren und die Angst vor dem letzten Tag, was sie alle unberechenbar und wild machte.

„Sed libera nos a malo." Gott tat es. Sie wusste es. Sein Wort galt. Sie alle konnten beim Heiligen Gallus um Fürsprache bitten.

„Komm in die Welt", flüsterte sie. Schon so oft hatte sie es gespürt, das Wort. Sein Wort. Was bedeutete dann Hunger und Schmerz? Was Tod und Leben? Ihre Knie schmerzten.

„Pater noster ..." Nur ihre Lippen bewegten sich, vibrierten unter den Lauten. Manchmal spürte sie die kalten Augen des bösen Feindes auf sich, der über ihre Worte lachte. Täglich lauerte er ihr auf und nährte mit süßen Worten ihre Zweifel. Wie ein feuchter Mantel legte er sich um sie, sog die Wärme aus ihrem Körper, machte sie müder und müder. Aber nicht heute.

„... sanctificetur nomen tuum ..." Heute wuchs mit jedem Wort Seine Kraft in ihrem Innern. Bestätigte das, was schon immer bestätigt worden ist.

„Fiat voluntas tua."

Kebini erwärmte mit der geschlagenen Töpfertochter leere Bienenwaben, um Kerzen herzustellen. Bald würde die Misshandelte zu ihrem Vater zurückkehren, bei ihm bleiben.

„... sicut in caelo et in terra." Sein Wort. Sie würde es die ganze Nacht aufsagen.

Vuiberat legte ihre Hände auf den Lehmboden. Beugte ihre Stirn nach vorne. Das Hemd kratzte über den Rücken. Sein Werk. Wenn sie es erkannte, konnten es alle erkennen. Sie war Martha, sie diente Jesu.

„Et ne nos inducas in temptationem, ..." Heute widerstand sie der Versuchung. Sie setzte sich auf. Das Hemd kratzte über ihre Brustwarzen. Ihr Essen hatte sie der Töpferstochter gegeben. Pertherad hatte es nicht gesehen. Kebini auch nicht. Das war gut so.

4

Kebinis Arme zitterten. Der geräucherte Schinken war schwerer, als sie gedacht hatte. Endlich hatte sie es geschafft, die Flachsschnur um den Dachbalken zu ziehen. Hier oben würden keine Ratten das Fleischstück erreichen. Sein Duft wässerte ihren Mund. Auch Pertherad, die den Schemel, auf dem Kebini stand, festhielt, schaute mit aufgerissenen Augen zu ihr hoch. Vuiberat würde das Geschenk kaum anschauen. Sie kauerte in der Ecke, drehte die Spindel mit von der Gicht verkrümmten Fingern und zog mit der Linken an der Rohwolle, schaute kaum auf. Hartlieb stand vor ihr, die Hände in die Seiten gestemmt.

Kebini kletterte vom Schemel, traute sich nicht, zu ihm zu blicken. Die Fellweste machte ihn noch größer und breiter. Ein Prachtstück von einem Mann. Sie wischte sich die Hände an der Tunika ab, schielte zu seinem Kelch. Ob er noch gefüllt war? Hartlieb hatte noch ihren Namen gekannt. Verlegen kauerte sie sich hin. Pertherad stellte sich mit verschränkten Armen neben sie, versuchte, so verächtlich wie möglich zu schauen.

Hartliebs beide Begleiter warteten draußen im Schnee – mit Schild und Speer in den Händen. Der Freiherr wollte allein mit den Frauen sprechen.

„Pfalzgraf Erchanger ist heute mit seinem Gefolge angekommen." Hartliebs tiefe Stimme füllte den ganzen Raum. „Er sammelt Krieger, um gegen die Barbaren zu ziehen."

Vuiberat hob den Kopf. Ihre Haut spannte sich über der Nase, die Wangen waren eingefallen.

„Seit wann sammelt ein Pfalzgraf seine Krieger, ohne dass der König zum Feldzug gerufen hat?", sagte sie. Hartlieb lachte auf.

Kebini senkte schnell den Kopf. Sie hatte den König gesehen. Sie, Kebini, Tochter der Unfreien Gertrud. Im Sommer hatte Abtbischof Salomo zusammen mit anderen Würdeträgern den neuen König gekrönt. Dieser hatte das Herzogtum Schwaben bestätigt, zu dem gehörten auch die Alemannen, wie die Frankenkönige schon bestimmt hatten. Graf Erchanger hatte unter Salomos Befehl die Hunfridinger, Burchard und Adalbert, welche ein Herzogtum Alemannien ausgerufen hatten, gefangen gesetzt. Sie wurden wegen Hochverrats angeklagt und getötet, ihre Kinder verbannt. Der Traum vom alemannischen Herzogtum war ausgeträumt. Und wie um Salomos Tat zu unterstützen, war König Konrad angereist, um Weihnachten im Kloster zu feiern und alemannische Adelige wie Hartlieb konnten nichts Weiteres tun, als anreisen und vor dem neuen König das Knie beugen.

Kebini betrachtete ihre gefalteten Hände. Vor dem Münster hatte sie gewartet, mit vielen anderen. Nach der Weihnachtsmesse war er herausgekommen. Inmitten seines Gefolges, Edelleuten in weichen Pelzen, glänzenden Stoffen und Schwertern in ledernen Scheiden. Darunter waren hochgewachsene Frauen, sie hatten den feinen Schleier vorgezogen und mit goldenen Nadeln befestigt. Sie wusste nicht, welcher von den Männern der König war. Irgendwie hatte sie geglaubt, man würde ihn erkennen. Als edelster und schönster würde er aus dem Gefolge herausstechen - wie Hartlieb, einfach noch größer. Da begannen die Knechte neben ihr zu rufen, ließen den König hochleben. Einer der Adeligen hob die Hand, nickte huldvoll. Jemand hatte ihm einen Korb hingehalten und er warf Äpfel und Nüsse in die Menge. Die Schaulustigen riefen noch lauter und haschten nach den Gaben. Kebini nicht. Der König war von Gottes Gnade eingesetzt worden, um ihn musste ein machtvoller Glanz scheinen, ein Feuer lodern, das allen zeigte, dass er der Mann war, der das Reich beherrschte und beschützte. Ein Feuer, wie es in ihrer Herrin loderte. So wie jetzt, als Vuiberat zu Hartlieb aufsah, mit einem Glanz in den Augen, einer Entschlossenheit im Gesicht. Und obwohl sie am Boden kauerte, schien sie zu wachsen - immer mehr - und über ihren mächtigen Vetter zu ragen. Bei König Konrad hatte Kebini nichts dergleichen gesehen. Nur einen bärtigen Mann im Pelz, der huldvoll die Hand gehoben hatte. Darum verstand sie Hartliebs spöttisches Lachen. Aber wenn der

König kein Herrscher war, dann konnte er immer noch eine Schlange sein und man sollte sich vor ihm in Acht nehmen.

„König Konrad wird Graf Erchanger gegen die Heiden losschicken“, donnerte Hartlieb. „Er selber ist ein Hasenfuß.“

„Nenne ihn nicht so in meiner Hütte!“, fauchte Vuiberat. Hartlieb neigte den Kopf. Auch Kebini blickte weg. Ihre Herrin betete täglich für das Wohl des Königs, obwohl sie ihn nie gesehen hatte. Sie sagte, ein guter König bringe Frieden ins Land. Aber Kebini wusste, dass die Alemannen dem König grollten, weil unter ihm die Hunfridinger hingerichtet wurden. Sie warteten auf einen, der es wagte, Alemannien stark zu machen und sich gegen den König zu wenden.

„Was prophezeien die Vögel?“, fragte Hartlieb.

„Bete zu Gott. Er kennt alle Antworten.“ Vuiberat legte Spindel und Rocken hin und erhob sich, zusammen traten sie ans offene Feuer. Sie wirkte so klein und zerbrechlich neben ihm. Kebini sprang auf, nahm den leeren Kelch aus Hartliebs Händen, sah ihn fragend an. Er reagierte nicht darauf.

„Im Kloster ist es wärmer. Warum harrt ihr hier oben aus?“, fragte Hartlieb. Vuiberat lächelte. Sie ging zum Eingang, hob ihren Umhang vom Haken und warf ihn sich um die Schultern.

„Ich begleite dich ein Stück, Vetter“, sagte sie.

„Seit wann begleiten die Weiber die Krieger durch den Wald?“, brummte er und schloss seinen Mantel. Kebini eilte zum Eingang, um auch ihren Umhang überzuziehen. Sie würde hinter den beiden gehen und die Herrin zurückbringen. Aber Vuiberat schüttelte unmerklich den Kopf. Irgendeinmal würde ihr noch etwas geschehen, wenn sie sich alleine im Wald aufhielt.

„Wenn die Mönche auf dumme Gedanken kommen“, Hartlieb hatte seine Stimme erhoben, sah alle angriffslustig an, „dann lasst es mich hören. Ich bin immer noch dein Vetter.“

Pertherad hielt ihre Arme verschränkt, blickte ihn mit verkniffenen Lippen an. Vuiberat stellte sich auf die Zehenspitzen und küsste ihn auf die bärtige Wange.

„Ich werde für dich beten“, sagte sie und nahm ihn bei der Hand. Sie schlug das Fell, das vor dem Eingang hing, zur Seite, die Tür knarrte. Ein kalter Windschwall drang herein, das Feuer flackerte auf. Dann fiel das Fell hinter den beiden hinunter. Kebini starrte zum Eingang. Sie hätte die beiden gerne begleitet. Vielleicht hätte sich Hartlieb nochmals an sie gewandt.

5 Anno Domini 912 Sante Gallen

Pertherad stapfte schweigend vor Hitto durch den Schnee. Er drückte das Kohlebecken enger an sich, beeilte sich. Der kalte Wind zog durch Umhang und Kutte. Pertherad trug nicht das Bärenfell, welches er ihr vor langer Zeit geschenkt hatte. Sie schien trotzdem nicht zu frieren, schaute nur eisern geradeaus.

Hitto fröstelte. Abtbischof Salomo hatte immer noch nicht über das Schicksal der Frauen entschieden, musste er gar nicht. Der Winter entschied. Gott entschied. Zum Fest der Heiligen Agathe war Vuiberat nicht in der Messe erschienen. Dann war Pertherad gekommen. Wenn diese im Kloster auftauchte, musste die Lage schwerwiegend sein.

„Ich hab eure Schwester erwähnt." Er konnte ihre Stimme durch den kalten Wind kaum hören. „Vuillidrud?", fragte er nach.

„Nein, die andere. Die Kleine, die tot in der Kapelle lag." Hitto nickte, erinnerte sich nur schwach an Atha, die jüngste von ihnen. „Da hat sie nachgelassen", sagte Pertherad. „Wir hätten auch in die Kapelle ziehen und dort ein Feuer machen können. Aber das Loch im Dach ..."

Sie schaute ihn anklagend an, als wäre er schuld daran. Hitto blickte weg. Pertherad hatte ihn gebeten ein Kohlebecken mitzunehmen. Jetzt verstand er. Vuiberat hatte in der eisigen Kapelle gebetet, wahrscheinlich ganze Nächte lang.

Im Kloster standen einige Kohlebecken. In der Schreibstube könnten sie ohne diese kaum arbeiten. Er hatte Hartmann nicht um Erlaubnis gefragt, eines zu entwenden. Er hatte niemanden gefragt, auch nicht, ob er das Kloster verlassen durfte. Heute noch musste er es beichten. Für Diebstahl gab es viele Stockschläge. Hittos Schritte wurden länger.

Wenn Vuiberat Zuflucht im Kloster suchte, hatte Gott sich ihr entzogen. So würden seine Mitbrüder das Urteil fällen, so würde es Salomo sehen. Wer würde sich für sie einsetzen? Bruder Notker lag im Sterbebett. Er hatte ihre feinen Bänder gelobt, ihre Liebe zu den Büchern und dem Wort Gottes.

Vor einigen Wochen hatte Pertherad für Kebini eine Bleibe gesucht. Beim Köhler oder Ledergerber, an der Wärme. Kebinis Husten sei wieder schlimmer geworden, so wie letzten Winter. Doch diese hätte sich geweigert, Sante Georien zu verlassen. Sie hätte geschrien und um sich geschlagen; sie wolle nicht von der Herrin weg. Vuiberat hätte sie verzaubert, wurde gemunkelt. Aber er wusste es besser. Er hatte Kebini gesehen, als sie von Rôme zurückgekehrt waren. Kebini würde seine

Schwester nie verlassen. Sie brauchte ihre Herrin wie den eigenen Atmen.

„Mit dem Kohlebecken wird sie es beim Beten wärmer haben", sagte er beruhigend.

„Falls das Holz reicht", erwiderte Pertherad.

‚Das müsst ihr euch selber beschaffen', dachte Hitto und schaute in den verschneiten Wald. Die Mönche würden den Frauen nichts bringen. Gottesurteil. Im Kloster wartete man ab.

Da traten sie auf die Lichtung. Jemand hatte den Schnee vom Dach der Hütte geräumt. Trotzdem war ein Teil des Daches eingeknickt. Der Rauchfaden, der hinaus stieg, war dünn. Pertherad eilte über den vereisten Vorplatz, als wäre es ein irdener Weg, klopfte sich den Schnee vom Umhang, bevor sie die Tür öffnete. Er trat vorsichtiger auf, erblickte die Urinspuren, gerötet vom Blut. Jemand konnte sich nicht mehr weit von der Hütte entfernen.

Hittos Augen mussten sich zuerst an die Dunkelheit im Innern gewöhnen. Der Rauch aus der offenen Feuerstelle vertrieb den Gestank nach Schweiß und Kot nicht. Jemand hustete, da erblickte er die beiden Gestalten, die ins Bärenfell eingewickelt auf dem Stroh lagen.

Vuiberat hatte die Augen geschlossen. Das Gesicht weiß, mit einem Schweißfilm bedeckt. So weiß wie damals in der Langobardia. Kebini hielt sie von hinten umschlungen, strich ihr die filzigen Haare aus dem Gesicht. Pertherad kauerte sich schon neben sie hin. Hielt einen Holzlöffel mit einer Flüssigkeit in der Hand, rüttelte an Vuiberats Schulter, sagte etwas.

Vorsichtig stellte er das Becken auf den Boden, kauerte neben seine Schwester, nannte ihren Namen. Sie öffnete die Augen, starrte ihn mit glasigem Blick an. Die aufgesprungenen

Lippen verzogen sich. Eine Hand schälte sich aus dem Fell. Die verkrümmten Finger erinnerten an eine Vogelkralle. Er umschlang sie, erschrak über die Hitze, die in ihr glühte.

„Beneficat te omnipotens Deus. Ich werde für dich beten“, sagte er und an Pertherad gewandt: „Ich gehe Holz schlagen.“ Diese nickte, hielt Vuiberat den Löffel hin und als diese darauf nicht reagierte, flößte sie die Flüssigkeit Kebini ein.

Hitto sah, wie sie mühsam schluckte. Dann erhob er sich, blickte sich um, bis er das Beil an der Wand entdeckte. Pertherad hatte sicherlich schon alles Holz in der Umgebung gesammelt. Es würde eine Weile dauern, bis er fündig würde. Am besten bliebe er einige Tag hier, um nach dem Rechten zu sehen. Aber Pertherad würde es ihm nicht erlauben und noch weniger der Abt.

Hittos Rücken schmerzte vom Gewicht der Äste, als er zurückkehrte. Im Klosterwald durfte er kein Holz schlagen, war ihm eingefallen, nur sammeln. Er hatte das Gesetz großzügig behandelt.

Pertherad stand vor der Hütte und sprach mit einem jungen Mann. Es musste ein Bauer sein. Ein Ledergürtel bändigte sein roh geschnittenes, fellenes Wams. Keine Waffen steckten darin. Die Tuchfetzen an seinen Beinen waren mit Lederriemen befestigt. Die Fellmütze hatte er vom Kopf gezogen. Er lächelte sie an. Hitto schritt schneller voran, wankte unter der Last. ‚Ich bin ein Mönch‘, sagte er sich. ‚Solche Dinge berühren mich nicht.‘

Er warf das Holz neben die Hütte. Da erst hörte er ein Gackern. Kopfüber flatterte das Huhn in Pertherads Hand, flatterte schwach mit den Flügeln. Mit der anderen Hand strich sie dem Mann über die Wange. Hitto schaute weg, setzte den Fuß auf den Ast, um ihn zu brechen. Er wollte nicht hören, was sie ihm sagte.

Drinnen in der Hütte hängte er das Beil an die Wand, legte Holz nach. Die beiden Frauen lagen bewegungslos da. Das Huhn gackerte, als Pertherad in die Hütte trat. Sie nahm das Beil an sich. Der Schlag klang dumpf, wild flatterten die Flügel.

„Gib ihr das, schnell", sagte Pertherad und reichte ihm eine Schale. Das Blut glänzte darin. Er nickte ohne aufzusehen. Sie würde das Huhn sogleich von Herz und Nieren befreien, um diese roh den beiden Kranken einzugeben.

Die Frühlingssonne stand noch nicht hoch am Himmel, wärmte aber die Holzwand hinter ihnen. Rachild half Kebini Hafer in den Mörser schütten.

Das vernarbte Gesicht der jungen Adligen war endlich verheilt. Seit Rachild bei Kräften war, half sie eifrig mit. Vater und Schwester hatten sie hier hoch getragen. Sie wolle mit der Einsiedlerin in der Kapelle beten, hatte sie gehaucht. Vuiberat hatte einen Blick auf die Kranke geworfen und dann Pertherad beauftragt, sich ihrer anzunehmen.

„Ich bete für uns beide", hatte Vuiberat erklärt. „Die edle Rachild tritt erst in die Kapelle, wenn sie auf eigenen Füßen steht."

Zu ihrer aller Erstaunen war Rachild eine Woche später zitternd in der Kapelle gekniet. Ihre Schwester hatte ihnen als Dank den Mörser und einen Sack Hafer überbracht.

Kebini drückte den Schlegel in die Körner, drehte. Da rief Pertherad etwas. Eine Frau war auf die Lichtung getreten und kam näher.

„Wohnt hier die Einsiedlerin?"

Kebini nickte. Zwei Fibeln verschlossen den Wollmantel der Frau, das Gehänge klimperte darunter. Eine freie Bäuerin.

„Sie ist in der Kapelle am Beten“, sagte Kebini. Auch Pertherad musterte die Frau. Diese blickte sich verloren um.

„Möchtet Ihr etwas trinken?“, fragte Kebini. Die Frau schüttelte den Kopf. Pertherad nickte Kebini zu. Diese wischte sich die Hände an der Tunika ab, eilte in die Hütte und holte einen Becher. Letzten Herbst hatte man ihnen eine Amphore geschenkt, nun mussten sie weniger oft zum Bach hinuntersteigen, um Wasser zu schöpfen. Als sie hinaustrat hatte sich die Frau neben Rachild auf den Boden gekauert. Diese schüttete die Flocken in eine Schüssel, fügte Wasser hinzu.

Kebini stellte den Becher neben die Bäuerin hin, wechselte mit Pertherad einen Blick, holte Vuiberats Spindel, wickelte das Leinen ab und spannte es auf eine Astgabel, so würde der Faden sich beim Weben nicht verdrehen.

„Kommt Ihr aus dem Steinahatal?“, fragte Pertherad. Die Frau schüttelte den Kopf.

Kebini prüfte die Stärke des Fadens, wickelte ihn weiter ab. So fein wie die Herrin konnte niemand den Faden spinnen.

„Man erzählt, dass sie mit Beten die Sünden reinwäscht“, sagte die Frau plötzlich. Kebini nickte ihr zu. Rachild knetete stumm.

„Man erzählt, dass sie helfen kann.“

Kebini musterte die Frau aus den Augenwinkeln. Sie war nicht krank. Sie benetzte ihre Finger, strich über den dünnen Faden. Vuiberat würde daraus feine Bänder weben.

„Es kommt immer wieder“, sagte die Frau und wischte sich eine Träne weg. Rachild hatte mit Kneten aufgehört. Pertherad blickte Kebini an.

„Was kommt immer wieder?“, fragte Kebini.

„Das Kind“, sagte die Frau. Pertherad erhob sich, nahm die Schüssel an sich und trat in die Hütte.

„Was will dieses Kind?“, fragte Kebini vorsichtig.

„Nichts!“, rief die Frau mit schriller Stimme, „was sollte es wollen? Es ist tot. Er hätte gleich gesehen, dass es nicht von ihm ist. Darum haben wir ...“ Die Frau umfasste sich mit beiden Armen, wiegte sich hin und her.

Kebini spannte den Faden stärker. Es knallte, als die Spindel zu Boden fiel. Es konnte bis zum Abend dauern, bis Vuiberat die Kapelle verließ. Manchmal hörte sie die Menschen hier auf dem Vorplatz sprechen, dann kam sie eher.

„Und wer ist der Vater des Kindes?“, fragte Kebini.

„Ich weiß es nicht“, sagte die Frau und schlug die Hände vor das Gesicht. „Der Gutsherr oder seine Gesellen.“ Sie fing an zu schluchzen. Rachild sprang auf, umarmte die Frau.

Kebini klemmte sich die Spindel unter den Arm und eilte zur Kapelle.

6 Anno Domini 912 Chostinze

„Geh nicht! Er holt dich nicht grundlos nach Chostinze! Geh nicht!“, flehte Pertherad.

Kebini hielt den Atem an, drückte ihre Umhängetasche an sich. Pertherad flehte sonst nie.

Breit stand sie in der Tür, die Hände am Rahmen. Rachild kauerte in der Ecke, starrte zu ihnen herüber. Vuiberat strich über ihre Tunika, zum wiederholten Mal. Draußen wartete der Büttel des Bischofs.

„Wenn es ihm gleichgültig wäre, was wir hier tun, würde er vorbeikommen, wenn er sich im Kloster aufhält. Aber Chostinze ..." Pertherad warf Kebini einen auffordernden Blick zu. Diese blickte weg.

Sie waren gewarnt worden. Ein Knecht hatte gehört, wie sich die Gesandtschaft des Bischofs im Kloster nach dem Weg zur Einsiedlerin erkundigt habe. Als er es in der Küche erzählte, schickten sie die flinkste Magd hier hoch.

Nachdem diese ihnen die Warnung überbrachte hatte, stand Vuiberat sogleich auf und eilte zum Gebet in die Kapelle. Pertherad hatte zu packen begonnen, mit der Absicht, so schnell wie möglich zu verschwinden. Nun stand der Büttel vor der Tür und wartete darauf, dass die Freifrau sich bereitmache. Als hätte sie etwas Besseres zum Anziehen!

„Du musst mich nicht begleiten", hatte Vuiberat Kebini zugeraunt. Das bestürzte sie aufs Äußerste.

„Eine Freifrau reist nicht ohne weibliche Begleitung nach Chostinze", hatte sie geantwortet, nahm einen Brotfladen und legte ihn in ihren Beutel. Vuiberat trat zu Rachild, erklärte ihr, dass sie zu ihrer Familie heimkehren müsse.

„Was hat sie denn getan?", bestürmte Pertherad unterdessen den Büttel. „Wessen wird sie beschuldigt?" Der zuckte nur die Schultern. Wahrscheinlich wusste er es selber nicht.

„Sie kann für alles beschuldigt werden, was Mönche sich so vorstellen, wenn Frauen alleine im Wald leben", wisperte Pertherad ihnen zu. Sie nahm eine Phiole in die Hand und schaute Vuiberat fragend an. Diese schüttelte unmerklich den Kopf. Dem Büttel sollte nichts Einschläferndes in den Kelch geschüttet werden.

„Vuiberat", Pertherad trat nun einen Schritt auf sie zu. „Du denkst vielleicht, die Mönche beten so wie du. Aber sie beugen vor dem Abt das Haupt und kriechen in seinen Arsch hinein. Du denkst vielleicht ... " Pertherad schloss kurz die Augen um sich zu sammeln. „Du denkst vielleicht, weil du nichts isst, weil deine Haare unter dem Kopftuch verfilzen und weil du dieses Hemd trägst – ja, ich weiß es, Vuiberat - du trägst dieses Bußgewand, das dir Brust und Rücken zerkratzt. Du denkst dir vielleicht, dass sie darum vergessen haben, dass du eine Frau bist, weil du so schmal und klapprig aussiehst wie der Tod. Aber du wirst in ihren Augen immer eine Frau bleiben, selbst wenn du dir die Brüste abschneidest." Kebini konnte einen empörten Ausruf nicht unterdrücken. Selbst Rachild rief etwas. „Eine Frau ist immer eine Gefahr für die Mönche", fuhr Pertherad unbeirrt fort, „da kannst du so lange in der Kapelle beten, wie du willst. Du wirst nicht mehr aus Chostinze zurückkommen!" Tränen rannen Pertherad über das Gesicht. „Er wird dich in seinen Kerkern verrotten lassen, als Strafe dafür, dass du eine freie Frau bist, als Strafe dafür, dass die Menschen dich um Rat bitten und nicht seine Mönche!"

Vuiberat legte ihre Hand auf Pertherads Brust. „Gib mir deinen Segen", flüsterte Vuiberat. Pertherad schüttelte den Kopf. „Wir können auch sonst wo ein Leben in Askese führen", sagte Pertherad, „fernab von den neidischen Blicken der Kuttenträger."

Vuiberat schloss die Augen. Mit ihren eingefallenen Wangen sah sie plötzlich alt aus.

„Begleite Rachild zu ihrer Familie, Pertherad. Gott wird dir helfen", sagte sie und drehte sich zu Kebini um. Diese schluckte leer. Wenn wenigstens Hitto kommen würde, aber sie konnte seine Gestalt am Waldesrand nicht erblicken. Und Hartlieb folgte diesem gottlosen Grafen Erchanger, der gegen den König getrotzt hatte, in einen Feldzug.

Vuiberat nahm ihren Pilgerstock in die Hand. Seit über einem Jahr hatte er in der Ecke gestanden. Pertherad schluchzte. Dann umarmten sich die beiden Frauen. Vuiberat löste sich, wandte sich Rachild zu. Dann lag Kebini in Pertherads Armen, atmete den herben Duft der großen Frau ein, spürte, wie diese die Phiole in ihre Tasche schob. Ein kalter Luftzug fuhr über ihren Nacken. Pertherads Blick war ernst, als sie sich von Kebini löste. Dann traten sie hinaus ins unbarmherzige Sonnenlicht.

Der Büttel schaute erstaunt hoch. Er hatte sie wohl nicht so schnell erwartet. Weiter hinten standen zwei Ministeriale etwas gelangweilt an ihre Lanzen gelehnt. Schwerfällig wandten sie sich zum Gehen.

„Sag ihnen, ich sei es gewesen!“, rief ihnen Pertherad nach. „Sag ihnen, ich allein habe gesündigt!“

Kebini schauderte.

Kebini hastete durch die engen Gassen. Den Rock gerafft, rasch hin- und herblickend. Sie war noch nie in Chostinze gewesen, überhaupt noch nie in einer Stadt. Aber die Herrin hatte ihr den Weg erklärt. Immer wieder.

„Wir müssen es so einrichten, dass wir bei Vuillidrud unterkommen“, hatte sie gesagt. „Ich weiß nicht, wohin sie uns bringen. Aber es könnte ein Ort sein, wo ...“, sie suchte nach Worten, „wo man uns vergessen könnte.“

Kebini wollte sich nicht ausmalen, was das für ein Ort war. Sie beschleunigte ihre Schritte.

Schon vor der Stadt, als immer mehr Bauern und Händler auf der Straße anzutreffen waren, hatte sie sich unbemerkt zurückfallen lassen und war dann an den vielen Karren vorbeigeeilt. Die Herrin hatte Recht behalten, am Tag ließen die

Wächter jeden durch das steinerne Tor eintreten. Sie zögerte kurz. Sie sollte die Hauptgasse hoch und am Münster vorbeigehen, dann die zweite Gasse rechts abbiegen und bis zum Wirtshaus gelangen. Sie nickte, eilte weiter. Wenn sie sich verirre, hatte Vuiberat ihr versichert, könne sie nach dem Anwesen der Klingenberg fragen, das kenne jeder.

Da erblickte sie das Wappen über dem Türrahmen. Keuchend blieb sie stehen, pochte gegen die Tür. Eine Magd öffnete. Kebini erklärte, wer sie war, bat, die Herrin zu sehen. Die Magd verschwand im Innern. Vuillidrud erschien kurz darauf.

„Der Bischof hat Vuiberat zu sich rufen lassen", keuchte Kebini. „Ein Büttel führt sie durch die Stadt. Vuiberat bittet darum, bei Euch nächtigen zu dürfen. Wenn Ihr oder Euer Mann so gnädig wärt, Euch für die Herrin einzusetzen."

Vuillidruds Augen hatten sich zu Schlitzen verengt. „Der Bischof?", fragte sie nach.

„Ja. Wir wissen nicht, was ihn dazu veranlasst hat. Wie Ihr sicherlich wisst, lebte die Herrin ..." Eine Handbewegung ließ Kebini verstummen.

„Hol meinen Umhang!", rief Vuillidrud in das Haus hinein und zu Kebini gewandt, sagte sie: „Als Freifrau hat meine Schwester eine angemessene Behandlung verdient."

Eine tiefe Falte erschien dabei auf ihrer Stirn und Kebini hatte das Gefühl Sigrid, der Mutter der beiden Schwestern, gegenüberzustehen.

Vuillidrud musterte den Bischof. Er thronte auf seinem Stuhl in einer Tunika aus feinster Wolle. Die silbernen Abschlussbänder unterstrichen die grauen Haarsträhnen in Bart und Schläfenhaar des Würdeträgers. Abtbischof Salomo war ein edler Mann, auch ohne seine Mitra. Die Anhörung war nicht öffentlich. Aber als Schwester der Angeklagten durfte sie hinten im Saal des Bischofspalastes sitzen. Vergeblich hatte sie ihren Mann gebeten, sie zu begleiten.

„Wenn sie der Zauberei und Ausübung von heidnischen Praktiken angeklagt wird, will ich nicht hineingezogen werden. Das Weib hat zu gehorchen“, hatte dieser gesagt und sie warnend angeschaut. Trotzig hatte sie das Kinn gehoben. Sie lebte seit gut fünfzehn Jahren in Chostinze. Wer sollte ihr etwas anhaben? Weder das fromme Gebaren noch die Pilgerreise ihrer Geschwister hatte sie je verstehen können. Aber Vuiberat war ihre Schwester, darum saß sie hier. Zusammen mit Pater Burst, ihrem Beichtvater. Er würde ihr den Weg freimachen, falls es Ärger gäbe.

Vuiberat stand mit gesenktem Haupt vor dem Bischof und zwei Chorherren. Zwei Mönche saßen an einem Tisch auf der Seite, einer mit einem Federkiel in der Hand.

Seit ihrer Ankunft hatte Vuiberat mit Vuillidrud nicht viel gesprochen. Sie war still und in sich gekehrt gewesen, hatte nichts gegessen und dauernd gebetet. Kebini stand die Sorge viel mehr ins Gesicht geschrieben. Die Dienerin war kaum noch von der Seite ihrer Herrin gewichen. Unter Tränen hatte Kebini die Schwestern angefleht, Vuiberat zur Anhörung begleiten zu dürfen. Vuillidrud schüttelte den Kopf, das hier war nichts für Unfreie. Kebini wartete bei ihr im Haus.

Die erbärmliche Tunika ihrer Schwester war ausgefranst und voller Flicken. Sie hatte nichts anderes tragen wollen. Vuillidrud trommelte mit ihren Fingern auf ihren Oberschenkel. Vuiberat sollte als eine Von Klingen vor den Bischof treten. Dieses ärmliche Büßergewand würde ihn nicht beeindrucken. Salomo war mehr Bischof von Chostinze, Berater des neuen Königs, als besitzloser Abt im Kloster Sante Gallen.

Ein Chorherr ergriff das Wort, fragte Vuiberat, ob sie die Genannte sei, zählte ihre Familienverhältnisse auf. Vuiberat nickte demütig, scheu. Vuillidrud zog etwas trotzig die Nase hoch. So sahen sie die Weiber wohl gerne, diese ach so gläubigen Kirchenmänner.

„Wir beginnen mit der Anklageschrift", sagte der Chorherr und hob eine Pergamentrolle hoch. Da hob Vuiberat die Hand.

„Qui habitat in abscondito Excelsi in umbraculo Domini commorabitur", rezitierte sie, „dicens Domino spes mea et fortitudo mea Deus meus confidam in eum quia ipse liberabit te de laqueo venantium de morte insidiarum ..."

Pater Burst neben ihr sog scharf die Luft ein. Vuillidrud stieß ihn an, sah ihn auffordernd an. Vuiberat sprach unterdessen weiter. Auch der Chorherr war unruhig geworden, blickte hilfesuchend zum Bischof.

„Sie hat den Schutz Gottes angerufen", raunte Burst, „Psalm 91: Du brauchst dich von dem Schrecken der Nacht nicht zu fürchten, nicht vor dem Pfeil, nicht vor der Pest, die im Finstern schleicht." Er warf ihr einen ernsten Blick zu. „Pest im Finstern! Wenn der Bischof sich angesprochen fühlt, dann steht eure Schwester morgen auf dem Scheiterhaufen." Vuiberat rezitierte immer noch. Salomo saß da, ohne eine Regung zu zeigen. Aber Pater Burst hatte sich nach vorne gebeugt. Voller Faszination lauschte er den Worten Vuiberats, als hätte er den 91. Psalm noch nie gehört. Die beiden Mönche sahen sich hilfesuchend an. Vuillidrud reckte sich, zog ihre Schultern in die Breite. Der Bischof würde kaum jemanden unterbrechen, der das Wort Gottes rezitierte. Hatten diese Männer etwa gedacht, ihre Schwester sei ein leichtes Opfer?

„... longitudine dierum implebo illum et ostendam ei salutare meum", endete Vuiberat.

Vuillidrud stieß den Pater an. „Ich sättige ihn mit langem Leben und lasse ihn schauen mein Heil“, flüsterte dieser, „das sagt Gott dem Rezitierenden. Deine Schwester scheint sich ihrer Unschuld sicher zu sein.“

Es blieb still, sehr still. Alle Anwesenden außer Vuiberat starrten den Bischof an. Dieser rührte sich nicht. Schließlich räusperte sich der Chorherr. „Die Anklage“, sagte er und hob das Pergament.

Vuillidrud hätte fast aufgelacht, als er die ersten Punkte verlas. Vuiberat wurde der heidnischen Praktiken und der Zauberei angeklagt. Anstatt nächtelang in der Kapelle zu beten, würde sie die alten Götter beschwören, sich mit fremden Männern treffen und Unzucht treiben. Vuillidrud verzog ihre Lippen, betrachtete ihre dürre Schwester im Büßergewand. Die Männer schauten ihr kaum nach. Nachdem Vuiberat gerade den ganzen 91. Psalm auswendig zitiert hatte, konnte man ihr wohl kaum solche lächerlichen Unterstellungen machen.

Vuiberat verneinte leise, je so etwas gemacht zu haben.

„Ihr habt eurem Vetter den Flug der Vögel gedeutet!“, donnerte der Chorherr, bevor sie wohl wieder einen neuen Psalm aufsagen konnte.

„Ich habe den Freiherrn Hartlieb davor bewahrt, sich den Hunfridingern anzuschließen“, antwortete Vuiberat laut und deutlich. „Nun reitet er im Gefolge Erchangers den Ungarn entgegen. Wo ist König Konrad, der dies an seiner Stelle tun sollte?“

Vuillidrud hielt den Atem an. Der Bischof sagte nichts.

„Hier werden keine fremden Angelegenheiten diskutiert“, polterte der Chorherr.

Vuillidrud ließ sich zurückfallen. Vuiberat hatte dem Bischof eine Botschaft übermittelt, hoffentlich hatte er sie verstanden. Sie unterdrückte ein Lächeln. Wie geschickt von ihrer Schwester! König Konrad war im Netz der Intrigen seiner Untergebenen gefangen. Graf Erchanger, der die Herzogswürde von Schwaben forderte, war beim König in Ungnade gefallen. Nach einigen Barbaren-Überfällen hatte der Graf es selber in die Hand genommen, in den Osten gegen die Ungarn zu ziehen. Wenn der Graf die Ungarn besiegte, würde kein Waffenträger in Alemannien mehr dem Bischof folgen, der den schwachen König unterstützte. Deswegen konnte es sich der Bischof zurzeit nicht leisten, gegen alemannische Adelige vorzugehen. Schon gar nicht gegen die wenigen wie Vuiberat, die sich normalerweise gegen die Hunfridinger und für den König einsetzte.

Vuillidrud verschränkte ihre Arme. Selbst ihr Mann, Beschützer und Ritter des Bischofs, hatte Graf Erchanger zwanzig Krieger mitgegeben, ohne Salomo um Erlaubnis zu bitten. Die Klingenbergs würden die Seiten wechseln, wenn es nötig wurde.

Vuiberat schien gewachsen zu sein. Aufrecht und stolz stand sie nun da, eine Herrin, trotz des Büßergewandes. Vuillidrud sah herausfordernd zu Pater Burst hinüber. Wenn die Kirche eine Von Klingen anklagen wollte, musste sie sich gut überlegen, wie sie vorgehen sollte.

„Ihr habt Gisalja, die Tochter des Freiherrn Abo, gegen den Willen ihres Vaters, bei euch wohnen lassen“, sagte der Chorherr.

„Gisalja wollte ihr Leben Gott opfern“, antwortete Vuiberat.

„Gisalja weigerte sich, den Mann zu heiraten, den ihr Vater für sie ausgesucht hat“, erwiderte der Chorherr. „Was bringt Euch dazu, die von Gott gegebene Autorität eines Vaters zu untergraben? Was bringt euch dazu, über den Lebensweg eines jungen Mädchens zu bestimmen?"

„Sie kam freiwillig", antwortete Vuiberat etwas leiser.

„Freiwillig? Sie entfloh ihrer Familie. Hätte Abo gewollt, dass seine Tochter den Schleier nimmt und in ein Kloster geht, dann ..."

Darum ging der Bischof gegen sie vor. Vuillidrud sank zusammen. Die Anklage wegen Zauberei war nur ein Vorgeplänkel gewesen. Das Weib hatte dem Mann zu gehorchen. Wenn Väter und Ehemänner nun plötzlich fürchteten, dass ihre Töchter und Weiber bei Vuiberat Unterschlupf fanden, stimmte die Hierarchie nicht mehr. Ihre Schwester hatte zu eigenmächtig gehandelt. Dafür würde sie der Bischof bluten lassen.

„Jede Frau weiß von den Entbehrungen und den Gefahren, die im Wald bei uns lauern", sagte Vuiberat laut, dabei blickte sie den Bischof an. „Und trotzdem kommen sie. Kommen viele, jeden Tag."

„Wie könnt Ihr ...", rief der Chorherr. Da hob der Bischof die Hand. Die Ruhe, die plötzlich einkehrte, war unheimlich.

„Wir vertagen die Anhörung", sagte Salomo. Der Chorherr öffnete den Mund, klappte ihn wieder zu. Der Bischof erhob sich, hastig taten die Mönche dasselbe, mit eiligen Schritten verließen sie den Saal. Vuiberat starrte ihnen nach.

Vuillidrud stieß Pater Burst an. Doch auch dieser schaute wie versteinert zur Türe, durch die der Bischof mit seinem Gefolge verschwunden war. Sie erhob sich, lief zu ihrer Schwester und legte ihr beide Hände auf die Schultern.

„Ihr werdet sie bei mir finden, wenn Ihr etwas von ihr wollt", fuhr sie den Chorherrn an. Da wandte sich Vuiberat zu ihr um, blickte sie mit aufgerissenen Augen an. Ihre Lippen waren weiß und zitterten, als hätte sie gerade den Schrecken der Welt erblickt.

Heiße Tränen tropften von ihrem Gesicht.

„Deus Deus meus quare dereliquisti me - Mein Gott, mein Gott, warum hast du mich verlassen? (Ps. 22. 1)", flüsterte sie, die Stirne auf den kalten Stein des Münsters gepresst.

Vor einem Tag hatte ein Bote des Bischofs bei den Klingenbergs vorgesprochen. Vuiberat soll sich nach der Terz bei Salomo zu einem Gespräch vorfinden. Vuillidrud hatte ganz gegen ihre Natur aufgejauchzt, als der Bote den Raum verlassen hatte, und sie umarmt.

„Ihr werdet alle Zwistigkeiten regeln. Er wird dir nichts tun", hatte sie gerufen und so breit gelächelt, wie eine Katze, die eine Maus verspeist hatte. Vuiberat hatte genickt wie in Trance. Aber der Schrecken blieb in ihren Knochen sitzen.

Jetzt kniete sie im hohen Raum des Münsters und ihr Körper zitterte immer noch wie Espenlaub. Die stille Welle der Dankbarkeit, die sie sonst beim Gebet durchfloss, blieb aus.

„Gratia", flüsterte sie und spürte immer noch die Bestürzung, die sie beim Anblick des Bischofs getroffen hatte, als er ihr den Rücken zugewandt und den Raum verlassen hatte. Weder der Büttel vor der Hütte in Sante Georien, noch die Anklage hatten sie so tief erschreckt.

Mit jedem Schritt, mit dem sich der Bischof von ihr entfernte, floss alle Zuversicht aus ihr hinaus, als hätte sich eine Klappe unter ihr geöffnet. Es war, als ob der kalte Atem der Dämonen, die sie über die Monate gezähmt hatte, sie aus einem Loch unter ihr anhauchen würde. Sie hatte sich in die Irre führen lassen, war abgekommen vom rechten Weg. Sie hatte gesündigt. Eitelkeit und Herrschsucht waren der Weiber Laster!

Warum saß sie nicht im Fronhof, spann Wolle und hütete Hartliebs Kinder? Warum saß sie nicht in einem Kloster, hinter hohen Mauern, die ihren Hochmut züchtigten?

Vuiberat strich sich über die Flanken, versank in der Ungewissheit, die die nagende Angst in ihr zurückließ. Hatte sie wegen der Askese im Wald, Gott mehr verlassen als je? Das Weib hatte dem Mann zu gehorchen. Plötzlich schlugen ihre Zähne aufeinander, da war wieder diese Kälte ihn ihr. Sie hatte immer im Glauben gehandelt, das Rechte zu tun. Doch dem war nicht so, der Bischof drehte ihr den Rücken zu. Warum hatte sie sich je dazu verleiten lassen, vom rechten Weg abzukommen? Der Widersacher hatte einen Weg gefunden.

Sie sollte um Vergebung bitten. Um Fürbitte des Heiligen Gallus. Doch ihre Lippen blieben stumm. Sie rieb ihr härenes Hemd über den Rücken, dies sollte sie zur Besinnung führen.

Eine Hand legte sich auf ihre Schulter. „Herrin, der Bischof wartet“, flüsterte Kebini. Vuiberat hob den Kopf. Ihre Haare verdeckten die Sicht, als sie das Kreuz über dem Altar anstarrte. Aber keine tröstende Zuversicht strömte davon hervor. Als Sünderin würde sie vor den Bischof treten. Sie war dem Hochmut erlegen.

Sie wandelte hinter Kebini her. Zupfte ihre Tunika zurecht, fand nicht in ihren gewohnten Schritt. Wer war sie? Wer war sie, die das Licht der Mutter Kirche dämpfte!

Der Palast des Bischofs lag direkt neben dem Münster. Neben den Kirchen, war es das einzige Gebäude aus Stein. Kebini meldete sie an, wartete geduldig mit ihr, bis sie geholt wurden. Ein Priester führte sie in einen kleinen Innenhof. Der Bischof saß auf einer von der Sonne beschienenen Bank. Kebini blieb zaghaft im Hofeingang stehen. Vuiberat schritt alleine auf ihn zu, kniete vor ihn hin, küsste seinen Ring.

Er trug eine mit feinen Seidenfäden bestickte Tunika. Blumenranken mit bunten Vögeln darin wanden sich um goldene Kelche. Das Paradies. Hatte sie jemals geglaubt, es erahnen zu können?

Seine Augenbrauen waren buschig, der Bart gestutzt. Die Tonsur verdünnte seine wilden Locken.

„Setzt Euch zu mir, Tochter", sagte er väterlich. Sie kauerte sich hin und legte die Hände um ihre Beine. Der Bischof war nicht ihr Vater, auch wenn er es vom Alter her sein könnte.

„Es wurde mir erzählt, dass Ihr schon als Mädchen für euren Bruder im Kloster Kleider gewoben habt." Er sah sie anerkennend an. Vuiberat senkte verlegen den Kopf. „Mein Stellvertreter Hartmann lobt die feinen Bänder, die Ihr für das Kloster webt. Euer Bruder berichtet, dass Ihr lesen und hundert Psalmen auswendig aufsagen könnt." Seine lobende Stimme ließ sie hochschauen. Der weiche Klang passte nicht zu seinem forschenden Blick. „Lange habe ich darum gebetet, dass mir der Herr Euren Weg zeigt", fuhr er fort. „Eure Seele strebt danach, sich Gott hinzugeben."

Vuiberat nickte, wollte sich für seine Anteilnahme bedanken, doch Salomo sprach schon weiter: „In zehn Tagen statte ich dem Kloster Lindouwi einen Besuch ab. Ihr werdet mich begleiten. Ich werde Euch der Äbtissin als neue Novizin vorstellen. Dort könnt Ihr Euch dem Gebet und der Demut hingeben. Tag für Tag."

Sie starrte ihn an, versuchte durch seine Maske hindurchzuschauen. Sich dem Gebet hingeben. Tag für Tag. Sie durfte in den Schoß der Mutter Kirche zurückkehren.

„Das Kloster", flüsterte Vuiberat, sah sich den Schleier nehmen und hinter dicken Mauern verschwinden, das Wort des Herrn auf den Lippen. Wie Maria von Bethanien, wie ihre kleine, tote Schwester. Der Bischof hatte sich erhoben, blickte auf sie herunter.

‚Die Karolinger scheren ihren Feinden das Haupt, wenn sie sie aus dem Weg haben wollen', dachte sie und da schob sich Pertherads Bild vor ihre Augen, wie sie im Rhythmus von Vuiberats Gebeten im Topf rührte, um Salben herzustellen, die Wunden heilten. Sie erblickte den runden Turm des Klosters und sah Gallus' Grabstätte, wie der Heilige darüber schwebte, aus seinen Händen flossen goldene Strahlen.

Salomo streckte ihr die Hand hin. Sie rührte sich nicht. Endlich zwang sie sich, hinzuknien und seinen Ring zu küssen.

Als er ihr diesmal den Rücken zuwandte und den Hof verließ, vibrierten Gallus' Strahlen noch in ihr. Sie spürte kein Entsetzen, auch keine Angst. Der Boden blieb unter ihr geschlossen und sie merkte, wie etwas in ihr fest wurde, fest wie Stein. Sie war Martha, nicht Maria. Sie hatte für den Herrn zu arbeiten und durfte sich nicht zu Füßen Jesu ausruhen.

„Diviserunt vestimenta mea sibi et super vestimentum meum miserunt sortem tu autem Domine ne longe fias fortitudo mea in auxilium meum festina", flüsterte sie. „Sie verteilen unter sich meine Kleider und werfen das Los um mein Gewand. Du aber, Herr, halte dich nicht fern! Du, meine Stärke, eil mir zu Hilfe! (PS. 22.19-20)"

„Was hat er gesagt?", flüsterte Kebini aufgeregt, als sie das steinerne Gebäude verlassen hatten. Vuiberat blieb stehen, drehte sich zu ihr, musterte ihre aufgerissenen Augen, die schön geschwungenen Brauen. Das Wort blieb ihr im Halse stecken.

„Ich werde dich nicht verlassen“, stieß sie endlich hervor. „Wir bleiben zusammen.“

„Das hat er gesagt?“

Vuiberat schüttelte den Kopf. „Melde Vuillidrud, ihr Bote muss Hitto etwas anderes ausrichten: Pertherad soll sich weiterhin im Wald versteckt halten. Ich gehe ins Münster, um zu beten.“ Sie lächelte der erschrockenen Kebini aufmunternd zu. Sie musste ihre Bitte an Gallus richten und der Bischof sollte sie betend im Münster sehen, Tag und Nacht. Denn bald würde sie um eine Audienz bei ihm bitten.

7

Den breitschultrigen Hünen erkannte sie sogleich. Breitbeinig stand er im hinteren Teil des Münsters, die Hand auf dem Schwertknauf, seine Wadenbinden mit metallenen Beschlüssen festgehalten. Mit einem Ruck blieb sie stehen, wusste nicht, ob er eine Erscheinung war. Dann rannte sie los, fiel ihm in die Arme.

„Hartlieb!“ Sie konnte ihre Tränen nicht mehr zurückhalten, schluchzte, hielt sich an ihm fest. Er murmelte etwas, klopfte ihr auf den Rücken.

Plötzlich verstand sie das väterliche Gebaren des Bischofs. Seine unterdrückte Verachtung. „Was hast du Salomo angeboten?“

Hartlieb legte ihr den Arm um die Schultern, führte sie aus dem Münster hinaus. Die Sonne blendete sie. Verlegen wischte sie ihre Tränen weg. Kriegsvolk umrundete sie. Stumm standen die Männer da, mit düsterem Blick. Darunter zwei Halbbrüder Hartliebs.

„Ist euer Feldzug schon zu Ende?“, fragte sie irritiert.

„Erchangers Schwager ist gestorben.“ Hartlieb lächelte. Sie verstand nicht. „Erchanger wird für seine Schwester einen neuen Gatten erwählen. Darum sind wir umgekehrt. Dein Bruder ließ mir ausrichten, dass der Bischof dich nach Chostinze gerufen hat.“ Hartlieb schüttelte den Kopf. „Wir werden dieser Schlange unsere Brut nicht überlassen.“ Nun lächelte sie, spürte wie ein Druck von Brust und Schultern fiel, als wäre ein Alb drauf gesessen. Schnell bekreuzigte sie sich.

„Was hast du ihm angeboten?“, fragte sie nochmals.

„Angeboten?“, rief er, „ich habe ihm beigebracht, aus welcher Familie du stammst.“ Sie betrachtete ihn. Bischof Salomo war nicht ein Mann, der sich unter Druck setzen ließ. Entweder verheimlichte ihr Hartlieb etwas, oder ...

„Warum seid ihr nicht bei Vuillidrud vorbeigekommen?“, fragte sie. Er schüttelte den Kopf.

„Mit Verrätern wie den Klingenbergs will ich nichts zu tun haben“, sagte er laut.

„Vetter“, tadelte sie ihn.

„Bald wird Erchanger der Konsul des Königs sein und Salomo wird auf den Knien vor ihm herumrutschen“, fuhr Hartlieb fort. „Dann wird auch der Klingenberg bei uns angekrochen kommen.“

Vuiberat versuchte zu verstehen, was ihr Hartlieb erklärte.

„Salomo hat Burchard und seinen Bruder hinrichten lassen, weil sie ihm zu mächtig wurden“, sagte sie vorsichtig.

„Erchanger ist ein Alaholfinger und nicht Burchard“, antwortete er. „Er wird dem König die Hand seiner Schwester anbieten und anstatt Salomo Konsul des Königs werden.“

Vuiberat nickte langsam, spürte, wie ihre Schultern wieder schwer wurden.

„Erchanger wandelt auf dünnem Eis“, sagte sie. „Der König ist wankelmütig.“

„Hast du etwas gesehen?“, fragte Hartlieb. Sie schüttelte den Kopf.

„Salomo wird vor Erchanger nie das Knie beugen, auch wenn dieser Konsul wird“, sagte sie, schloss die Augen, rief sich nochmals das Bild des Bischofs vor Augen. Den getrimmten Bart, die bestickte Tunika. Salomo kämpfte für die Belange der Kirche. In seinen Augen musste sich der ganze Adel unterwerfen. Ihr Vetter sollte auf der Hut sein.

Hartlieb hatte den Unterkiefer nach vorne geschoben, blitze sie wütend an.

„Unterschätze Salomo nicht“, flüsterte Vuiberat. Hartlieb fluchte.

„Salomo will unser hinteres Ried“, stieß er hervor. Sie senkte den Kopf. Sie hatte ihre Familie nie in diesen Zwist hineinziehen wollen. Sie hatte nur ihr Leben ganz und gar Gott opfern wollen.

„Sein Bote erreichte den Fronhof, bevor du in Chostinze angekommen bist“, ergänzte Hartlieb gehässig. Sie nickte, getraute sich nicht hochzuschauen. Das hintere Ried war vor ihrer Pilgerfahrt gerodet worden. Onkel Albrich und Hartlieb hatten selber Hand angelegt und die Hufen den unfreien Familien anvertraut. Sie packte seine Hand, umfasste diese mit beiden Händen. „Gott wird urteilen“, presste sie hervor.

„Mich warnst du vor der Schlange und selber willst du dich ihr zum Fraß vorwerfen?“, fragte Hartlieb. Sie lächelte gepresst. Er hatte sie nicht verstanden.

„Wirst du Erchanger zum König begleiten?“, fragte sie darum.

„Dann wäre ich jetzt nicht hier“, brummte er.

„Gut“, sie nickte aufatmend. „Das ist gut.“

Er musterte sie mit zusammengekniffenen Augen. „Das hintere Ried ist sehr fruchtbar“, sagte er dann.

„Die Hufen haben einiges abgeworfen“, antwortete sie. Hartlieb würde es vermissen.

Sie umarmten sich. Lange.

„Der Widersacher hat sich überall eingenistet, aus jeder Ecke, hinter jedem Baum grinst er uns an. Wir dürfen ihm das Feld nicht überlassen“, Vuiberat schaute an Salomo vorbei. In der heiligen Stadt waren die Krüppel und Kranken, die Hilfe- und Trostsuchenden mit ihrer letzten Kraft die Scala Santa hochgekrochen. Dort hatten sie ihr Heil gefunden. Sie blickte wieder zum Bischof. Seine bestickte Tunika glitzerte. Er hatte König Konrad gewählt und gekrönt. Er war mitverantwortlich für die Menschen im Reich. „Die Hilfsbedürftigen rufen nach dem Wort des Herrn. Sie finden Heil bei der Grabstätte des Heiligen Gallus“, sagte sie.

Der Bischof nickte. „Es freut mich, dass Ihr Euch um das Seelenheil der Menschen kümmert“, sagte er.

Sie musste ihm die Wahrheit sagen, die Worte hatten sich während des Betens in ihrem Kopf gedreht. Er war nicht ihr Vater, nicht ihr Richter und nicht ihr Bruder. Er war der

Bischof, der Hirte über alle Gläubigen seines Bistums. Doch eben drang die Wahrheit nur mit Mühe über ihre Lippen.

„Die Kirche kümmert sich um die Gläubigen“, fuhr er fort. „Sie hat Euch nicht den Auftrag dazu gegeben.“

„Über ein Jahr habe ich in Sante Georien auf Eure Erlaubnis gewartet, dort als Asketin zu hausen“, entgegnete Vuiberat. Der Bischof wischte das Gesagte mit der Hand zur Seite.

„Wir können nicht jeden selbst ernannten Wanderprediger gutheißen. Und abgesehen davon: Selbst wenn ihr eine Heilige seid, würden Gerüchte über euch gestreut werden. Drei Frauen alleine im Wald! Das alleine schon regt die Phantasie meiner Untergebenen an und nicht nur das: Als euer Hirte bin ich dafür verantwortlich, dass ihr geschützt seid. Im Kloster seid ihr das, nicht im Wald.“

Vuiberat verschränkte ihre Hände. Salomo und sie sprachen nicht dieselbe Sprache. Uta, seine einstige Geliebte, hatte den Schleier nehmen müssen, nun war sie Äbtissin in Zürich. Die gemeinsame Tochter hatte er vorteilhaft verheiratet. Für beide hatte er einen Lebensweg gefunden.

„Vielleicht war es der Wille des Herrn“, sagte sie.

„Wie bitte?“

„Ein Jahr lebte ich als Asketin im Wald und ich sitze lebend vor Euch. Es war Gottes Wille.“

„... nach einem Jahr Askese musste ich Euch hierherholen, weil sich die Waschweiber in Chostinze die Mäuler über Euer sündiges Tun zerrissen haben.“ Erbost stand Salomo auf, schritt hin und her. „Warum wollt Ihr nicht ins Kloster gehen?“, rief er, „dort könnt ihr Tag und Nacht für das Seelenheil aller Menschen beten.“

Vuiberat starrte auf seine glänzende Tunika, sah darauf die hohen Mauern. Das gleichgültige Dahinleben eines gesicherten

Lebensabends. Aber sie war Martha. Das hintere Ried war viel wert. Mehr als eine Mitgift fürs Kloster.

„Luitbold, der Markgraf von Karantanien, ist gestorben", sagte sie.

„Was wollt Ihr damit sagen?", herrschte der Bischof sie an.

„Es wird gemunkelt, Graf Erchanger biete die Hand seiner Schwester, Kunigunde, die nun Witwe ist, König Konrad an." Vuiberat sah, wie der Bischof sich verkrampfte. Der Graf war ein mächtiger Feind. Er hatte damals dem Bischof geholfen, die Hunfridinger zu vernichten. Nun verlangte er Stammheim zu besitzen, das Salomo dem Kloster unterstellt hatte. Je erfolgreicher Erchanger war, umso schneller hatte er den Adel um sich versammelt, um gegen den Bischof vorzugehen.

„Ihr braucht Unterstützung außerhalb der Klostermauern", sagte Vuiberat.

Der Bischof musterte sie düster. Sie war nur eine Frau. Aber Hartlieb würde sie um Rat fragen. Und wie sich ein Von Klingen entschied, darauf schauten die alemannischen Adeligen.

Sie senkte artig den Blick.

Salomo hatte sich wieder gesetzt, betrachtete sie lange. „Ihr könnt nicht im Wald leben. Wer schützt Euch und die Frauen, die sich Euch anschließen?", fragte er.

„Wie die Vögel auf dem Feld", antwortete sie. Salomo schnaubte, schlug auf den Tisch. Sie zuckte nicht einmal zusammen. Für das hintere Ried würden die Mönche in Sante Georien nicht nur das Dach der Kapelle ausbessern, sondern auch einen Zaun bauen.

Er musterte sie. Sein Unterkiefer schob sich vor und rückwärts, als müsse er ihren Anblick zerkauen. „Für eine gläubige Frau wie Ihr gibt es einen weiteren Weg", er blickte sie forschend an. „Als Klausnerin könnt ihr den Gläubigen und der Kirche dienen."

Vuiberat schreckte hoch, erinnerte sich an die Zellen in Rôme, an den Gestank, der von ihnen ausgegangen war, die irren Augen und das Gestammel hinter dem Mauerloch.

„Cilia, heißt die Klausnerin neben dem Münster. Dient ihr mit Hingabe und ihr werdet in ein paar Jahren eine eigene Zelle bekommen."

Ein Gewicht legte sich auf ihre Schultern. Eingesperrt in eine Zelle – lebenslang – enger als im Kloster. Sie wollte dem Bischof widersprechen, fand keine Worte. Er entließ sie mit einem Wink.

„Klausnerin!", rief Kebini und schaute sie entsetzt an. „Du wirst nie mehr die Sonne auf deiner Haut spüren, keine Salben mehr mit Pertherad herstellen und ich kann dein Haar nie mehr kämmen!" Sie schüttelte den Kopf. „Wer wird dich im Schlaf halten?", fragte sie.

„Klausnerin!", rief Vuillidrud. „Das hat er sich gut ausgedacht. In einer Zelle hält er dich gefangen und muss nicht mal deine Mitgift fürs Kloster bezahlen."

„Dank der Hilfe des Herrn kann ich Cilia dienen", antwortete Vuiberat schwach, sah Pertherad vor sich und den Heiligen Gallus über seiner Grabstätte und spürte, wie sich eine Last auf die Schultern legte, sich der Boden unter ihr wieder öffnete und sie darin versank.

Vuiberat hatte die niedrige Zelle an der Längsseite des Münsters nie beachtet. Sie besuchte keine Klausnerinnen. Abgesehen davon, dass es aus den Zellen heraus immer übel roch, glaubte sie nicht, dass es der Wille des Herrn war, sich in einen Raum einzuschließen. In keinem Psalm stand dies.

Sie betrachtete den runden Anbau aus der Ferne, das Schindeldach darüber. Kebini hatte Recht. Von der engen Maueröffnung unter dem Dach konnte man kaum den Himmel sehen.

„Wie die Vögel auf dem Felde“, hatte sie dem Bischof gesagt. Das hier war seine Prüfung. Sie gab sich einen Ruck und schritt auf die Zelle zu.

Keine Dienerin war zu sehen. Kinder rannten schreiend umher. Eine Bäuerin häufte Kohlköpfe auf ihren Marktstand, irgendwo quiekten Ferkel. Die Dunkelheit hinter der Maueröffnung gähnte ihr entgegen. Sie hätte Kebini erlauben sollen, sie zu begleiten.

„Das Weib ist irr“, hatte ihr Vuillidrud erklärt. „Nur einige Pilger suchen sie auf. Ab und zu wirft ihr jemand faules Obst durchs Fenster.“

„Klausnerin!“, rief Vuiberat, lauschte ins Innere. „Klausnerin?“ Hinter ihr zeterte eine Frau, Pferdegetrampel war zu hören. „Bischof Salomo schickt mich. Ich solle Euch dienen.“ Sie klatschte mit der Hand gegen den Sims. Da wurde sie gepackt. Ein schmutziges Gesicht erschien in der Maueröffnung. Die hellen Augen starrten in unterschiedliche Richtungen. Speichel tropfte von ihrem Mund.

„Fang den gelben Hund“, zischte Cilia, „der Tag färbt sich rot.“

Vuiberat blinzelte, ahnte, was sie aus der Fratze anstarrte. Sie bekreuzigte sich. „Disperdat Dominus omnia labia dolosa linguam magniloquam – Der Herr vertilge alle falschen Zungen, jede Zunge die vermessen redet (PS. 12.4)“, flüsterte sie.

Die Klausnerin schrie auf, lachte. Ihr Blick wurde etwas klarer.

„Meinst du, Gebete schützen dich vor den Qualen der Hölle?“, fragte sie. Die Fingernägel der Klausnerin gruben sich in Vuiberats Hand, bis sie sich losriss.

„Bischof Salomo schickt mich“, sagte sie, „ich solle Euch dienen, um selbst Klausnerin zu werden.“

„Der Bischof?“ Cilia blinzelte. „Hat er Euch geschwängert?“

Vuiberat betrachtete ihr vom Dreck starres Gesicht. Hinter ihr wurde etwas auf die Straße gelehrt. Urin oder Schmutzwasser. Eine Frau schimpfte laut.

„Wie wird man Klausnerin?“, fragte sie.

Kebini umarmte die schlafende Herrin, starrte mit feuchten Augen in die Dunkelheit. Spät war Vuiberat zurückgekehrt. Gleich hatte Kebini der Herrin auf dem Feuer etwas Hirsebrei aufgewärmt. Erstaunlicherweise hatte Vuiberat den wirklich gegessen. Mit diesen aufgerissenen Augen, die in der Ferne Unbekanntes erblickten. So sah sie nur aus, wenn sie lange in der Kirche gebetet hatte. Kebini hielt ihre Fragen zurück. In diesem Zustand sprach die Herrin nicht.

„Wir müssen etwas besprechen“, sagte Vuiberat dann endlich und kauerte sich neben sie. Kebinis Herz machte einen Sprung. Seit sie hier in Chostinze weilten, hatten sie kaum mehr allein miteinander gesprochen.

„Die Klausnerin steckt in den Klauen des Wahns. Aus ihrem Mund dringen keine göttlichen Worte. Ich werde ihr nicht dienen“, erklärte Vuiberat. Das hätte sie Vuiberat gleich sagen können. Ihre Herrin und dienen! Was diese Kirchenmänner auch für einen Tanz um die Demut aufführten? Vuiberat senkte vielleicht ab und zu den Kopf, pflichtete den hohen Herren auch bei. Aber sie war keine Dienerin. Kebini musste ein Kopfschütteln unterdrücken. Hatte der Bischof keine Augen im Kopf? Vuiberat war klein und dürr. Aber wenn es drauf ankam, beugte selbst Hartlieb den Kopf vor ihr.

„Wir benötigen den Schutz der Kirche", erklärte Vuiberat ihr. Kebini verstand nicht. Konnten sie nicht zurück auf den Fronhof gehen, zu Hartlieb und seiner Familie?

Aber Vuiberat wollte nichts davon wissen. „Der Adel zerfleischt sich selber. Wir können nur auf Gottes Schutz zählen. Ich werde nochmals mit dem Bischof sprechen." Ihre Stimme brach und Kebini schreckte hoch. „Wir werden zusammen in Sante Gallen bleiben. Aber dafür muss ich mich einmauern lassen."

„Aber Cilia wurde darin ..." Vuiberat hatte ihr die Hand auf den Mund gelegt.

„Es ist ein Wunder des Herrn. Nur Sein Wort hat die Kraft, mir innerhalb der Mauern das Leben zu schenken."

Der Schrecken fuhr in Kebenis Brust. „Nein!", rief sie, „warum tut Euch jemand so etwas an? Warum unterzieht Ihr Euch so einer Prüfung?" Sie packte Vuiberats Hand, hielt sie umklammert. Die Herrin betete viel und sie war überzeugt, dass diese Wörter ihr Zauberkraft gaben. Aber sich deswegen einmauern lassen!

„Kebini", versuchte Vuiberat sie zu beruhigen. „Du bleibst immer bei mir. Du wirst mir das Essen reichen und glühende Kohle, wenn es kalt ist. Ich brauche dich."

Kebini schüttelte wie wild den Kopf. „Warum solltet Ihr bestraft werden?"

Vuiberat lächelte. „Es ist keine Strafe", erklärte sie, „es ist ein Beweis."

Kebini sprang auf und eilte aus der Küche. Der Bischof hatte der Herrin den Kopf verdreht. Vuillidrud musste mit ihr reden. Aber Vuillidrud schlief schon, wie alle anderen im Haus.

Als sie ins Frauengemach eilte, verrichtete Vuiberat still ihr Abendgebet. Sie saß daneben, mit nassem Gesicht. Seither weinte sie. Wenn sich die Herrin für ihren Gott etwas vorgenommen hatte, dann führte sie es durch. Wie diese Pilgerreise. Sie würde Vuiberat wieder verlieren.

Vuiberat musste warten, bis der Bischof von seiner Reise um den Bodemsê und vor allem aus dem Kloster Lindouwi zurückgekehrt war. Sein Lächeln war selbstsicher, als sie mit einer Verbeugung sein Arbeitszimmer betrat, niederkniete und seinen Ring küsste. Auch sie lächelte.

„Wie mir mitgeteilt wurde, seid Ihr meinem Befehl nicht gefolgt, Cilia zu dienen“, sagte er und versuchte, ein enttäuschtes Gesicht zu machen.

Vuiberat verbeugte sich, der Bischof hatte sie nicht aufgefordert, sich zu setzen.

„Ich hatte eine Vision“, sagte sie.

„Eine Vision?“

„Der Heilige Gallus ist mir erschienen.“

Der Bischof starrte sie an.

„Er hat mich aufgefordert ...“

„Die Kirche wird entscheiden, ob Euch der Heilige Gallus erschienen ist!“, unterbrach der Bischof sie.

„Nach der Trullanischen Synode muss eine Klausnerin zuerst einige Jahre in Askese leben, bevor sie eingemauert wird“, fuhr Vuiberat unbeirrt fort. „Dies kann in einem Kloster stattfinden, bei einer Klausnerin oder in der Wildnis. Der Heilige

Gallus hat mich aufgefordert, meine Askese bei der Kapelle von Sante Georien fortzusetzen und mich dort nach der bewährten Zeit einmauern zu lassen.“ Ruhig schaute sie dem Bischof in die Augen. Dieser schlug auf den Tisch und stand auf.

„Der Heilige Gallus!“, polterte er. „Weib! Was erlaubt Ihr Euch? Ihr habt Euch den Anweisungen Eures Bischofs zu unterwerfen!“

„Der König hat eingewilligt, Kunigunde zu heiraten. Graf Erchanger weilt an des Königs Hof, um die Hochzeit seiner Schwester voranzutreiben und dabei seiner Herzogswürde einen Schritt näherzukommen. Dann wäre er Beschützer des Klosters Sante Gallen“, entgegnete Vuiberat. „Ihr seid nicht zur Zeremonie eingeladen. Aber es wird gemunkelt, dass Burchard dort sein wird, der junge Erbe des Hunfridingers, den Ihr hingerichtet habt.“

„Lasst dieses Weibergeschwätz und den König aus dem Spiel!“

„Wenn der alemannische Adel von der Zeremonie heimkehrt, werden die Edelleute zum Grab des heiligen Gallus pilgern, ihm für seinen Schutz danken und sich überlegen, wie sie den König und damit euch aus dem Weg räumen können. Gewisse werden auch die Klause bei Sante Georien besuchen.“ Der Bischof klappte seinen Mund zu, starrte vor sich hin.

„Gott hat König Konrad in sein Amt gehoben. Wer etwas anderes behauptet ...“ Vuiberat schloss den Mund. Sie sah Bilder der zerstörten Städte der Langobardia vor sich, die ausgemergelten Menschen, verweste Leichen am Wegesrand, das Leid in den Gesichtern der Menschen. König Ludwig geblendet und Berengar hatte keine Macht über das Land. „Es herrscht nur Friede, wenn alle dem König und der Kirche dienen. Ich muss es dem Adel sagen", flüsterte sie. „Am besten begleitet Ihr mich und zieht Euch ins Kloster zurück. Graf Erchanger wird vielleicht schon Herzog sein und sich an euch rächen, wegen der Ländereien, die Ihr dem Kloster überschrieben habt. Ihr seid in Gefahr!"

Die Hände des Bischofs schlossen sich zu Fäusten. „Verlasst diesen Raum!", fauchte er.

Sie senkte den Kopf, kniete sich hin. „Ich bitte um Euren Segen", sagte sie.

„Hochmut und Neugier sind die Laster des Weibes!", polterte er. „In der Wildnis wird man Euch bezwingen und erschlagen!"

„Dann ist es Gottes Wille." Sie musterte die Holzdielen, auf denen sie kniete. Geschliffene Eiche, dunkel glänzte sie vom Öl. Sie hörte seine Schritte, dann fühlte sie seine Hand auf dem Haupt.

8 Anno Domini 914 Sante Gallen

Hitto eilte den Hang hinauf. Diesmal würde er deswegen keine Stockschläge erhalten. Abtbischof Salomo hatte ihm die Erlaubnis gegeben, seine Schwester zu besuchen. Der Bischof war gütig. Hitto lächelte, beeilte sich noch mehr. Ihre Gebete waren erhört worden: König Konrad hatte Herzog Erchanger, seinen eigenen Schwager, verbannt. Bischof Salomo, der vom Herzog gefangen gesetzt worden war, hatte sich befreien können und war nach Sante Gallen zurückgekehrt. Endlich hatte sich die Gerechtigkeit durchgesetzt.

Wie von selbst hob er den Blick, musterte die Bäume. Keine Tierkadaver hingen in den Ästen. Nur einige eingekerbte Holzstäbe, mit Wollfäden umwickelt, baumelten im Wind. Pertherad hielt sich zurück. Hitto bekreuzigte sich trotzdem. Der Weg war breiter geworden. Ausgetreten von den vielen Füßen der Pilger und auch der Mönche. Noch im letzten Herbst hatten sie das Dach der Kapelle neu gedeckt und eine stabilere Hütte errichtet.

Vor einer Woche hatte er sogar Bruder Thomas gehört, wie er einen aufdringlichen Pilger loswurde, indem er ihm riet, zu den Waldfrauen hochzugehen. Die halfen.

„Mulier kommt von Weichheit: mollities. Darum sind sie schwach und sollen dem Manne zu Willen sein", zitierte Bruder Thomas Isidor von Sevilla. Hitto lächelte, wenn schon Bruder Thomas die Pilger hochschickte, dann war im Kloster der Widerstand gegen die wilden Frauen gebrochen. Selbst wenn die Weiber nur aus einer Rippe geschaffen und nicht vom Hauch Gottes belebt wurden. Vuiberat hatte es geschafft, die Mönche akzeptierten sie. Und nun auch Bischof Salomo.

Er hob seine Kutte und beeilte sich. Weiter vorne konnte er schon die Lichtung erkennen. Er entdeckte Kebini vor der Hütte über einen Zuber gebeugt. Als sie ihn erblickte, winkte er, sie rief etwas, kurz darauf erschien Pertherad im Eingang. Die Schwester befand sich sicherlich in der Kapelle. Sie würden sie stören müssen. Er musste zur Vesper wieder unten sein.

Er begrüßte die beiden Frauen, lächelte Pertherad an, konnte ihr ohne Zögern in die Augen schauen. Lüsternheit, Habgier, Faulheit, all die Laster der weiblichen Natur konnte er hier nicht finden.

„Abt Salomo schickt mich mit einer Nachricht zu Vuiberat", sagte er feierlich. Pertherad hob ihre Hand zum Mund und wandte den Kopf weg. Wahrscheinlich wussten die beiden

Frauen schon längst, dass Erchanger verbannt, der Bischof befreit und im Kloster angekommen war. Er hatte keine Ahnung, wie ihnen die Nachrichten immer so schnell zu Ohren kamen. Manchmal hatte er das Gefühl, sie wüssten mehr, als die Mönche im Kloster. Geschwätzig und listig, das waren sie wohl.

Kebini eilte zur Kapelle, um die Schwester zu holen. Pertherad bot ihm etwas zu trinken an, was er dankbar annahm. Wenig später erblickte er Vuiberat, wie sie aus der Kapelle humpelte. Den Rücken gebeugt, die Beine noch steif vom langen Knien. Er eilte ihr entgegen, begrüßte und umarmte sie.

„Welcher Engel ist Salomo im Gefängnis erschienen, dass er dich zu mir schickt?", fragte sie. Er verstand nicht ganz, was sie meinte, führte sie vor die Hütte, wartete, bis sich die Frauen hingekauert hatten.

„Bischof Salomo lässt dir seinen Respekt und seinen Dank ausrichten." Hitto breitete seine Arme aus. Die drei Frauen sahen sich an. Pertherad lachte auf, was ihn irritierte. Salomo befreit, Erchanger verbannt und der alemannische Adel hatte keinen Aufstand gemacht. Jeder wusste, dass Vuiberat und die Mönche ihren Anteil an diesen Geschehnissen hatten.

„Er wird persönlich bei deiner Inkludierung anwesend sein", fuhr er fort.

„Das vergisst er sicher nicht", unterbrach ihn Pertherad spöttisch. „Mit eigenen Augen zu sehen, wie die wilde Frau hinter Schloss und Riegel gesetzt wird."

„Es ist seine Art, uns zu schützen", antwortete Vuiberat tadelnd. Hitto blickte verwundert von einer Frau zur anderen. „Ihr werdet hier nur gebilligt, weil Vuiberat das Versprechen abgegeben hat, als Klausnerin zu leben. Das ..." Pertherad hatte sich erhoben. Warum waren die Frauen auch so widerspenstig? Sie hatten eine neue Hütte, eine bessere Kapelle. Die

Mönche akzeptierten, nein, schätzten sogar ihre Anwesenheit. Eitel und neidisch seien die Weiber. Hatte Bruder Thomas trotzdem Recht?

„Was lässt mir Bischof Salomo ausrichten?“, fragte Vuiberat.

Hitto holte tief Luft. „Du sollst nicht hier bei Sante Georien inkludiert werden.“

„Nicht hier?“, rief Pertherad. „Seit drei Jahren leben wir hier. Was passt ihm daran nicht?“, aufgewühlt wandte sie sich an Vuiberat. „Was hat dir Gallus in seiner Vision gesagt?“

Aber Vuiberat blickte zu Hitto.

„Der Bischof veranlasst, dass du bei Sante Mangen inkludiert wirst. Er ließ die Kirche vor Jahren errichten, kümmert sich persönlich um deren Betreuung und ...“, er zögerte.

„Sante Mangen“, flüsterte Vuiberat, „wo die Reliquien des Heiligen Magnus ihre Wunder vollbringen.“ Hitto lächelte ihr zu. Drei Leutepriester und drei Mönchspriester dienten in der Kirche, zelebrierten die Messe und nahmen die Beichte ab. Wer zum Grab des Heiligen Gallus pilgerte, ließ die Kirche des Heiligen Magnus nicht aus. Dort als Klausnerin zu leben, war ein großes Privileg. Salomo musste Vuiberat sehr dankbar sein.

„Die Kirche steht auf dem Hügel neben dem Kloster. Somit hat er uns mehr in der Hand!“, rief Pertherad.

„Ihr könntet im Dorf wohnen“, erwiderte Vuiberat. „Ich würde die Glocke des Klosters hören und wissen, wann die Horen beginnen.“

„Jeder Mönch und damit der Bischof wird erfahren, wer zu dir kommt und wer bei dir Hilfe sucht“, antwortete Pertherad. Aber Vuiberats Blick glitt davon, sie schien die Klause schon vor sich zu sehen.

„Salomo hat mich zum Priester der Kirche St. Mangen ernannt", sagte Hitto. Die drei Frauen starrten ihn mit aufgerissenen Augen an.

„Bruder", flüsterte Vuiberat und lächelte. Er erhob sich und umarmte sie.

„Du wolltest dich ins Kloster zurückziehen. Jetzt bist du wieder Priester", sagte Vuiberat. Eben hatten sie in der Kapelle für die Nachricht des Bischofs gedankt. Nun saßen sie vor dem Eingang, genossen die Sonne.

„Mönchspriester." Hitto lächelte zaghaft. Frei konnte er sich zwischen dem Kloster und der Kirche hin und her bewegen. Die Schwester sehen, wann er wollte. Und nicht nur die Schwester. Er blickte in die Baumkronen. Wenn er schon als kleiner Junge die innere Schule des Klosters besucht hätte, würde er sich jetzt nicht nach dem Leben außerhalb der Mauern sehnen. War er ein schlechter Mönch?

„Im Kloster werde ich über deine Taten berichten müssen", sagte er. Nun lachte sie, legte ihren Kopf an die Mauer. „Du sollst kein Wort verdrehen." Er blickte zur Hütte, erkannte die eingeritzten Runen am Türpfosten, aufgehängte Lederbeutel, und der Kräuterduft in der Luft, überall begegneten ihm Pertherads Spuren. Wurde er von Salomo auf die Probe gestellt?

„Es wird mir eine Freude sein, dich täglich zu sehen und deinem Wort in der Messe zu lauschen", sagte Vuiberat und nahm seine Hand.

Er nickte, war sich plötzlich unsicher, was er ihr noch predigen sollte.

„Richte dem Bischof aus, dass es mir eine große Ehre ist, bei den Reliquien des Heiligen Magnus zu beten." Ihre Augen waren in die Ferne gerichtet, plötzlich schienen ihre Wangen eingefallen. Er gewahrte die grauen Strähnen in ihrem Haar.

„Nimmst du mir die Beichte ab?“, fragte sie.

„Als ich dir das letzte Mal die Beichte abgenommen habe, hast du mir von entweihten Hostien erzählt“, sagte er gespielt entrüstet. Sie lächelte. „Ich bin froh, dass Isenrich in Frieden sterben konnte.“

„Ein Mörder und Frauenschänder.“

„Es liegt nicht an uns, zu richten.“

Hitto blickte auf die nackte Erde zu seinen Füßen. „Ich glaube, ich bin nicht der Richtige, um dir die Beichte abzunehmen.“ Er schaute auf seine Hände, drehte sie. Eher würde er bei Vuiberat zur Beichte gehen.

Sie betrachtete ihn von der Seite. „Pertherad hat dir schon längst verziehen“, sagte sie. Seine Hände fielen hinunter. „Sie kämpft noch mit ihren eigenen Geistern.“

Vuiberat blickte in den Wald. War ihr Blick bekümmert?

„Zwei Jahre noch“, sagte er aufmunternd und spürte, wie sie zusammensackte. Würden sie hier oben durchhalten?

„Gottes Wege sind unergründlich“, antwortete sie.

Er legte ihr den Arm um die knochigen Schultern. „Der Bischof zählt auf euch“, sagte er eindringlich. „Bitte iss und schlaf. Achte darauf, dass du bei Kräften bleibst.“

Sie lachte kurz auf. Es tönte eher wie ein Schmerzensschrei.

„Siehst du die Dämonen immer noch“, fragte er vorsichtig.

„Dämonen?“ Sie wollte lachen, doch es drang nur ein seltsamer Laut aus ihrer Kehle. „Ich sehe Menschen, Bruder. Sieche, Kranke, Gebrochene. Jeden Tag.“ Sie keuchte auf. Ihre Hand tastete nach ihrem Bauch, zerrte an etwas. „Ich kann nicht mehr essen“, flüsterte sie dann.

9 Anno Domini 915 Sante Gallen

Pertherad sammelte die Tonscherben zusammen. Rannen Tränen über ihre Wangen? Kebini getraute sich nicht hinzuschauen. Mit einem Querholz versuchte sie, die zersplitterte Türe ins Lot zu bringen. Ihre Hände zitterten – nicht von der Kälte. Vuiberat stand in der Ecke, die Arme hingen an ihr herunter, sie schaute ins Leere. Wenigstens blieb sie in der Hütte und eilte nicht in die Kapelle.

„Ihre Seelen seien verflucht. Ihre ...", Pertherad stockte. Warf mit einem Wutschrei die Scherben in eine Ecke. Kebini schloss für einen Moment die Augen. Ein kalter Windstoß fegte Schnee in die Hütte hinein.

„Wenigstens haben sie uns nichts angetan", sagte sie leise.

„Nichts angetan!" Pertherad eilte zum Eingang, riss den Pilgerstock hoch und rannte hinaus. Kebini rief ihr nach, erblickte aber nur noch ihre Spuren im Schnee. Als sie sich der Türe zuwandte, schreckte sie hoch. Vuiberat war lautlos neben sie getreten.

„Sie wird wieder die ausgeweideten Wölfe an die Bäume hängen", flüsterte Kebini.

„Sie hat die alten Kadaver schon hingehängt", antwortete Vuiberat. Ihre Stimme klang hohl.

Mit einem Ächzen erhob sich Kebini und führte Vuiberat zur Feuerstelle. Die eingefallenen Schultern der Herrin zitterten. Sie musste das Feuer schüren und endlich diese Türe wieder einhängen. Sonst würden sie hier erfrieren.

„Die Türe", sagte Vuiberat und zog Kebini zum Eingang. Zusammen versuchten sie die zersplitterten Latten zusammenzuschnüren. Kebini hielt ihre Tränen zurück. Dies war der dritte Überfall innerhalb von wenigen Tagen.

Februar – die Menschen hungerten. Am Fest zur Heiligen Odilia und über die Raunächte hatte Vuiberat noch Essen verschenkt. Es musste sich herumgesprochen haben, dass die wilden Weiber im Wald einen Vorrat hatten. Kebini stöhnte. Dabei aß die Herrin kaum etwas und nun war alles weg. Vor einer Woche hatten sie Siglind ins Dorf gebracht. Diebe hatten sich nicht nur am Essen, sondern auch an ihr vergriffen. Kebini warf einen schnellen Blick auf Vuiberats Arme. Die Kratzer waren noch nicht verheilt.

Die drei Männer, die eben ihre Türe eingeschlagen hatten, waren zu schwach gewesen, um ihnen etwas anzutun. Sie hatten Pertherad den Knüppel aus der Hand geschlagen, sie in die Ecke gedrängt und sich auf den Dinkelbrei gestürzt, ihn gierig in sich hineingewürgt. Dann hatten sie alles Essbare an sich gerafft, die leeren Töpfe, das Fass, das Gestell zerstört, weiterhin die Frauen im Zaum haltend. Pertherad hatte sie angeschrien, verflucht. Die Herrin wurde bei Gefahr immer ganz gleichgültig, starrte nur irgendwohin, bewegte die Lippen.

Gemeinsam hängten sie die Tür ein. Sie hing schief, der Wind zog durch die Lücken. Vuiberat versuchte, sie zu schließen. Kebini eilte zur Feuerstelle, legte etwas Holz nach. Wenigstens hatten sie die Hütte nicht angezündet wie vor Weihnachten – da konnten sie noch in die Kapelle flüchten. Von dort hörten sie hilflos, wie die Räuber ihre Vorräte durchwühlten. Nur mit Mühe konnten sie später verhindern, dass das Feuer die Hütte verschlang. Doch vielleicht war es besser, wenn sie ab jetzt in die Kirche zogen. Die Türflügel dort waren noch ganz.

„Wir müssen Hartlieb benachrichtigen", sagte Kebini. Wenn Hartlieb vorbeikäme und zum Rechten schaute.

„Hartlieb weilt bei Erchanger", sagte Vuiberat. Beunruhigt fächelte Kebini dem Feuer Luft zu. Dieser gottlose Herzog war aus seiner Verbannung mir nichts dir nichts zurückgekehrt und sammelte Männer, um im Frühling gegen die Ungarn zu ziehen. König Konrad rührte keinen Finger gegen ihn und der Bischof knirschte mit den Zähnen. Seit vier Jahren war der König gekrönt und führte immer noch keinen Ungarnfeldzug durch. Dabei war eben im Herbst wieder grausige Kunde an ihre Ohren gedrungen, von abgeschlachteten Menschen, geplünderten Dörfern und aufgeschlitzten Priestern. Kebini schauderte. Was Menschen ihresgleichen antun konnten!

Vuiberat war neben sie getreten und hielt ihre verkrümmten Hände über die aufflackernden Flammen.

„Ich werde Hitto bitten, dem Bischof eine Nachricht zu schicken“, sagte sie. „Er soll mich schon diesen Frühling einmauern. Dann könnt ihr ins Dorf ziehen. Dort ist es sicherer.“

Kebini schaute sie an, fühlte einen Knoten im Hals und schüttelte den Kopf.

10 Herbst Anno Domini 915

Vuiberat kniete in der Kirche, die Stirn auf dem Boden, fühlte noch das feine Zittern in sich. Wie ein Tier nagte es in ihr, schüttelte sie. Sie hatte Angst, so viel Angst. Manchmal traute sie sich kaum, einen Fuß vor die Türe zu setzen, sich umzuschauen. Gelähmt kniete sie da und die Worte fehlten ihr. Seine Worte. Dann wünschte sie sich, schon eingemauert zu sein und zu beten, nur noch zu beten in der schützenden Dunkelheit. Nichts anderes mehr würde sein.

Dann wiederum wachte sie in der Nacht auf, schweißüberströmt, hatte geträumt, dass sie eingemauert tief unten in der

Erde lag, wie in einem Sarg. Und die Dunkelheit drang in sie ein, durch die Haut in ihr Herz.

Die Worte, die sie sagen wollte, kamen nicht über ihre Lippen, nicht Seine Worte, gar keine Worte mehr. Im Traum schrie sie in der Dunkelheit und niemand hörte sie. Da war nur noch ihr Schrei, der nicht über ihre Lippen drang.

„Deus Deus meus quare dereliquisti me ... - Mein Gott, mein Gott, warum hast du mich verlassen? (Ps. 22. 1)"

Vuiberat presste ihre nassen Augenlider zusammen. Wie konnte sie nur bestehen? Wie konnte sie nur bestehen?

Pertherads Nase war etwas spitzer geworden. Auf ihren Wangen zeigten sich diese bräunlichen Flecken wie damals, als sie sein Kind getragen hatte. Hitto verbot sich, ihren Körper zu mustern. Wenn die Trauben geerntet wurden, würde das Kind zur Welt kommen, das wusste er auch so.

„Sprich mit ihr", sagte sie, „auf dich wird sie hören."

Hitto schaute nochmals um sich. Nur Bruder Thomas war im hinteren Teil des Kräutergartens zu sehen, der würde nichts melden. Pertherad tauchte im geschlossenen Teil des Klosters auf und verschwand wieder, als wäre sie hier zuhause.

„Ich werde hier nicht über dich herfallen", sagte sie. Er errötete, täuschte ein Husten vor. Nie hatte er nachgefragt, wer der Vater war. Aber wenn hier plötzlich Gerüchte herumschwirrten, er sei es, dann musste er mit einer schlagfertigen Antwort gewappnet sein.

„Vuiberat wünscht sich, inkludiert zu werden", brachte er endlich hervor.

„Wünschen?", rief Pertherad. „Sie meint, sie schütze sich und uns damit. Sie weiß nicht, was sie sich damit antut! Du musst sie davon abhalten."

„Sacrificium mentis. Eine Inkluse opfert ihren Geist voll und ganz dem Herrn. Sie ..."

„Hitto!" Pertherad war nähergetreten. Er schreckte zurück. „Hör auf, dich und uns zu belügen. Wenn ein allmächtiger Gott will, dass sich seine Anhänger einmauern lassen, warum hat er uns dann Bein, Arm und Auge gemacht? Warum eine Nase zum Riechen, eine Haut zum Fühlen?"

Er trat einen Schritt zurück. „Seit ich meine Schwester kenne, will sie nur Sein Wort hören, riechen und fühlen. Sie will es so. Sie ..." Er suchte nach Worten. Vuiberat wollte das Wort Gottes in seiner Absolutheit spüren. Pertherad musste dies doch einsehen.

„Aber du liebst sie! Wie kannst du so etwas zulassen", rief sie. Er schluckte, schaute an ihr vorbei. Seit Jahren lebte seine Schwester in Askese oben bei Sante Georien. Er betete darum, dass sie in Sante Mangen inkludiert wurde. Dann konnte er sie täglich sehen, mit ihr reden, wie damals auf ihrer Reise. Er blickte Pertherad an. „Die Einmauerung ist Vuiberats Weg, uns allen Gottes Allmacht und Liebe zu zeigen", sagte er.

Pertherad schüttelte den Kopf. „Ihr werdet sie einkerkern, beschneiden. Sie wird sich verändern. Kein Mensch hält so etwas aus", sagte sie düster und wandte sich zum Gehen.

„Der Bischof wird sie vorher prüfen", rief Hitto. Pertherad winkte ab. Hitto eilte ihr nach. „Wir haben Kunde bekommen, aus dem Süden", scheu berührte er ihre Schulter. „Berengar wurde vom Papst zum Kaiser gekrönt."

Pertherad stemmte ihre Arme in die Hüften. „Sprich über deine Schwester, nicht über Politik!", blaffte sie.

Er nickte, sie konnte das nicht verstehen, aber Vuiberat. „Berengar wurde vom Papst zum Kaiser gekrönt, nicht König Konrad. Salomo hat auf einen schwachen König gesetzt. Das einzige, was ihm jetzt bleibt, ist, die Macht der Kirche zu festigen, damit Herzog Erchanger ihn nicht aus dem Sattel hebt. Das heißt, er braucht Menschen wie Vuiberat. Er braucht Wunder und Heilige, um die Menschen hinter sich zu scharen." Er brach ab, spürte, wie Pertherad ihm entglitt. Sie schüttelte den Kopf, spuckte aus.

„Ihr opfert sie, damit der Bischof seinen fetten Hintern vor den Adeligen rettet", sagte sie.

„Vuiberat wünscht sich nichts mehr, als ihr Leben Gott und der Kirche zu opfern!", antwortete er. Aber Pertherad hatte sich schon umgewandt, stapfte davon. Er wäre ihr gerne gefolgt, hätte sie überzeugt und hinausbegleitet. Aber er getraute sich nicht, selbst wenn nur Bruder Thomas sie sehen konnte.

11

Kebini zerstampfte Dinkel im Mörser. Die Sonnenstrahlen wärmten ihren Rücken. Als die Ähren sich gelb färbten und ihre Köpfe sanken, hatte Siglinde sie verlassen. Das Beten war ihr zu viel geworden, das Aufstehen in der Nacht und jedes Mal die Angst, wenn jemand auf der Lichtung auftauchte und auf die Hütte zuschritt. Siglinde war ihr eine große Hilfe gewesen.

Kebini blickte zu Vuiberat hinüber, ein Pilger verbeugte sich vor ihr, schritt rückwärts und verbeugte sich erneut. Seit Siglinde weg war, blieb die Herrin bei der Hütte, packte auch an. Pertherad war unterdessen rund und erschöpft geworden.

Sie hatten der Schwangeren verboten, Brennholz herzuschleppen. Diese hörte nicht auf sie. Hoffentlich verlor sie das Kind nicht wieder. Aber wenn Pertherad mit dem Kind ins Dorf zog, wie konnten sie beide hier oben bestehen?

Die Hütte hier war nichts für ein Kind. Im Frühling waren zwei Frauen mit Kindern vorbeigekommen, hatten um Aufnahme gebeten. Schon nach einigen Tagen waren sie weitergezogen, als sie sahen, wie karg die Mahlzeiten waren, wie sie um die Almosen der Gläubigen bangen mussten.

Und einzig Vuiberats Gebete, die sie beschützten! Wie letzte Woche vor dem tobenden Schmid. Seine kranke Frau blieb neben der Hütte liegen und rührte sich nicht mehr. Mit Drohungen und Flüchen schaute der Mann zu, wie Pertherad seine Frau untersuchte, und ließ sich erst nach viel Zureden von Vuiberat in die Kapelle führen. Einen Knebel in der Hand. Selbst Pertherad schlug das Kreuz.

Kebini blickte zu Vuiberat hinüber, die sich bekreuzigte und in die Hütte eilte. Kebini leerte den zerstoßenen Dinkel in eine Schüssel, erhob sich und trat in den Eingang. Vuiberat stand vor dem großen Webrahmen, war ganz in die Betrachtung des Tuches versunken, an dem sie alle für Pertherads Kind woben. Als sie Kebini im Eingang bemerkte, zuckte sie zusammen. Sie suchte einen Kelch, löste das Weinsieb vom Gehänge, goss Wein und Wasser hindurch.

„Trink", forderte Vuiberat Kebini auf. Sie schreckte zurück. Nur am Sonntag tranken sie Wein. Vorsichtig nahm sie den Kelch, nippte daran. Vuiberat zog sie vor die Hütte, dort kauerten sie sich neben den Mörser. Kebini nahm größere Schlucke, als sie begriff, dass Vuiberat darauf wartete, dass sie leertrank.

Kebini versuchte sich den Pilger, der vorhin um Vuiberats Segen gebeten hatte, in Erinnerung zu rufen. Er hatte Schwert und Schild getragen. Warum hatte sie nicht gleich die Farben der Von Klingen erkannt?

„Hartlieb ist tot", sagte Vuiberat. Der Kelch fiel zu Boden.

„Aber Hartlieb hat mit Erchanger die Ungaren besiegt!", rief Kebini aus und spürte Vuiberats Arm um ihre Schultern.

„Nach seinem Sieg hat Erchanger mit seiner Gefolgschaft König Konrad angegriffen. Konrad hat ihn besiegt und gefangen genommen. Dabei ist Hartlieb ..." Vuiberat sprach nicht weiter. Kebini sah sie ungläubig an, der gottlose Herzog gegen den schwachen König. Und nun war Hartlieb tot. Sie schluckte, versuchte gegen die Tränen anzukämpfen, wollte seine Gestalt nicht sehen, seine Stimme nicht hören. Doch genau diese drang in ihre Gedanken; Hartliebs dröhnendes Lachen, sein siegessicheres Lächeln. Sie erzitterte, drückte ihre Stirn gegen Vuiberats knochige Schulter, versuchte ruhig zu atmen, das Schluchzen zu unterdrücken.

Doch da war nicht nur die Trauer, die ihr die Brust zusammendrückte. Da wuchs eine Blase in ihr, gefüllt mit dunklem Pech. ‚Wer wird uns jetzt beschützen?', wollte sie fragen und kannte die Antwort der Herrin schon. Wenn nur noch Gott die wilden Frauen beschützte, musste sich Vuiberat von diesem grausamen Bischof mit den kalten Augen einmauern lassen. Dann würde Vuiberat immer von ihr getrennt sein, wie in ihren schlimmsten Träumen. Ein greller Schrei löste sich aus Kebinis Innern. Sie griff sich in die Haare, zerrte daran. Jammernd beugte sie sich nach vorne, spürte immer noch Vuiberats Arme um ihre Taille. Kein Ton kam über deren Lippen.

*

„Dein Gott legt dir viele Prüfungen auf." Vuiberat spürte Pertherads bohrenden Blick auf sich. Das Kleine lag an ihrer Brust, schlief, Milch klebte noch an seinen Lippen.

„Es gab einen tiefgläubigen Mann, der hieß Hiob und Gott wollte ihn prüfen ..."

„Davon hast du erzählt", unterbrach Pertherad Vuiberat, „sein Weib und seine Kinder wurden ihm genommen und er wurde durch allerlei Krankheiten auf die Probe gestellt. Und du singst täglich irgendwelche Geschichten über Ungläubige, die Gläubige auslachen und erniedrigen und schlagen und die Gläubigen empören sich darüber. Und diesen Winter werdet ihr Hunger leiden und frieren und ausgeraubt werden und du glaubst, dies alles sei eine Prüfung Gottes wie in deinen Liedern." Pertherad schüttelte den Kopf. Neben ihr lag das Bündel mit ihren Kleidern. Sie würde ins Dorf zum Tuchhändler ziehen. Dessen Frau besaß keine Milch für ihr Kind. Pertherad würde beide Kinder stillen, das fremde und ihr eigenes. Neben einer warmen Feuerstelle, bei einer gefüllten Vorratskammer. Pertherads Lippen waren verkniffen, die Stirn gefurcht. Sie ging nicht gerne.

„Bischof Salomo weilt in Hohenaltheim", begann sie und warf einen wütenden Blick zur stummen Kebini hinüber. „Keiner hat etwas dagegen, wenn ihr mit mir kommt. Keiner will, dass ihr hier im Wald umkommt. Nicht einmal die Mönche."

Vuiberat küsste Pertherad auf die Stirn. „Ich werde für euch beten", sagte sie und fuhr dem Kind über den Haarflaum.

„Dein Gott kann groß und mächtig sein", fuhr Pertherad hitzig fort. „Aber der Schnee ist zu früh gefallen, hat sich auf die prallen Obstbäume gelegt, mit seinem Gewicht die Äste geknickt und die Ernte unter sich begraben. Die Menschen werden diesen Winter Hunger leiden und der Hunger macht sie zu Bestien."

„Du hast meinen Segen", antwortete Vuiberat.

Kebini bückte sich und hob das Bündel hoch. Ihr Blick zuckte zwischen den beiden Frauen hin und her.

‚Begleite Pertherad und bleibe unten bei ihr, sie braucht Ruhe und Hilfe', hätte Vuiberat ihr gerne gesagt. Doch sie unterließ es, sie hatte die Worte schon so oft wiederholt. Kebini wollte mit ihr in Sante Georien bleiben, in der Wildnis. Schon jetzt lag Kebini deswegen zitternd wach in der Nacht. Gott prüfte Kebini mehr als sie und das war nicht gerecht.

Pertherad legte Kebini das Kind in die Arme und umarmte Vuiberat. Ihr Griff war stark. Vuiberat spürte, wie das unterdrückte Schluchzen ihren Körper schüttelte. Dann riss sie sich los, nahm ihr Kind an sich und folgte Kebini nach draußen.

Die Hütte wirkte leer, als die beiden Frauen sie verlassen hatten. Vuiberat fuhr über ihre Oberarme, unterdrückte ein Frösteln. Sie musste in die Kapelle und um Hilfe bitten, wie sie es schon seit Wochen tat. Wie sie es die ganze Nacht getan hatte. Gott würde sie nicht verlassen. Gott würde Kebini beschützen.

Ihr Magen knurrte. Unter dem Türrahmen wurde ihr kurz schwindelig. Erschöpft lehnte sie sich dagegen. Sie wusste nicht, wann sie das letzte Mal gegessen hatte. Wenn Kebini zurückkam, würde sie etwas zu sich nehmen, um die Dienerin zu beruhigen.

Vuiberat zupfte am Bußgewand, das über ihre Haut kratzte. Das klärte ihren Blick.

Noch diesen Winter würden sie hier oben ausharren. Und dann?

Als Abtbischof Salomo erfahren hatte, dass Erchanger vom König besiegt worden war, war er sogleich gen Norden aufgebrochen. Endlich konnte er über den gefangenen Herzog triumphieren. Hitto hatte ihr mitgeteilt, dass Salomo beabsichtigte, eine Synode einzuberufen, um die Stellung der Laien gegenüber der Kirche zu regeln. Selbst Papst Johannes würde Abgeordnete zur Synode schicken. Jetzt da es offensichtlich war, dass die aufmüpfigen Herzöge dem Königtum schadeten, konnte Salomo endlich seinen Willen durchsetzen: Laien, und damit war der Adel gemeint, durften keine Kirchengüter an sich reißen. König Konrad würde den Forderungen der Bischöfe nichts entgegenhalten und Salomo bekam endgültig das Land, über das er sich mit Erchanger gestritten hatte.

Wie lange so eine Synode dauerte? Nur Gott wusste das. So lange mussten sie hier oben ausharren. Sonst hätte sie Bischof Salomo gebeten, sie diesen Herbst einzumauern, damit Kebini geschützt im Dorf leben konnte.

12 Anno Domini 916 Sante Gallen

Kebini erwachte, weil sie vor Kälte zitterte. Ihre Zähne schlugen aufeinander. Das Hungerloch im Bauch schmerzte nicht mehr. Erschöpft stemmte sie sich auf den Ellbogen, kurz schwindelte ihr, dann blickte sie zum Kohlebecken. Einige Kohlen glommen noch darin. Vor Kälte bebend tastete Kebini auf dem Lehmboden nach etwas Brennbarem, wischte nur Reisig und trockene Blätter zusammen. Diese flammten kurz auf, als sie sie auf die Kohlen legte. Im schwachen Schein, konnte sie Vuiberats reglosen Körper erkennen, wie er vor dem Altar lag. Kebini stemmte sich hoch, kroch in die Ecke, ertastete einen Ast. Es kostete sie einiges an Kraft, ihn zu brechen, dann legte sie das Holz in die Schale und blies. Als es knisterte, schob sie die Schale näher zum Altar, kroch zu Vuiberat, legte sich neben sie und umfing die kalte Gestalt. Vuiberat schreckte kurz hoch, mit einem Seufzer lehnte sie sich an Kebini.

„Kommt näher ans Feuer", flüsterte Kebini, „Ihr erfriert noch beim Beten."

Vuiberat nickte schwach und blieb liegen. Sie zitterte nicht einmal. Kebini setzte sich auf, wiegte sie sanft. Sie würde die Herrin heute zwingen, die letzte Hirse zu essen. Dann musste sie in den verschneiten Wald hinaus, Feuerholz sammeln und unter dem Schnee das braune Laub zusammenkratzen, das sie von nun an essen würden.

„Steht auf", sagte Kebini etwas lauter, stemmte mit zitternden Knien ihre Herrin in die Höhe, deren Beine knickten ein. Kebini blies in die Schale, hielt die kalten Hände der Herrin darüber.

„Wie werdet Ihr nur überleben, wenn Ihr eingemauert seid?", fragte sie. Vuiberat zuckte zusammen, starrte sie an, mit dunklen Augen in tiefen Höhlen.

„Kebini, bete für mich", flüsterte sie.

Kebini hielt inne. Hatte die Herrin „beten" gesagt? Aber diese hatte ein Zittern erfasst, ihr Körper wurde geschüttelt, als hätte sie ein böser Geist gepackt.

Kebini packte die Herrin, hielt sie an sich gepresst. Da hörte sie ihr Schluchzen.

„Bete für mich, Kebini", drang es aus Vuiberat heraus, als hätte sie Mühe die Worte zu formulieren. „Bete!"

Kebini nickte, sie hatte noch nie gebetet, nicht zu diesem Gott.

13

Gelbe Huflattichblüten blickten in den Himmel, vom vereisten Schnee umgeben. Gerne hätte Hitto sie gepflückt und Vuiberat zur Speise gebracht. Aber er hielt sich zurück. Wie immer war er erschrocken, als er sie sah. Dürr und gebückt, die Haut spannte über die Knochen. Bis er das Glühen in den Augen entdeckte, bis sie lächelte. Da wusste er, dass sie sich nicht verändert hatte, dass es immer noch seine Schwester war, die vor ihm stand.

„Salomo hat zum Osterfest Nachrichten geschickt und die Steinmetze beauftragt, die Mauer für die Klause aufzurichten", sagte er.

Vuiberat nickte, ein Faden drehte sich in ihren verkrümmten Fingern. Hitto konnte den Bewegungen kaum folgen. Das feine Band, das daraus gewebt wurde, war im Kloster immer noch beliebt. Ein Grund, dass die Mönche im Winter Vuiberats Klause aufgesucht hatten, mit Speisen und Holz. Nicht immer kamen sie regelmäßig. Nach Lichtmess war Pertherad im Kloster aufgetaucht. Mit funkelnden Augen hatte sie erklärt, dass sich Kebini schon lange nicht mehr habe sehen lassen. Was los sei, wollte sie wissen und er konnte nichts darauf erwidern.

Nun lag Kebini ans Bett gefesselt beim Tuchhändler. Der Husten, hatte ihm Pertherad erklärt. Aber er hatte etwas anderes gehört: Sie habe sich einem Eindringling entgegengestellt und sei von diesem niedergeschlagen worden. Vuiberat sei nach Monaten ins Klosterdorf hinuntergekrochen. Kurz darauf hätten zwei Männer Kebini zum Tuchhändler getragen. Er hatte nicht die Erlaubnis bekommen, nach Sante Georien zu gehen.

Hitto musterte Vuiberat, es gefiel ihm nicht, dass sie alleine hier oben weilte. Eine Freifrau alleine im Wald. Erst nach langem Bitten hatte Hartmann, der Stellvertreter-Abt, ihn ziehen lassen.

„Hat Salomo verlauten lassen, wann die Synode zu Ende ist?“, fragte Vuiberat. Hitto schüttelte den Kopf.

„Wir wissen nur, dass die Anliegen der Kirche vom König voll und ganz unterstützt werden“, sagte er. Vuiberat nickte, die Augen auf die Flachsfasern am Rocken gerichtet. Salomo würde als Sieger heimkehren, doch was würde ihm das nützen? Er konnte nur hoffen, dass Konrad bald starb und ein starker König an die Macht kam, der die Bestimmungen der Synode anerkannte. Und dann? Die Mitbrüder waren verstimmt. Salomo befasse sich mehr mit der Politik des Hochadels und raffe Ländereien an sich, anstatt sich um die Interessen des Klosters zu kümmern. Hartmann hatte veranlasst, dass der Hof bei Bussenanc an einen Untergebenen vergeben werde und nicht an den Bischof. Urkunden wurden nicht mehr mit dessen Siegel gekennzeichnet.

„Erchanger wird geschoren und ins Kloster gesteckt“, sagte er. Vuiberat blickte schnell hoch, widmete sich dann wieder dem Flachs. „Burchard auch“, ergänzte er. Sie hielt die Spindel fest und fragte: „Der von Salomo verbannte Sohn des Hunfridingers, der mit Erchanger gegen den König zog?“

Hitto nickte.

„Die werden kaum lange in einem Kloster weilen“, sagte sie. Hitto nickte wiederum. Salomo hatte auf einem Todesurteil beharrt. Aber der König war schwach, wie sein Urteil. Er brauchte Männer aus dem Hochadel, um das Herzogtum Schwaben unter Kontrolle zu halten. Die Freiherren scharten sich zusammen. Dass Erchanger die Ungarn besiegt hatte und nicht der König, war in aller Munde. Selbst bei den Mönchen.

„Sommer“, sagte er. „Im Sommer oder Herbst wirst du inkludiert.“

Sie reagierte nicht, stieß ihre Spindel an, die Fasern verdrehten sich.

„Kebini kann solange beim Tuchhändler genesen“, sagte sie. „Vielleicht wird Siglinde wieder hochkommen. Oder Rachild.“

Hitto glaubte ihr nicht, sie wollte ihn nur beruhigen. Unsicher starrte er die gelben Blüten an. „Der Bischof müsste dich noch prüfen“, sagte er zögernd. Sie stoppte die Spindel, wickelte den Faden auf.

„Er wird kein Fehl an mir finden.“ Es tönte nicht hochmütig, trotzdem schauderte Hitto. Er hatte die Mauersteine gesehen, die die Zelle umfassen würden. Eine Zelle ohne Ausgang.

„Es ist dein Wunsch, inkludiert zu werden. Nicht wahr?“ Seine Stimme war kaum zu hören. Sie antwortete nicht. Die Spindel drehte sich.

„Vuiberat?“, fragte er nach einer Weile. Sie schreckte auf. Die Spindel schlug am Boden auf, drehte dort weiter. Schnell hatte Vuiberat sie gepackt und zwischen den Knien eingeklemmt. Sie suchte das Fadenende, nahm es in den Mund, um es dann zu verknüpfen.

Hitto wartete geduldig. Er wollte eine Antwort von ihr.

„Wir kennen Gottes Willen nicht“, sagte sie schließlich. Er sackte in sich zusammen. Hatte Pertherad Recht gehabt? Seit Hartliebs Tod hatte er nichts mehr vom Fronhof gehört. Wenn Vuiberat sich weigerte, inkludiert zu werden, müsste er dort für einen Platz für sie sorgen, wenn sie nicht nach Chostinze zur Schwester gehen wollte. Aber Salomo rechnete mit ihr, Hartmann rechnete mit ihr. Er durfte dank ihrer Inkludierung Priester in Sante Mangen werden.

Ihre Hand, die sich auf seinen Arm legte, war kalt.

„Ich kann die Kraft Seiner Worte nicht einmal erahnen“, flüsterte sie. „Vielleicht, wenn ich eingeschlossen bin, in der Zelle ...“ Ihre Finger krallten sich in seinen Arm.

Hab keine Angst. Du bist unter Lebensgefahr nach Rôme gepilgert und zurück, wollte er sie aufmuntern, wusste aber, dass sie das nicht beruhigen würde.

„Betest du für mich?“, fragte sie.

„Täglich“, stotterte er. Sie nickte, drehte die Spindel.

„Sie haben in Rôme einen neuen Papst gewählt“, wechselte er das Thema.

„Gratia deo. Gab es wieder einen Gegenpapst?“

„Nein, seit Marozia die Päpste einsetzt, ist endlich Ruhe eingekehrt.“

Marozia war Senatrix der Heiligen Stadt. Eine Frau setzte die Päpste ein. Hitto bekreuzigte sich.

„Man munkelt, Marozia will ihren eigenen Sohn, wenn er alt genug ist, zum Papst ernennen“, sagte er.

„Den Sohn, den Papst Sergius mit ihr zeugte?“

Hitto nickte. Was für eine Sünde!

„Er wird gute Aussichten haben. Vater und Mutter stammen aus mächtigen Familien.“

„Viele beschimpfen Marozia als Hure. Rôme bleibt ein Sündenpfuhl“, sagte Hitto leise.

„Das Böse wird wie die Motten vom Licht angezogen“, antwortete Vuiberat. „Alles ist eine Prüfung Gottes. Beten wir für das Seelenheil des Papstes.“

Da nahm Hitto eine Bewegung am Waldrand wahr, erkannte die braune Kutte von Bruder Waldram, Salomos rechter Hand und vor allem Salomos Späher. Irritiert blickte er zur Sonne hoch. Bis zur Vesper hatten sie ihm frei gegeben. Traute ihm Hartmann nicht?

Bruder Waldram schritt langsam auf sie zu, beugte leicht sein Haupt und grüßte. Vuiberat hatte sich erhoben.

„Eben ist ein Bote angekommen", erklärte dieser. „Zu Pfingsten wird der Bischof dem Kloster einen Besuch abstatten."

„Pfingsten", wiederholte Hitto und blickte rasch zu seiner Schwester. Alles Blut war aus ihrem Gesicht gewichen.

„Ich werde Euer Seelenführer sein", erklärte Waldram, nachdem er Hitto weggeschickt hatte.

Vuiberat blickte in sein breites Gesicht.

„Werdet Ihr auch Leutepriester in Sante Mangen?", fragte sie.

„Mönchspriester", korrigierte er, „drei Leute- und drei Mönchspriester verrichten die Gebete in St. Mangen. Die Kirche ist ein beliebter Pilgerort. Die Reliquien strahlen eine große Heilkraft aus."

Das Weiß seiner Augen glänzte gelblich, die Nase war breit. Sie mochte ihn nicht. Stellte ihr Gott eine weitere Prüfung?

„Der Bischof entschied, dass sich Euer Bruder für das Amt des Beichtvaters nicht eigne."

Waldram legte eine Schale neben sie, darin lag eine Hostie. Normalerweise freute sie sich darauf. Am Sonntag war es das Einzige, was sie aß. Doch jetzt widerstrebte es ihr, die Hostie anzunehmen.

„Dann werdet Ihr mich in den nächsten Tagen prüfen", stellte sie fest.

„Prüfen?", fragte er.

„Nach den Regeln der Trullanischen Synode wird eine Rekluse von ihrem Bischof geprüft, bevor er sie einmauert."

Waldram schüttelte den Kopf. „Eure Probezeit ist um. Der Bischof wird euch am Tag Eurer Inklusion die Regeln vorlesen, denen sich die Gefangenen Christi unterwerfen." Er blickte sie ernst an. „Fasten, Bußübungen, Einhalten der Gebetszeiten. Dazwischen werdet ihr Handarbeit verrichten, damit Körper und Geist stets beschäftigt sind. In Eurer vollkommenen Weltentsagung und frei von allen Weltgefahren sollte Euch das nicht schwerfallen. Sonst bin ich als Beichtvater da."

Sie drehte den Kopf weg, weil sie ein Lachen unterdrücken musste. Der Bruder schien sich nicht die Mühe gemacht zu haben, in Erfahrung zu bringen, was sie die letzten vier Jahre in Sante Georien gemacht hatte.

„Kommt", sie stand auf und streckte ihm die Hand hin. Er blieb sitzen. „Beten wir in der Kapelle. Beten wir um die Fürsprache der Heiligen Georg und Gallus, dass wir unsere neuen Aufgaben in Freude und Demut verrichten werden."

Bruder Waldram stand schwerfällig auf, nahm die Hostie an sich. „Ich darf kein Weib berühren", sagte er, den Blick auf ihre Hand gerichtet.

„Davor fürchte ich mich." Vuiberat schritt mit dem Mönch auf die Kapelle zu, sah seine Verwirrung. „Nicht mehr berührt zu werden", ergänzte sie. Er blickte sie ungläubig an. „Ich werde froh um Euren Rat sein, Beichtvater." Sie wollte nach seiner Hand greifen, hielt dann aber inne. „Welchen Psalm sollen wir wählen? Psalm 3 „Hilferuf in Feindesnot" oder Psalm 12 „Die Falschheit der Menschen." Sie lächelte ihn an.

*

Die Herrin schlief nicht. Kebini spürte es. Gerne hätte sie ihr nochmals übers Haar gestrichen, unterließ es aber. Ihr rechtes Bein schmerzte wieder. Dieser elende Plünderer, der sie geschlagen hatte! Sie drehte sich zur Seite und umschlang die Schultern der Herrin, roch ihren Duft nach Hagebutten und Heu. Dabei hielt sie sich so selten im Freien auf.

„Ich werde nicht die ganze Nacht lang beten", hatte Vuiberat gesagt, „sonst schlafe ich ein, wenn sie die letzten Steine einmauern." Dabei hatte sie Kebini verkrampft angelächelt. Kebini war nicht zum Lächeln.

Dann hatte die Herrin das Weinsieb aus ihrem Gehänge gelöst und es Kebini hingehalten. Sie hatte den Kopf geschüttelt. Eine Unfreie brauchte kein Weinsieb.

„Ich auch nicht", hatte Vuiberat geantwortet.

Zusammengekrümmt lag Pertherad mit dem Kind neben ihnen. Bald würde das Kleine wieder weinen. Morgen würden sie alle zusammen mit Sack und Pack hinunterziehen. Hitto hatte ihr und Pertherad eine Bleibe im Haus des Gerbers beschafft. Eigentlich hätte sich Kebini darüber freuen sollen. Endlich konnten sie wieder in einem Haus leben. Mit Menschen und Tieren und in Sicherheit. Aber sie kannte den Preis dafür. Und noch mehr kannte ihn Vuiberat. Sie betete und betete, als könne sie die Angst wegbeten.

„In der Klause lebt Ihr wie das Kind im Bauch der Mutter und wir sind Eure Nabelschnur", hatte Kebini sie zu beruhigen versucht. Vuiberat hatte ihre Hände ergriffen und an die Wange gelegt.

Kebini zog ihren Arm unter Vuiberats Körper hervor. Seit sie im Winter die Furcht ihrer Herrin erlebt hatte, wollte sie die ihrige nicht mehr zeigen. Wenn dieser Bischof mit den kalten

Augen kam und Vuiberat einmauerte, musste jemand für sie da sein. Das schmerzende Bein würde Kebini nicht daran hindern.

Das Kleine wimmerte. Pertherad murmelte etwas und zog es an sich.

Nach der Prim würde der Bischof die Klausnerin im Münster zum Gebet erwarten, hatte es geheißen. Darum hatten sie schon alles gepackt. Es war nicht viel. Vuiberat hatte vieles, was im Winter nicht weggekommen war, verschenkt. Das Kohlebecken durfte sie in die Zelle mitnehmen, die Spindel, einen Zuber zum Waschen, Kelch, Schalen, das Essbesteck und ihren Kamm.

Pertherad hatte die Klause schon gesehen, die runde Zelle an der Kirchenmauer wurde von einem Schindeldach bedeckt. Einen kleinen Durchgang hatten die Handwerker noch freigelassen, der würde morgen zugemauert werden. Nach der Inklusenweihe.

Kebini starrte in die Dunkelheit. Sie würde heute Nacht kein Auge schließen. Genauso wie die Herrin. Morgen würde viel Volk anwesend sein. Die Schaulustigen, die Gläubigen und die Mönche. Sie seufzte.

„Die Weihe und das Einmauern sind keine Prüfung", hatte ihr Vuiberat erklärt. „Sondern der Tag danach und alle Tage die folgen."

Eingemauert – Der Wert der Bücher

1 Pfingsten

Anno Domini 916 Sante Gallen

Die Mönche hatten das Te Deum angestimmt. Ihre ruhigen Stimmen schwebten über dem Platz, fanden ihren Weg durch die schmale Maueröffnung wie die Lichtstrahlen der Sonne. Vuiberat sang nicht mit. Zum ersten Mal seit langem. Sie kauerte auf dem Lehmboden und starrte zum schmalen Durchlass, durch den das Licht eindrang. Der Segen des Bischofs lag noch auf ihrem Haupt. Der erste Stein wurde in den Mörtel auf den Boden gestellt. Zwei Männer mussten ihn halten, richteten ihn aus. Mörtel wurde darüber gestrichen, überdeckte die weißen Striemen, die der Meißel des Steinmetzes auf dem Stein zurückgelassen hatte. Die Maurer blickten nicht ins Innere der Zelle.

Vuiberat hielt ihre Hände gefaltet, doch sie betete nicht. Ein inneres Beben hielt sie zurück. Sie wollte wach sein, sie wollte anwesend sein. Alles sehen. Zwei weitere Steine folgten. Sie blickte auf die Hände der Handwerker. Große, starke Hände. Mit Staub und Mörtel bedeckt.

Die Menschen dahinter waren nur noch zu hören. Bischof Salomo, die Mönche, Kebini, Pertherad und all die Schaulustigen.

In der Dunkelheit waren die drei Frauen heute Morgen in Sante Georien aufgebrochen, um zur Prim im Münster anzukommen. Nach der Messe hatte sie nur noch den Bischof vor sich gesehen und Kebinis Blicke im Rücken gespürt. Vuiberats Blick flatterte hoch zu den Dachschindeln, die von den schmalen Querlatten getragen wurden. Ein weiterer Stein verdunkelte den Raum.

Von der schmalen Maueröffnung aus, die sie unter dem Dach freiließen, würde sie den Wald sehen, das Wachstum der Bäume, die Veränderung der Blätter beobachten. Sie war froh darum.

Sie drehte sich um zur Kirchenmauer, erblickte den finsteren Spalt darin, den Mauerdurchbruch in die Kirche, das Hagioskop. Ein Holzgitter hing davor, darunter stand der Schemel zum Knien. Von dort würde sie die Stundengebete und die Messe im Kircheninnern mitverfolgen.

„Hitto", flüsterte sie, streckte den Arm aus, um das Gitter zu berühren. Nichts regte sich dahinter. Ein dumpfer Aufprall vom Durchgang her ließ sie herumfahren. Ein nächster Stein thronte dort.

Sie erhob sich. Vier Schritte benötigte sie von der Kirchen- zur Zellenmauer. Bottich und Zuber standen dort, Laub und Stroh lagen im Bettgestell daneben, darüber ihr Schaffell, darauf Schale, Becher und Kelch, ein Sack voller Rohwolle, ihre Spindel und Webbrettchen, das Kohlebecken lehnte an der Mauer.

Die Maurerkelle strich über den Mörtel. Sie starrte auf die Hände, die den nächsten Stein ausrichteten.

Jetzt wäre es noch möglich. Jetzt könnte sie noch rufen. Die Steine durchbrechen, rausrennen. Sich in die Arme Kebinis werfen.

Sie strich sich über Augen und Stirn. „Seid ruhig!", sagte sie laut zu ihren Gedanken. Sie sollte mit den Mönchen singen.

Sie kauerte sich wieder hin und schloss die Augen.

„Pater noster", flüsterte sie. „... thu pist in himile."

Sie öffnete die Augen, starrte zum verkleinerten Loch. Ein weiterer Stein engte ihre Sicht ein. Mit der Rechten packte sie ihr Handgelenk. Ihre Fingernägel gruben sich in die Haut.

„Nein“, flüsterte sie. „Nein.“ Mit Mühe löste sie ihre Hand, tastete nach ihrem Bußhemd, rieb es über ihren Rücken, bis er brannte.

Die Mauer würde ihre Haut werden, ihre zweite Haut. Sie eilte zur Zellenmauer, berührte den trockenen Mörtel. Rau und kalt fühlte er sich an.

„Deo gratia“, flüsterte sie. „Hilf mir, hilf mir diese zweite Haut zu spüren.“ Mit einem Schlotzen wurde ein weiterer Stein in den Mörtel gesetzt. Der Lichtkegel auf dem Boden war kleiner geworden.

Sie legte ein Ohr an die Zellenmauer, horchte, hörte ihren Herzschlag und durchs andere Ohr klang der Gesang der Mönche. Ruhig blieb sie stehen, lauschte ihrem Atem. So würde es ab jetzt sein. Nur so.

Zwei Maurer mussten die Steine hochhieven und einfügen. Hitto sah, wie die schmale Öffnung kleiner wurde. Er bewegte den Mund, sang aber nicht. Dort drin war sie, seine Schwester, dort drin blieb sie. Seine verschränkten Hände zitterten. Er konnte den Blick nicht von den Steinen lassen, welche die beiden in aller Ruhe einmauerten, bis knapp unter das Schindeldach. Vuiberat musste sich auf die Zehenspitzen stellen, wenn sie hinausschauen wollte.

Die winzige Zelle kauerte an der mächtigen Kirchenmauer. Hatte Pertherad recht? Hatte Bischof Salomo Vuiberat endlich kleingekriegt? Seine Schwester mit dem wilden Blick. Müsste er hineilen und sich vor die Öffnung werfen? Müsste er hineilen und dem allem Einhalt gebieten?

Eingemauert, bei lebendigem Leib. Ihm schwindelte.

„Te gloriosus Apostolorum chorus“, sangen die Mönche, „Te prophetarum laudabilis numerus Te martyrum candidatus laudat exercitus. - Dich preist der glorreiche Chor der Apostel; dich der Propheten lobwürdige Zahl; dich der Märtyrer leuchtendes Heer ...“

Weihrauch drang ihm in die Nase. „Es ist Gottes Werk“, flüsterte er. „Gottes Werk.“ Und seine Hände krallten sich ineinander.

Kebini lehnte mit weichen Knien an Pertherad, klammerte sich an ihren Arm.

„Ein Mutterleib. Die Zelle ist wie ein Mutterleib und sie das Kind darin“, wiederholte Kebini. Pertherad strich ihr eine Haarsträhne aus dem Gesicht.

„Wenn sie irr wird, dann holen wir sie dort raus“, sagte Pertherad bestimmt. Kebini nickte und wusste, dass Vuiberat dies nie erlauben würde.

Es war schon Nacht, als Kebini vor der Öffnung Vuiberats Namen rief. Sie habe etwas zu essen dabei. Vuiberat lächelte müde. Sie hatte genug zu essen bekommen. Brotkrummen, Beeren, sogar ein Stück Fisch vom Müller, der wegen seines verkrüppelten Armes gekommen war. Die Pilger hatten es auf die Brüstung gelegt, nachdem sie ihren Segen empfangen hatten, und sich dann rückwärts entfernt.

„Bring das Essen dem Einbeinigen vor der Kirche. Sitzt er noch dort?“

Kebini bejahte und verschwand.

Vuiberat lehnte sich an die Mauer. Den ganzen Tag waren Ratsuchende oder Schaulustige zu ihrer Zelle gepilgert. Der

Knecht, der seinem Bruder beim Prügeln das Bein gebrochen hatte und um Vergebung bat. Die Magd, die ihr Ungeborenes gesegnet haben wollte. Vuiberat hatte den umgekehrten Bottich zur Öffnung geschoben, um hochzusteigen, hinauszufassen und ihren Bauch zu berühren. Der Bauer, der sich die Schuld am Tode seines zweiten Weibes gab und die Tuchhändlerfrau, die einen Blick in die Zelle werfen wollte. Dafür hatte sie ihr einen Schlauch Wein gebracht.

Der Rietbauer wollte wissen, ob der Sommer verregnet wird. Sie hatte ihn zu den Mönchen geschickt. Ein anderer wollte ein Mittel gegen die Geister, die seine Saat verfaulen ließen. Und dann Kranke mit ihren Wunden voller Eiter oder den verrenkten Gliedern. Konnte sie bestehen? Konnte sie das Werk des Herrn den Menschen erkenntlich machen, ohne dass der Widersacher sich einmischte?

Vuiberats Beine schmerzten vom langen Stehen. Die Öffnung begann auf Augenhöhe, wenn die Pilger herantraten, sah sie nur die Hälfte ihres Gesichts.

„Wie geht es Euch, Herrin?“, hörte sie Kebini fragen. Vuiberat atmete tief durch. Sie hievte den Zuber mit ihrer Notdurft auf die Brüstung. Kebini packte ihn und stellte ihn auf den Boden.

„Gott sorgt für mich“, sagte Vuiberat. „Erklärt den Pilgern, dass ich während der Horen bete. Sonst werde ich Bruder Waldram bald etwas zu beichten haben.“

„Es kommen so viele Pilger. Pertherad sagt, in Sante Georien sei es viel schöner gewesen“, antwortete Kebini.

„Wenn Pertherad wieder hoch will, dann lass sie ziehen.“

Kebini antwortete nicht.

„Wie ist es euch draußen ergangen?“

„Gut, Herrin, gut.“ Kebinis Stimme tönte ungewohnt hoch. Gegen Abend hatte ein Mann in der Schlange plötzlich schreiend um sich geschlagen. Ab und zu hatte sie laute Stimmen und Gekeife in der Menge gehört. Einem Knecht, der von ihr wissen wollte, von welchem Zauber seine schlechten Träume stammten, war die Nase blutig geschlagen worden. Sie würde Hitto bitten, mit den Leutepriestern von Sante Mangen ein Auge auf die Pilger zu werfen.

Vuiberat lehnte ihren Kopf an die Mauer, blickte in die schwach glühenden Kohlen im Becken zu ihren Füßen. Seit sie hier drin war, hatte sie das Gefühl, dass sie aus den Stimmen der Menschen anderes heraushörte als die Bedeutung ihrer Worte.

„Behandelt euch der Gerber gut?“, fragte sie.

„Er ist ehrfürchtig und anständig und seine Frau und Kinder auch. Herrin, selbst die Mönche nennen mich nun beim Namen.“

„Gut.“ Vuiberat legte ihre Hand auf die Brüstung.

„Hiltruda ist hier. Rachilds Schwester“, sagte Kebini.

„Hiltruda?“ Vuiberat hatte sie nicht in der Menge gesehen.

„Sie berichtete, Rachild sei wieder erkrankt. Seit Wochen hat sie ihr Bett nicht verlassen. Der Vater hat das Eheversprechen mit dem Nachbarn aufgelöst. Nun überlegt sich die Familie, ob sie Rachild nicht auf eine Pilgerreise nach Rôme schicken, damit sie gesund wird. In Sante Georien hat es sich gezeigt, dass sie die Fürbitten der Heiligen benötigt.“

Vuiberat zog ihre Hand zurück. Bilder überspülten sie, von steilen Felsschluchten, wunden Füssen, Winithar in seinem Grab.

„Schick Hiltruda zu mir oder nein ... melde ihr: Bevor sie Rachild losschicken, soll sie hierher gebracht werden. Ich werde für ihre Heilung beten." Sie zögert. Manchmal stand ihr das Leben dort draußen so plastisch vor Augen. Dann verwischte sich alles. „Kannst du hier bei Sante Mangen alleine für die Pilger und mich sorgen?"

Es kam keine Antwort.

„Pertherad soll die Klause in Sante Georien wieder beziehen. Rachild soll bei ihr genesen. Der Gerbersohn wird ihnen mein Essen hochbringen, damit sich Pertherad um ihr Kind und die Kranke kümmern kann."

Sie rieb die Hände aneinander, schlug sich auf die Schenkel. Es war kalt. Die Kohlen glühten nur noch schwach und sie sehnte sich nach dem Gebet.

„Ich werde mit Pertherad und Hiltruda sprechen", antwortete Kebini.

„Schwester", sagte Vuiberat, „täglich danke ich Gott, dass ich dich habe."

Die Kleine wog mehr, als Hitto gedacht hatte. Vorsichtig hielt er ihren Kopf in seiner Hand. Ihr Atem ging schnell, mit aufgerissenen Augen starrte sie ihn an. Ein Tropfen Milch glänzte noch auf der Unterlippe.

„Bald werden ihr die Augen zufallen, so viel wie sie wieder getrunken hat." Pertherad band sich ihr Tuch um die Schultern. Er nickte, konnte den Blick von dem kleinen Wesen nicht lassen. Sanft legte er es in seine Armbeuge, fuhr mit dem Finger über seine prallen Wangen, tippte auf seine Lippen. Es schmatzte.

Den Namen würde Pertherad ihr geben, wenn sie das erste Jahr überlebt. Es war der Brauch der Kebsen. ‚Du wirst überleben', raunte er der Kleinen in Gedanken zu. ‚Du bist schon so stark und prall.‘ Die Kleine riss den Mund auf, gähnte, ballte die Hände zu Fäustchen. Gerne hätte er sie gekitzelt.

„Wir müssen sie Vuiberat zeigen“, sagte er.

„In Sante Georien ließ die Kleine sie nie schlafen. Hier unten hört sie das Kind dauernd schreien, wenn wir die Pilger während der Horen von der Klause fernhalten“, lachte Pertherad. „Waldram wird es dem Abt melden, wenn du meinen Balg rumträgst.“

„Waldram darf sich gerade die Zähne an meiner Schwester ausbeißen.“

Die Kleine rülpste. Erbrochene Milch lief über ihr Kinn, tropfte auf seine Kutte.

„Dreh sie auf den Bauch. Schau so, ich zeig es dir“, sagte Pertherad.

2 Herbst Anno Domini 916

Schweißgebadet wachte Vuiberat auf. Die Kohle war verglüht, es war stockfinster. Sie setzte sich auf, tastete mit ihrer Hand nach Kebini und hielt dann inne. Plötzlich spürte sie das Dach wieder über sich, wie es immer tiefer sank, sich auf sie legte, ihr den Atem nahm. Sie sprang auf und fiel über den Bettrahmen. Als ihr Kopf am Boden aufschlug, entfuhr ihr ein Schrei. Sie krümmte sich zusammen, harrte auf dem Lehmboden aus. „Pater noster ...“, flüsterte sie. Alles blieb still. Schwankend erhob sie sich, wischte sich die nassen Haare aus dem Gesicht. Vorsichtig tappte sie zur Mauer, es rumpelte, als sie gegen den Zuber stieß. Dann tastete sie sich zur Öffnung und schob das Fell, das von den Balken hing, zur Seite. Ein kalter Nachthauch streifte ihr Gesicht. Sie atmete tief, sah hinaus und erblickte nur die Dunkelheit.

Die Kälte kroch durch ihre nackten Füße die Beine hoch. Sie sollte zurückgehen und sich die Lederschuhe überziehen. Aber es graute ihr, sich wieder durch den dunklen Raum zu bewegen. Neben ihrer Bettstatt lag eine Kerze. Doch sie hatte sich vorgenommen, diese nur in Not zu gebrauchen. Sie drehte sich um, blickte ins dunkle Innere ihrer Zelle. Das war sie, alles hier war sie und trotzdem drohte ihr die Dunkelheit. Hurtig bekreuzigte sie sich. Sie sollte beten, aber sie hatte schon so viel gebetet. Bald würde die Glocke vom nahen Kloster zur Prim läuten, dann konnte sie beten. Sie rückte ihr Bußhemd zurecht, spürte das beruhigende Kratzen auf der Haut.

Das Dach wird nicht runterfallen, sagte sie sich. Trotzdem blieb sie eng an die Mauer gelehnt stehen. War dies die Strafe, weil sie am vergangenen Abend so rastlos in der Zelle herumgeirrt war? Ihre Beine hatten zu kribbeln begonnen, dann auch ihre Arme. Plötzlich hatte sie nicht mehr innehalten wollen, sondern fühlte sich gezwungen, immer wildere Bewegungen zu machen. In die Knie gehen, auf die Bettstatt springen. Hatte der Widersacher sie irre gemacht? Vuiberat fuhr sich mit den Händen über die Arme, über den Bauch und ihre Brüste, immer wieder. Wie von selbst löste sich ein Paternoster von ihren Lippen, noch eines. Ein Windhauch fuhr ihr über die Wangen.

Ruhiger geworden, ließ sie das Fell vor die Öffnung fallen, tappte zu ihrer Bettstatt, zog die Schuhe über und legte sich die Felldecke über die Schultern. Dann tastete sie nach Spindel und Rocken, auf dem das Flachs aufgewickelt war. Ihre Finger bewegten sich von selbst, zogen und drehten. Die Verkrampfung in ihrer Brust löste sich. Der Faden wurde länger. Als sie ihn aufwickelte, erblickte sie das Gesicht. Zuerst wandte sie sich weg. Sie wollte sich nicht von seinen Trugbildern täuschen lassen. Aber das Licht blendete sie. Als sie mit zusammengekniffenen Augen hinblickte, lächelte er sie an. Er stand in einem Nachen.

„Gallus?“

„Und Ihr seid sicher, dass Euch der böse Feind nicht nachstellt?“, fragte Bruder Waldram.

Vuiberat nickte. Dann schaute sie den Mönch mitleidig durch das Holzgitter an. Der Bruder war eine arme Seele, wenn er Gallus nicht erkannte.

„... und er kommt jede Nacht?“

„Fast jede Nacht“, korrigierte sie. „Er steht in einem Ruderboot und sieht besorgt aus.“

„Warum?“

„Ich weiß es nicht.“

Nun sah der Bruder besorgt aus.

„Gallus ist der Heilige unseres Klosters“, sagte er. Sie nickte wiederum. „Wenn er wiederkommt, dann bittet ihn zu sprechen.“

„Ich habe ihn darum gebeten.“

„Bittet ihn wieder.“ Waldram erhob sich. „Ich werde den Abt davon unterrichten.“

Sie blickte dem Mönch nach. Abt Salomo weilte immer noch an der Synode in Hohenaltheim und Hartmann würde abwarten.

„Sie sagen, du hättest das Schiffsunglück auf dem Bodemsê vorausgesehen!“ Kebinis Stimme überschlug sich. Vuiberat blickte zu Boden. Hitto war vor Laudes deswegen schon vorbeigekommen.

„Sie sagen, dass Gallus in deiner Voraussicht darum so bekümmert dreingeschaut habe.“

„Lass es gut sein“, antwortete Vuiberat leise. Warum hatte sie Waldram von ihren Träumen erzählt? Es fühlte sich an, als wäre sie schuld am Tod der Mönche. Hätte sie jemanden warnen können? Hatte ihr Gallus etwas mitgeteilt und sie hatte es nicht gehört? „Beten wir für das Heil ihrer Seelen.“

Draußen blieb es still. Vuiberat löste ihre gefalteten Hände. Kebini würde nicht beten.

„Sie sagen auch“, hörte sie dann Kebinis Stimme, „dass Waldrams Diener darum krank darniederliegt, weil er das Brot, das ihr ihm übergeben habt, nicht in Ehren gehalten, sondern einem Bettler geschenkt habe.“

„Der Kleine mit der Narbe auf der Wange?“

„Er kam an Maria Himmelfahrt zu Euch und schenkte dann das Brot sorglos weiter.“

„Was ist mit ihm geschehen?“

„Er liegt seit Tagen stöhnend und jammernd auf seinem Lager.“

Vuiberat fuhr sich über die Stirn. Woher kamen all diese Gerüchte? Konnten die Menschen nicht ... Sie musste auf ihre Worte achten. Sie musste beten, um Hilfe bitten. Demut, sie benötigte so viel Demut.

„Melde Bruder Waldram, er soll mir den Buben vorbeischicken.“

„Das werde ich tun. Und sie sagen ...“

„Hast du Neues von Rachild gehört?“, unterbrach Vuiberat Kebini.

„Sie ist kerngesund und betet täglich in der Kapelle. Pertherad wettert schon, dass Bischof Salomo neben Eurer Zelle bald eine zweite baue.“

Vuiberats Hand blieb auf der Stirn liegen. Eine Schwester im Glauben, gleich hier neben ihr. Das würde so vieles vereinfachen!

„Nach Ostern soll Rachild hier unten in Sante Mangen beten, falls sie immer noch gesund ist“, sagte sie nachdenklich. Aber zuerst standen ihr noch ein windiger Herbst und ein langer Winter bevor. Vuiberat stellte sich auf die Zehnspitzen, griff hinaus, legte ihre Hand auf Kebinis Schulter. Dankbar für all die Botengänge, die Kebini erledigte, selten vergaß sie etwas.

„Hitto wird sich einsetzen, dass Ihr mehr Holz bekommt. Er sagte, das Kloster wird Euch für die Borten an den Messgewändern bald gefärbte Leinen senden. Sind Eure Schuhe noch ganz?“

Vuiberat lächelte, hier drin würde sie ihre Schuhe kaum abtreten. Sie bückte sich und stellte die Schale mit den Essensgaben auf die Brüstung. „Es hat genug für Pertherad und die Bettler vor der Kirche“, sagte sie.

„Soll ich der Frau auch von deinem Essen reichen?“, fragte Kebini.

„Welcher Frau?“

„Der Kindsmörderin.“

Vuiberat lehnte sich gegen den rauen Mörtel. Sie wusste nichts von einer Kindsmörderin.

„Sie steht barfuß und mit offenen Haaren vor der Kirche und muss an Festtagen die Eintretenden um Fürbitte anflehen.“

„Für wie lange?“

„Ein Jahr lang."

„Wer ist der Vater des Kindes?"

„Das weiß man nicht, ein Mönchsbalg."

„Seit wann steht sie da?"

„Seit Maria Himmelfahrt. Vorher hatte man sie an den Pfahl gebunden und ausgepeitscht."

„Bring ihr das Essen und richte ihr aus, sie solle morgen zu mir kommen. Und hole Hitto - jetzt."

Sie konnte Hittos eilige Schritte im Kirchinneren hören. Sie rief ihn nicht oft in der Nacht.

„Da tut eine Sünderin wenige Schritte von meiner Klause entfernt Busse und ich weiß nichts davon", fauchte sie durch das Holzgitter in die Kirche. Sie war immer noch wütend.

„Du kümmerst dich schon um viele Sünder", rief er aus. „Die Frau hat ihr Urteil bis jetzt klaglos erduldet, alles weitere liegt in Gottes Hand." Klang es wie eine Entschuldigung?

„Warum soll sie ein Jahr lang Busse tun? Sie wird den Winter nicht überstehen."

„In der Siedlung würden die Rotten sie jagen. Hier ist sie sicher. An Weihnachten kann sie der Abt immer noch begnadigen, wenn sie sich gut hält."

Vuiberat nickte, erinnerte sich an zwei verurteilte Mägde, die vor Jahren schwer verletzt trotzdem noch den Weg nach Sante Georien gefunden hatten. Von den Rotten verprügelt und geschändet.

Sie lehnte sich an die kühle Mauer, war froh um die Kälte.

„Schick die Sünder zu mir, Hitto. Ich werde für sie Fürbitte einlegen."

„Es kommen schon so viele." Er klang besorgt. Sie tastete das Holzgitter entlang, fand die Öffnung, streckte ihre Hand hindurch. Wenig später fanden seine Finger die ihren.

„Die Klause ist mir eine zweite Haut, Bruder", flüsterte sie. „Eine zweite Haut. Das Böse, es bleibt dazwischen stecken. Manchmal sehe ich es noch, ein Trugbild, das mich angrinst, das mich verführen will. Aber es dringt nicht in mich ein. Wenn du meine Arme sehen würdest", sie lachte auf. „Sie sind so rein und glatt wie am ersten Tag. Du brauchst mich nicht zu schützen. Bischof Salomo hatte Recht. Sacrificium mentis. Hier drin bin ich geschützt."

Sie fühlte seinen Händedruck, dann seine warmen Lippen auf ihrem Handrücken.

„Pertherad hat mich angefragt, ob ich Pate ihrer Tochter werde", sagte er.

„Das freut mich", erwiderte sie.

Sie lauschte, bis seine Schritte verklangen. Dann eilte sie zur Öffnung unter dem Dach, lehnte ihre Wange an den kühlen Stein und blickte in den Sternenhimmel hinaus.

3 Februar Anno Domini 917

War ihr Name gerufen worden?

Vuiberat zitterte, die Glieder schmerzten und in ihrem Kopf pochte es. Sie hatte gesündigt, so schwer gesündigt.

Da wieder. Jemand rief ihren Namen. Sie wollte den dröhnenden Kopf wenden, doch schon das fiel ihr so schwer.

„Vuiberat!“ Eine Hand packte das Fell vor der Öffnung, zog es zur Seite. Einzelne Schneeflocken wirbelten herein. „Ich habe Euch Suppe und einen Kräuteraufguss gebracht.“

Sie stöhnte, als sie sich erheben wollte.

„Seid ihr krank?“, rief Kebini.

Nein, sie war nicht krank. Sie hatte gesündigt. Ein Schüttelfrost hinderte sie beim Aufstehen, die Haare klebten verschwitzt auf Gesicht und Nacken. Ihr Magen drehte sich, wenn sie an Suppe dachte.

„Vuiberat!“ Kebinis Stimme schrillte durch den Raum. „Wartet, ich steige durch die Öffnung rein.“

„Nein!“, keuchte Vuiberat. Sie zwang ihre eisigen Füße, sich auf den Boden zu stellen. Als sie sich hochstemmte, wurde ihr schwindelig. Sie griff mit der Hand nach hinten und fasste ins Leere. Sie taumelte. Der Boden kam immer näher, hart schlug sie auf. Etwas stach in ihre Hand.

„Nein“, keuchte sie nochmals, zitternd stemmte sie sich auf die Knie. Kebini konnte sich unmöglich durch die enge Öffnung zwängen! Das Hemd klebte an ihr. Zitternd kroch sie vorwärts. Sie hatte gesündigt, das war nun die Strafe.

Wie oft war sie in der Nacht bei der Maueröffnung gestanden, hatte in den Sternenhimmel geschaut. An den kühlen Stein gelehnt, hatte sie den Lauten der Siedlung gelauscht. Und dann, dann hatte sich ihr Geist gelöst, war hinausgeflogen über die kleine Wiese zu den Bäumen und Häusern, hoch und immer höher. Sie hatte einzelne erleuchtete Feuerstellen erspäht, war hochgeflogen zu Pertherad nach Sante Georien und weiter. Glücklich, unbeschreiblich glücklich und leicht – eine Falle des Widersachers! Denn ihre Pflicht war es, in der Zelle zu harren, eingemauert, ihr Leben lang. Stabilitas loci - gebunden an den Ort. Sie hatte dem Drang des Bösen nicht widerstehen können, war in die Nacht hinausgeflogen, immer und immer wieder. Sie hatte gesündigt.

„Kebini“, keuchte sie.

„Ich hole Hitto“, rief Kebini.

„Nein!“ Sie schob ihr Knie vorwärts, wenn nur diese Schmerzen in den Gliedern nicht wären. Der Schwindel im Kopf. Sie erreichte die Mauer, stemmte sich hoch, lehnte sich zitternd an den kalten Stein. Sie wollte keine Suppe.

„Es geht mir gut“, flüsterte sie. „Ich muss nur beten, die Heiligen Magnus und Gallus um Fürbitte anflehen.“ Hatte sie das Läuten der Glocke überhört?

„Ihr werdet nicht beten!“ Klang Kebinis Stimme wütend? „Selbst die Mönche bleiben im Bett, wenn sie krank sind. Ich werde mit Bruder Waldram sprechen. Ich habe Euch die Suppe in eine Amphore gefüllt, damit ihr sie in die Kohlen stellen könnt. Die Wurzeln, die Pertherad bei Lichtmess ausgegraben hat, wurden darin gekocht. Ihr braucht Wärme und Schlaf. Sollen andere für Euch beten! Schiebt das Kohlebecken unter das Fenster. Ich werde noch vor Vigil vorbeikommen und Kohle hineinschütten.“

„Ich ...“, Vuiberats Beine zitterten so stark, dass sie an der Mauer hinunterrutschte und sich hinkauerte. Sie wusste nicht, ob sie das Kohlebecken noch verschieben konnte. Ihr Kopf brummte. Pater noster ... Dabei sehnte sie sich nach Schlaf.

„Nehmt die Suppe oder ich steige durchs Loch.“

Auf gar keinen Fall durfte Kebini das tun. Sie stemmte sich wiederum hoch und packte die Amphore. Zitternd presste sie das heiße Gefäß an ihre Brust, legte ihre bebenden Finger darum.

„Gratia“, flüsterte sie. „Gratia deo.“

„Eure Notdurft habt ihr mir schon lange nicht mehr übergeben.“

Vuiberat wankte zurück zu ihrem Lager und ließ sich darauf niedersinken.

„Vuiberat!“, sie hörte Kebini wie durch einen Nebel. „Ich werde bald wieder kommen. Mit Kohle, einem trockenen Hemd und Essigwickel.“

Zitternd zog sie die Felldecke über sich. Die warme Amphore neben sich. Kebini durfte nicht durch die Öffnung steigen. Ihr Kopf war so heiß und ihre Nase eisig. Bald würde die Glocke läuten. Dann würde sie den heiligen Magnus um Verzeihung anflehen. Sie presste die Amphore an sich. Sie durfte nicht einschlafen. Im Kopf pochte es immer noch. Die Augen fielen ihr zu. Sie schreckte hoch. Saß Kebini schon neben ihr?

Niemand war da. Erschöpft schloss sie die Augen, strich mit den Händen über die warme Amphore, hörte ihren stockenden Atem.

Kebini setzte sich an ihr Bett, zog die Felldecke über ihre Schultern. Sie wollte die Dienerin wegstoßen. Wenn Bruder Waldram erfuhr, dass Kebini hier war! Vuiberat fuhr mit den Händen durch die Luft. Aber Kebini wuchs, bekam schwarze Schwingen und flog durch das Fenster davon.

Neid, Hass, Gier – Vuiberat hörte davon. Den ganzen Tag. Die Menschen versteckten die Gefühle hinter Angst und Verzweiflung, vorgetäuschter Demut und falschem Stolz. Der Rütibauer, der die blühenden Felder seines Nachbarn für Zauberei hielt, die vom Rosshof zeterte über die Kebse ihres Gatten. Der Untereggen stand schon den dritten Tag vor ihrer Klause, weil sein Bein eiterte, aber er konnte es nicht lassen, jedem Rock nachzusteigen. Selbst die Mönche achteten darauf, wie lange ihre Mitbrüder beteten. Dann blickten sie Vuiberat an, mit ihren aufgerissenen Augen, und hofften, dass sie ihnen das Leben erleichterte.

Fremd waren sie ihr geworden - die Menschen. Wie sie sich an alles Irdische festklammerten, selbst an ihre Sünden. Wie sie auf die Fehler ihrer Nächsten zeigten! Vuiberat strich sich über die Stirn, um sich von den Gedanken zu befreien.

Ihren Hochmut, eine der Todsünden, sollte sie nicht vergessen. Je mehr Menschen kamen, umso demütiger musste sie sein. Musste ihnen danken, ihnen und dem Herrn.

Sie hatte in der Klause Gott näher sein wollen. Hier sah sie nur den Widersacher um sich. Nur den Widersacher. Das Gebet brachte ihr Linderung. Seine Worte. Sie sehnte sich danach, spürte, wie damit die Himmelspforten sich öffneten und sie einen Blick auf Seine Herrlichkeit erhaschen konnte.

Sie hob ihre Stirne vom Boden, blies in ihre Hände und hielt sie über das Kohlebecken. An den Wänden glitzerte das gefrorene Kondenswasser. Die Kette klirrte, während sie aufstand. Nachdem sie ihren Hochmut gebeichtet hatte, gab Bruder Waldram ihr diese. Nun gürtete sie sich damit. Behutsam tappte sie zum Gitter, starrte in die Kirche. Auf dem Altar flackerte eine Kerze.

„Imma", rief sie in die Kirche hinein. Nichts regte sich. Vuiberat starrte in die dunklen Ecken. Diebe wurden im Dorf an den Pranger gestellt, Gotteslästerer dem Spießrutenlauf unterworfen. Seit dem ersten Schnee erlaubte Hitto der Kindsmörderin in der Kirche zu nächtigen. Dort ließen die Rotten die Frau in Ruhe.

Sie rief den Namen wieder, nochmals. Da raschelte etwas in der Ecke. Imma erhob sich, wankte zu ihr. Ihre nackten Füße mussten voller Frostbeulen sein.

„Der heilige Magnus hat mich während des Gebets an der Hand genommen", raunte Vuiberat. „Und mir den Weg in den Himmel gezeigt. Da standen sie alle, die Märtyrer und Heiligen und taten Fürbitte für uns um den Thron des Allmächtigen."

Vuiberat schloss die Augen, erblickte die ganze Pracht vor sich. „Ich habe dort dein Kind gesehen." Sie legte ihren Kopf an die Mauer, blickte zur Kerze, hörte, wie Imma schluchzte.

„Es ist gut so", sagte sie. Morgen würde sie Hitto zum Abt schicken. Bald feierten sie das Fest der Heiligen Agathe, dann musste er die Frau begnadigen.

Pertherad und Rachild hatten sich geweigert, den Winter über in die Siedlung zu ziehen. Hitto würde Imma nach Sante Georien tragen. Er tat so etwas nicht zum ersten Mal. Pertherad würde ihre blutenden Füße heilen.

4 Frühling Anno Domini 917

„Sie richteten Herzog Erchanger hin, obwohl er im Kloster steckte. König Konrad befahl es."

Hitto kauerte in der Kirche und schaute durch den engen Spalt, wie er es oft abends nach der Komplet tat. Hinter dem Holzgitter konnte er die Schwester nur schemenhaft erkennen.

„So stillt Bischof Salomo seinen Rachedurst", hörte er Vuiberats Stimme.

„Der König hat ihn verurteilt, nicht der Abtbischof", antwortete er.

Es blieb still. Oder hatte die Spindel auf den Boden aufgeschlagen?

„Salomo lässt noch den ganzen alemannischen Hochadel umbringen, um die Macht eines schwachen Königs zu festigen“, drang die Stimme seiner Schwester durch das Gitter. „Mir wurde gesagt, König Konrad weile im Norden. Die Markgrafen werden ohne ihn einen neuen Herzog wählen. Es wäre sicherer, einen widerspenstigen Herzog im Kloster zu wissen, als nun die Machtkämpfe um das Amt zu erleben.“

Hitto faltete seine Hände, betrachtete seine schmalen, sauberen Finger. Machtkämpfe würde es keine geben. „Die Grafen haben schon einen Herzog ernannt“, sagte er müde. „Burchard ist Herzog von Schwaben.“ Es blieb still. Hitto spürte wieder den kalten Hauch auf seinem Nacken. Burchard war von Salomo verbannt worden, nachdem er dessen Vater zu Tode verurteilt hatte, weil er sich zum alemannischen Herzog hatte ausrufen lassen.

„Das bedeutet, wir müssen beten, viel beten“, unterbrach Vuiberat seine Gedanken.

„Wir schließen Salomo täglich in unsere Gebete mit ein.“

„Das genügt nicht. Erchanger und Salomo stritten sich um Land und um die Vormachtstellung beim König. Burchard aber wird seine Verbannung und seinen Vater rächen. Bete um das Heil der Mutter Kirche.“

Hitto schauderte. Burchard würde es nicht wagen, der Kirche etwas anzutun. Sante Gallen galt als eines der edelsten Klöster weit und breit. Der Adel drängte sich um sie, um Geld- und Landspenden zu übergeben, damit sie noch edlere Schriften herstellten und die Spender damit ihr Seelenheil bekämen. Ein Herzog musste sie beschützen und durfte ihnen nichts antun, nur weil ihr Abt rechtmäßig gegen seinen Vater vorgegangen war. Der Abt, der selber kaum im Kloster weilte.

Er starrte auf das Gitter, ergründete die Dunkelheit dahinter. „Hast du eine Vision gehabt?“, fragte er.

Kebini wich einer Schar Hühner aus, dann eilte sie die Gasse hinunter. Das Weinsieb schlug gegen ihre Beine. Ihr Hinken beeinträchtigte sie kaum noch. Das Bein schmerzte schon lange nicht mehr. Eine Bäuerin grüßte ehrfürchtig. Der Schmid hatte sie schon erblickt, freundlich hob er die Hand. Sie grüßte zurück und rückte die Tasche mit dem Bienenwachs zurecht. Vuiberat benötigte mehr Arnikasalben für die Pilger. Pertherad würde ihr die herstellen.

Seit ihr Rachild hier unten bei Sante Mangen half, konnte sie am Mittag schon den Weg nach Sante Georien unter die Füße nehmen. Sonst würde sie jetzt den wartenden Pilgern Wasser reichen. Aufpassen, dass sie in Reih und Glied blieben oder Botengänge für die Herrin erledigen.

Gestern war ein Müller vor der Klause weinend zusammengebrochen. Sie hatte ihn weggeführt, ihn beruhigt. Die anderen Pilger hatten ihnen erschreckt zugeschaut. Niemand hatte sich mehr der Klause nähern wollen, bis Rachild die Menschen beruhigt hatte.

Leider würde Rachild in diesem Sommer eingemauert werden, am Tag der Heiligen Maria Magdalena – falls der Abt es erlaubte.

„Pertherad wird eine ihrer Frauen herunterschicken, um dir zu helfen“, hatte Vuiberat gesagt. „Siglind, Imma oder Gisalja.“

Kebini hatte genickt. Der Herr würde es richten - hoffentlich. Sie mochte die Botengänge, die Aufträge der Herrin. Sie spürte die Ehrfurcht der Menschen ihr gegenüber. Das streckte ihren Rücken, beschleunigte ihren Schritt. Es war lange her, dass sie um Essen oder Arbeiten hatte betteln müssen.

Als kurz vor Ostern Vuiberat den Messdiener von Sante Mangen zu sich rufen ließ und ihn laut und kräftig ausschimpfte, weil er die Gefäße schlecht reinigte, da kamen eine Weile lang die Dörfler zu ihr, Kebini, brachten ihr ihre Anliegen vor und fragten ängstlich, ob sie der Klausnerin davon berichte. Da erschrak sie, wies die Menschen zurück. Sie war nicht Vuiberat, wollte nicht über die Seelennöte der anderen urteilen. Nun hatte sich die Zurückhaltung der Menschen wieder gelegt. Nur wenn sie manchmal bei den Leuten vorsprach, ihnen sagte, dass die Klausnerin sie erwarte, erbleichte jemand, wollte wissen, was Vuiberat zu sagen habe. Doch darauf antwortete Kebini nicht. Was die Herrin mit den Menschen besprach, das ging sie nichts an.

„Kebini", Bruder Feisthard eilte ihr von der Klosterpforte entgegen. Beide beugten ihre Köpfe gleich tief. „Warten viele Pilger drüben bei der Klausnerin?"

„Heute nicht", sagte sie. Zu Maria Himmelfahrt würden sie bei ihr wieder Schlange stehen. „Wenn ihr Vuiberat in Ruhe sprechen wollt, tut dies am besten vor Laudes."

„Ich will sie nicht sprechen, aber Abt Hartmann."

„Der Abt?" Kebini blickte den Bruder forschend an.

„Herzog Burchard." Abt Hartmann spuckte die beiden Worte aus. Vuiberat konnte ihn durch das Gitter gut erkennen. „Im Turgouwi und Zurichouwi hat er mehrere Güterschenkungen für die Kirche an sich gerissen und seinen Spießgesellen als Lehen übertragen. Er verwüstet unsere Länder und raubt sie aus. Am Rîn unten hat er ein goldenes Reliquien-Kreuz aus der Kirche entwendet. Er lacht und spottet, wenn

Mutter Kirche ihn um Hilfe bittet." Hartmanns Unterkiefer zitterte. Es war, als könne er nicht noch mehr Gräueltaten Burchards von sich geben. „Er ist der Herzog und sollte uns beschützen", stieß er schließlich hervor.

„Was sagt Bischof Salomo dazu?", fragte Vuiberat.

„Er liegt krank auf seinem Lager in Chostinze."

Vuiberat blickte an ihm vorbei ins Kircheninnere. Gerne hätte sie den Abtbischof nochmals gesehen. Ihm gedankt, wirklich von Herzen gedankt.

„Ich werde für ihn beten", sagte sie.

Hartmann nickte hektisch. „Der Herzog ...", begann er.

„Dispersit superbos mente cordis sui. Deposuit potentes de sede et exaltavit humiles", unterbrach sie ihn. „Er zerstreut, die im Herzen voll Hochmut sind. Er stürzt die Mächtigen vom Thron und erhöht die Niedrigen (Lk. 1. 51-52). Herzog Burchard straft uns für Salomos Hochmut." Der Abt brummte etwas. Er selber sang diesen Lobgesang Marias täglich.

„Das einzige, was wir tun können", fuhr Vuiberat fort, „ist, für des Herzogs Seelenheil zu beten. Wo sind Eure Ministerialen, die des Klosters Land verteidigen?"

Hartmann senkte den Blick. Vuiberat wusste warum: Abtbischof Salomo hatte seine eigenen Krieger bezahlt und die weilten nun in Chostinze. Die Mönche hier zählten auf den Schutz der Heiligen Gallus und Otmar und hielten kaum Krieger.

„Der alemannische Adel ...", Vuiberat brach ab. Kein Adeliger würde dem eigenen Herzog entgegentreten, der seinen Vater und seine eigene Verbannung rächte.

Sie musterte Hartmann, sein sauber rasiertes Gesicht. König Konrad von mächtigen Herzögen belagert, der Bischof krank. Hartmann war nie ein Mann der Tat gewesen.

„Beklagt Euch beim König, wenn der Herzog seinen Pflichten nicht nachgeht." Noch besser wäre es, wenn Hartmann das Kloster freikaufte und es nur dem König unterstand. Dann bekäme er Krieger, die gegen einen Herzog zogen. Vuiberat wusste, dass dies der Wunsch Salomos gewesen war.

„Der Herzog hat mir eine Botschaft geschickt", presste Hartmann hervor. „Er will Weihnachten hier mit seinem Gefolge feiern, mit seinen Schändern, die er mit Kirchengütern bezahlt."

Vuiberat öffnete ihren Mund. Dann drehte sie sich zur Seite und lehnte sich gegen die Wand. Fast musste sie über die Unverfrorenheit des Herzogs lachen. Salomo hätte den Unhold in Sack und Asche gesteckt und einem Spießrutenlauf unterzogen. Um die Gedanken loszuwerden, strich sie sich über die Stirn und wandte sich wieder Hartmann zu.

„Was werdet Ihr tun?", fragte sie.

„Was soll ich tun?", fragte er händeringend.

Sie blickte auf das Holzgitter, die dünnen Brettchen, welche hohe Rauten bildeten. Einige waren durchbrochen. Wie oft hatte sie dieses Gitter schon gemustert?

‚Lasst mich die Nacht hindurch beten, lasst den Heiligen Gallus walten', wollte sie ihm raten und blickte in seine vor Angst aufgerissenen Augen. Die Heerscharen der Engel, sie würden nicht hinunterstürzen und Burchard eine gerechte Strafe erteilen.

„Empfangt ihn mit der Ehre, die einem Herzog gebührt", empfahl sie. Ohne Krieger im Rücken war Hartmann machtlos.

Der blieb mit hängenden Armen stehen, sah sie stumm an. Endlich verbeugte er sich. Als er sich umwandte, quetschte sie ihre Hand durch das Gitter, packte seinen Habit und rief: „Die ehrwürdige Rachild."

Er nickte. „Wir werden ihr eine Zelle bauen."

„Das sagt Ihr schon lange. Beauftragt heute noch die Steinmetze."

Sie sah Hartmanns Zögern. „Nach der Trullanischen Synode müsste sie mehrere Jahre in Askese gelebt haben", murmelte er.

Vuiberat schloss erschöpft die Augen. Rachild war so lange krank gewesen, das war ihre Askese. Sie bürgte für die junge Frau.

„Macht nicht denselben Fehler wie Bischof Salomo", sagte sie warnend. „Eure Mönche reichen den Weibern hier keine helfende Hand."

„Das Weib hat sich unterzuordnen", antwortete er schroff.

„Aber sie wischen euch den Fußboden und gebären eure Bälger." Hartmann blicke sie unruhig an. Sie festigte ihren Griff. „Die Pilgerschar hat zugenommen, oft stehen sie noch nach der Komplet vor meiner Klause, verlangen Antworten und Linderung. Wir brauchen eine zweite Klausnerin."

Sie würde morgen Hitto zu Hartmann schicken, wenn er nicht einlenkte.

„Ich werde mich im Gebet damit beschäftigen." Das hatte er schon oft gesagt.

„Soll Rachild neben der Kirche im Freien schlafen? Wollt Ihr, dass übles Gerede über die Edelfrau verbreitet wird?"

Der Abt schüttelte den Kopf. „Wenn die ehrwürdige Rachild Sante Georien verlässt. Wer wird dort noch die Gebete verrichten?“, entgegnete er. Vuiberat verriet ihm nicht, dass Rachild schon seit Wochen Kebini hier unten half. Da läutete die Glocke. Er umfasste ihre Hand, löste sie von seinem Habit, verbeugte sich und eilte davon. Vuiberat blickte ihm nach, drehte sich dann von der Maueröffnung weg und kniete sich auf den Boden.

Ein Schatten fiel durch die obere Öffnung, jemand rief ihren Namen. Sie reagierte nicht.

Damals, als sie noch draußen gelebt hatte, hatte sie gehofft, hier könne sie in Ruhe beten. Dabei ging es hier wilder zu als auf dem Marktplatz.

5 Sommer Anno Domini 917

Rachild weinte. Tränen rannen über ihre Wangen, als der Abt sie segnete. Tränen rannen ihr über die Wangen, als sie durch die Mauerlücke stieg.

Dann hörte Vuiberat den dumpfen Schlag der Steine, die in den Mörtel gestellt wurden. Einer nach dem anderen. Sie weinte nicht.

Sie hörte Salomos Stimme im Ohr, wie er ihr versprach, eine Gefangene Christi zu sein, frei von allen Weltgefahren. Dabei ... Ihre Hände strichen über die Mauer. Ihre zweite Haut.

Der Erbfeind, fand immer einen Weg. Auch in die Klausen der Gläubigen. Sie umfasste die Kette ihres Bußgewandes, zog sie enger. Eine Schwester im Glauben, lange hatte sie sich darauf gefreut. Jetzt hingegen war sie unsicher geworden.

„Sonantibus et intumescentibus gurgitibus eius et agitatis montibus in potentia eius semper“, drang der Gesang der Mönche an ihr Ohr. „ – wenn seine Wasserwogen tosen und schäumen und vor seinem Ungestüm die Berge erzittern. (Ps. 46.4)“ Sie blieb stumm.

Wenn Rachild litt, konnte die Mauer aufgerissen werden und man würde sie gehen lassen. Nicht bei ihr, sie musste bleiben, für all die Frauen draußen. Erregt stand sie auf, blickte hinaus.

Hitto stand unter den Mönchen, sang mit ihnen den 46. Psalm.

„Nun bist du nicht mehr alleine“, hatte er ihr gesagt.

‚Ich bin nie alleine‘, hätte sie ihm antworten können. Aber sie tat es nicht. Sie fühlte sich den Menschen gegenüber immer fremder, auch mit einer weiteren Klausnerin neben sich.

Kebini stand etwas abseits. Die neue blaue Tunika stand ihr gut. An der Hand hielt sie Mundawulfa, Pertherads Mädchen. Pertherad war oben in der Klause geblieben, sie kam immer weniger herunter ins Dorf.

„Ob eine Klausnerin oder zwei. Es ist nicht mehr Arbeit für mich“, hatte Kebini Vuiberat versichert.

„Wer wird für Rachilds Hilfe hier einspringen?“

Kebini hatte abgewinkt. Jeder wolle ihr doch helfen, wenn es um die Inklusen gehe. Vuiberat glaubte ihr nicht.

„Im Winter wirst du zwei Kranke pflegen müssen“, wandte sie ein. Kebini hatte die Schultern gezuckt.

Vuiberat beobachtete ihre Dienerin. Sie war breiter geworden, stattlicher. Und den Schmied, mit dem sie ein Verhältnis hatte, hatte sie ihr immer noch nicht vorgestellt.

Die Welt kam zu ihr, wurde klein und dunkel in ihrer Zelle und flog dann wieder hinaus. Ihr Blick glitt über die Menschenmenge, über die Bäume, die Hütten weiter unten. Gottes

Jammertal. Aber sie war nicht fähig, das Paradies zu erfassen. Immer weniger, hatte sie das Gefühl. Immer weniger.

*

Sie träumte. Durchschritt leichtfüßig die Mauer. Ertastete mit nackten Füßen das Gras. Dann eilte sie zum Dorf hinunter. Ihre Beine schritten weit aus. Der Wind streichelte ihr Gesicht. Sie blickte nicht zurück. Eigentlich sollte sie in der Klause sein. Aber wenn sie schnell, nur ganz schnell … Sie suchte das Haus, suchte und fand es nicht. Plötzlich stand Kebini neben ihr. Die Weiche, die Strahlende. Sie fiel in ihre Arme, atmete den Duft ihres Haares ein, umfasste den prallen, warmen Körper. Vuiberat lehnte sich daran. Kebini. Deren Hand strich über Vuiberats Rücken. Oder war es Sigrid, die Mutter? Vuiberat schaute auf, in ihr Gesicht. Dieses verschwamm.

„Mutter?", fragte sie. Der Körper löste sich auf. Wie konnte sie sich nur so täuschen! Sie suchte das Haus des Gerbers. Wo war Kebini? Ihre Schritte wurden langsam. Ihre Beine schwer. Kebini?

Vuiberat schreckte hoch. Kebini? Ihre Hände tasteten umher, berührten die kalte Mauer. Das Hemd kratzte an ihrem Rücken. Konfus setzte sie sich auf. Legte ihre Arme um sich, strich sich über Arme und Lenden. Bevor ihr Kopf vor Müdigkeit niedersackte, spannte sie ihr Bußhemd über die Brüste und rieb. Dann richtete sie die Kette, erhob sich und kniete auf die nackte Erde. Das Magnifikat würde ihren Geist klären.

„Abt Hartmann erlaubt eure Anwesenheit in Sante Georien nur, wenn ihr auch die Gebete verrichtet", erklärte Hitto. Pertherad zuckte die Schultern, dann blickte sie zu Imma hinüber. Etwas zupfte an seiner Kutte. Er erkannte den blonden Wuschelkopf.

„Wölfchen", sagte er liebevoll und nahm das Mädchen auf die Arme. Es quiekte, fasst ihm ins Gesicht. Er pustete auf seine Händchen.

„Pertherad, wir sind eine Mönchsgemeinschaft", wandte er sich wieder an die Frauen. „Wir akzeptieren keine heidnischen Praktiken."

„Wir sind Vuiberats Frauen. Sie betet für uns", antwortete Pertherad. „Hartmann hat uns nichts zu sagen."

„Ihr lebt hier auf dem Grund und Boden des Klosters, lebt von den Gaben der Pilger. Ihr ..."

„Die Pilger suchen Hilfe bei Vuiberat!", fauchte Pertherad.

Hitto stellte das Kind auf den Boden. „Die Pilger besuchen das Grab der Klosterheiligen Gallus und Otmar. Unser Abt Salomo hat Vuiberat eingemauert."

„An seine eigene Kirche! Die gehört nicht mal dem Kloster. Hartmann hat uns nichts zu befehlen."

Hitto verschränkte die Arme. Er hätte besser Kebini hochschicken sollen oder Bruder Waldram. „Pertherad", sagte er warnend.

Sie trat nahe an ihn heran. „Auch dein Abt weiß, bei wem sich die vielen Pilger Rat holen. Nicht wahr?"

Hitto schloss die Augen. Das Gespräch hatte eine ganz falsche Richtung genommen. Es ging nur um die Verrichtung der Gebete.

Vuiberat tadelte die Mönche, wenn sie ihre Pflichten vernachlässigten. Was die Frauengemeinschaft in Sante Georien anging, da zeigte die Schwester jegliche Nachsicht.

„Pertherad tut das Richtige", sagte sie jeweils, wenn jemand sie auf das sündhafte und heidnische Treiben in Sante Georien ansprach, uneheliche Kinder, mysteriöse Heilkünste, Gesänge und Feste in der Nacht. Eine Glaubensgemeinschaft musste mindestens die Gebete verrichten, sonst war sie dem Widersacher verfallen.

„Ich will euch nur helfen", sagte er eindringlich. Pertherad betrachtete ihn mit verkniffenem Mund.

„Wir kennen die Gebete nicht", sagte Imma. „Rachild ist eingemauert. Gisalja hilft Kebini." Sie zuckte entschuldigend die Schultern.

„Siglind hat schon gebetet", entgegnete er. „Vuiberat kann euch nicht helfen, wenn der Abt euch davonjagt."

„Das wird er nicht wagen", sagte Pertherad. Sie bückte sich und hob Mundawulfa hoch, strich ihr sanft über das Haupt. Hitto konnte keinen Blick von den beiden wenden.

Vuiberat würde eigenhändig aus der Klause klettern und beim Abt vorsprechen, wenn den Frauen hier oben etwas geschähe. Abt Hartmann wusste das selber. Doch Hitto musste dies den Frauen nicht unter die Nase reiben.

„Bruder Waldram hat sich anerboten, hochzukommen, um mit euch die Gebete zu sprechen", log er. Pertherad blickte ihn verblüfft an, dann lachte sie.

„Wenn du hochkommen würdest ...", sagte sie mit einem Augenzwinkern. „Melde deinem Abt, dass wir jemanden finden, der hier oben die Gebete verrichtet."

„Schickt Siglind nach Sante Mangen", sagte Hitto. „Wir lehren sie die Gebete und unterrichten sie in den Psalmen."

Pertherad musterte ihn. „Und was habt ihr sonst noch mit Siglind vor?", fragte sie herausfordernd. Hitto öffnete den

Mund, schloss ihn wieder. „Gott wird dir deine Sünden verzeihen“, flüsterte er.

6 Winter Anno Domini 917 / 918

„Hat Rachild genug Kohle bekommen?“

Kebini bejahte. Die Bise drang durch ihren Umhang. Vor einer Woche hatte es zum ersten Mal geschneit. Schon früh wurde es dunkel, dann standen keine Pilger mehr vor der Klause. Es war zu kalt.

„Danke Kebini.“ Vuiberats Hand erschien in der Öffnung. Kebini hielt sie fest. Seit Rachild ihre Klause neben Vuiberat bezogen hatte, wirkte die Herrin ruhiger, teilweise fast fröhlich. Kebini konnte sich nicht vorstellen, dass sich die beiden Klausnerinnen durch ihre Fensteröffnungen unterhalten konnten. Schließlich standen am Tag die Pilger davor und in der Nacht beteten und schliefen sie. Aber die Anwesenheit einer Mitschwester beeinflusste die Herrin. Hoffentlich auch jetzt, wenn der Winter kam.

„Habt Ihr gehört, dass der Herzog an Weihnachten nicht zu Besuch ins Kloster kommt?“, fragte Kebini. „Man erzählt sich, Abt Hartmann habe deswegen den ganzen Morgen auf den Knien dem heiligen Gallus gedankt.“

„Das bedeutet, Herzog Burchard sammelt seine Truppen und zieht im Frühling gegen die Burgunder in den Krieg“, hörte sie Vuiberats Stimme. Kebini zuckte die Schultern. Sie durchschaute die Ränke der Adeligen nicht. Aber die Burgunder hielten den Zurichgouwi besetzt und Herzog Burchard würde sich sein Land zurückholen, anstatt Klöster und Kirchen zu plündern.

„Beten wir für seine Seele“, sagte Vuiberat.

„Man sagt, der Abt hätte lieber die Burgunder als seine Schutzherren als Herzog Burchard.“

„Wie dumm von ihm. Mit den Burgundern würden wir noch mehr Unruhe haben. Kein alemannischer Freiherr würde die akzeptieren.“

Kebini erinnerte sich an Hartlieb, wie er für den gottlosen Herzog gestorben war, und antwortete: „Die Mönche erzählen, dass der Burgunderkönig besser gegen die Ungarn gerüstet sei als unser König.“

„Gegen die Ungarn hilft uns nur Gott.“

Kebini bekreuzigte sich. Es war eine neue Geste für sie. Aber den Mönchen machte die Bewegung Eindruck. Sie wollte sich bücken, um den Korb mit den Gaben der Pilger hochzuheben. Vuiberat hielt sie jedoch fest.

„Dein Schmied hat mich besucht“, sagte sie.

„Dagolf?“, fragte Kebini verwundert. Warum hatte er ihr nichts davon gesagt?

„Er sagte, er habe nicht das Geld, um dich freizukaufen“, hörte sie Vuiberats Stimme.

Beunruhigt trat Kebini näher an die Öffnung heran. In der Klause blieb es ruhig. Dagolf musste Vuiberat um ihre Hand gebeten haben, sonst hätte er die Geldsache nicht angesprochen. Kebinis Herz klopfte.

„Was habt Ihr ihm geantwortet“, fragte Kebini endlich.

„Er wird morgen nochmals vorbeikommen. Hartlieb hat mir drei goldene Fibeln vermacht. Hitto verwaltet sie. Ich brauche sie nicht.“

Kebini konnte ein Zittern nicht unterdrücken. Würde Vuiberat sie mit einer Mitgift freigeben? Warum sagte sie nichts Genaueres darüber?

In der Klause blieb es still.

„Ich will Euch dienen“, stieß Kebini endlich hervor. „Wenn ich heirate, muss ich meinem Mann die Schuhe putzen. Wer plagt sich dann hier mit den Pilgern rum?“

„Ich kann dich freigeben. Wir werden beide alt. Wenn ich diesen Winter so krank werde wie das letzte Mal ...“

„Nein!“, rief Kebini, „fordert das Schicksal nicht heraus!“

Es blieb ruhig, nur die Hand hielt sie noch fest. Kebini zitterte innerlich. Sie wollte nicht undankbar erscheinen. Vuiberat überlegte sich wirklich, sie frei zu geben! Aber Dagolf wäre dann ihr neuer Herr.

„Die Kirche ehrt Nonnen und verheiratete Frauen“, hörte sie Vuiberats Stimme.

„Darum hasst Pertherad die Kirche“, antwortete Kebini schroffer, als sie wollte. Es war seltsam, damals hatte sie die Herrin nicht verstanden, als sie das Heiraten verweigerte. Aber jetzt ...

„Ich will bei Euch bleiben“, ereiferte sich Kebini, „selbst wenn ich auf eine Ehe verzichten muss. Und erzählt mir nichts von der Kirche. Ich erlebe selber, wie Kebsen hier im Dorf behandelt werden. Und Dagolf ...“ Kebini holte Luft. „Dagolf habe ich das alles schon gesagt. Warum belästigt er Euch mit solchen Dingen!“

Es blieb ruhig. Dann drückte die Hand wieder zu.

„Kebini.“ Vuiberats Stimme klang heiser. „Ich vermisse dich so.“ Da brach Kebini in Tränen aus.

„Vuiberat!“

Sie lag zitternd auf dem Strohsack.

„Vuiberat!“

Rief man nach ihr? War es der Erbfeind?

„Komm zum Fenster! Ich bin's, Pertherad!“

Wie lange hatte sie die Heilerin nicht mehr gesehen! Trotzdem wäre sie lieber liegen geblieben. Ihr schwindelte, als sie sich aufsetzte. Es kratzte im Hals. Sie hustete, musste Schleim spucken. Wenn dieser Knollen in der Brust nicht wäre. Sie zog das Bärenfell enger um sich. Ihre Beine gaben nach, als sie aufstand. Sie fiel auf die Knie und kroch zur Öffnung.

„Wie geht es Rachild?“, krächzte Vuiberat und hustete wieder.

„Rachild? Wir machen uns alle Sorgen um dich!“

Vuiberat zog sich an der Mauer hoch, klammerte sich an die Brüstung. Sogleich wurde ihre Hand ergriffen. Sicher und stark fühlte sich diese an.

„Ich habe dir Suppe mitgebracht.“ Ein Löffel bewegte sich durch die Öffnung. „Iss!“

Der warme Dampf streifte ihre Nase. Sogleich fuhr sie zurück. Ein Huhn musste darin gekocht worden sein. Vuiberats Magen drehte sich.

„Fastenzeit“, keuchte sie. „Ich darf das nicht essen.“

Die Hand packte fester zu.

„Du wirst hier bleiben, bis du die ganze Schale geleert hast“, befahl Pertherad. „Ich werde täglich vorbeikommen, bis du wieder auf den Beinen stehst.“

Vuiberat zitterte unkontrolliert, öffnete den Mund, kostete die salzige Brühe, schluckte mühselig. Kebini musste Pertherad geschickt haben.

Erschöpft lehnte sie sich gegen die Mauer, legte ihre Stirn gegen den kalten Stein. Sie zog die Kette enger um ihren Leib, das hielt sie wach.

„Du sollst genesen, anstatt deinen Körper zu quälen! Und ...“ Eine andere Hand kam durch die Öffnung, griff unter ihr Fell. „Du trägst immer noch dieses grausige Bußgewand, das dir die Haut aufkratzt. Schaut dein unnützer Bruder nicht zu dir? Wenn du tot bist, jagt Hartmann uns alle davon. Ist dir das klar?“

Vuiberat wurde schwarz vor den Augen. Galle drängte in ihr hoch. Sie hustete, spuckte aus.

Die Hand löste sich von ihrem Hemd, strich ihr die nassen Haare aus dem Gesicht, den kalten Schweiß vom Nacken.

„Du kannst nicht für alle Buße tun.“ Pertherads Stimme klang weicher. „Das müssen wir doch selbst.“

Der Löffel kam wieder durch die Öffnung, verharrte. Vuiberat öffnete die Lippen, kostete. Mit der Zunge verteilte sie die ölige Brühe in ihrem Mund, diese verdrängte den bitteren Geschmack der Galle. Vorsichtig schluckte sie, unterdrückte ein Husten. Der gefüllte Löffel verharrte wieder vor ihrem Gesicht.

„Es ist alles Gottes Wille“, flüsterte Vuiberat.

„Ich kenne Gottes Wille nicht. Aber Sante Georien geben wir nicht wieder preis.“

Vuiberat nahm den Löffel in den Mund, schluckte. Dann ergriff sie mit beiden Händen Pertherads Hand.

„Der Hahn“, keuchte sie. „Pertherad, ich habe es gesehen. Der Hahn hat den Fuchs besiegt.“

Pertherad antwortete nicht.

„Sie haben gegeneinander gekämpft und Gallus, der Hahn, hat gesiegt“, fuhr Vuiberat fort. Ihre Hand fuhr zum Hals, wo vor langer Zeit einmal ein Amulett aus Fuchsleder gehangen hatte. „Pertherad, gib auf dich Acht.“

Der Löffel, der vor ihrem Gesicht erschien, zitterte.

„Bete mit mir“, sagte Vuiberat. Es blieb still. „Christus ist für all unsere Sünden gestorben. Bete mit mir.“

7 Sommer Anno Domini 919

Vuiberat verharrte auf den Knien. Schon mehrmals hatte jemand von der Öffnung her ihren Namen gerufen. Heute mussten die Pilger warten. Sie bekreuzigte sich.

Nach den Fürbitten hatte Hitto die Gläubigen aufgefordert, für die Seele Salomos zu beten. Nichts weiter, keine Totengebete, keine Zeremonie. Hitto hatte ihr eine Botschaft übermittelt. Salomo war gestorben und wurde nicht hier im Kloster begraben, wie er es gewünscht hatte. Bald würde Hartmann sein Amt offiziell übernehmen.

Vuiberat beugte sich nach vorne, betete nochmals ein Paternoster. Seit langem war der Name des Abtbischofs nicht mehr über die Lippen eines Mönches gekommen. Salomo hatte nach den Sternen greifen wollen und dabei den alemannischen Adel vergessen. Nun beherrschte die Mönche die Angst vor Herzog Burchard und seinem Hass auf die Kirche.

Wie gut erinnerte sie sich an Bischof Salomo, den wohl frisierten Mann mit der prachtvoll bestickten Tunika. Zu edel für einen Abt, richtig für einen Bischof und engen Berater des Königs. Dieser lag krank und zitternd auf seinem Totenbett. Es wurde gemunkelt, dass ein Liudolfinger die Krone an sich reißen wolle. Sie lebten in einer unsicheren Zeit.

„Gratia", flüsterte Vuiberat. Pertherad lebte mit zehn Frauen geschützt in Sante Georien. Rachild und ihr ging es gut. Nun hatte sich sogar eine Gräfin, Wendilgard von Buchhorn, gemeldet. Sie möchte Klausnerin werden und hatte eine große Spende ans Kloster geschickt. Dabei sollte sie besser im Kloster ihren Lebensabend verbringen.

Jedenfalls hatte Vuiberat dem Abt-Bischof nie danken können, für seine Weitsicht, die Inklusion - seine Tat.

„Gratia, Salomo." In ihrer Erinnerung hatte sie sich mit ihm oft gestritten. Wie unergründlich waren Gottes Wege. Sie musste Kebini rufen. Drei Tage lang würde sie Totenwache für den Bischof halten. Kebini konnte dies den Pilgern erklären. Wenn die Mönche nicht um Salomo trauerten, dann würde sie es tun.

„Sie lässt sich nicht davon abhalten, dem Weg ihrer Tante zu folgen!"

Hitto nickte verständnisvoll, betrachtete das wütende Gesicht Vuillidruds. Neben ihr saß ihre Tochter, Vuillidrud, die Jüngere, die Augen gesenkt, die Hände im Schoß verschränkt. Von der Mutter hatte sie wohl schon einiges zu hören bekommen.

„Sie hat eure Krankheit. Ich habe es dem Freiklingen gesagt. Er hat sie schon vor Jahren mit seinem Vetter vermählt. Aber nein, sie tobt und weint und rennt in die Kirche, um zu beten."

‚Der Vetter kämpft im Heer von Herzog Burchard vor Wintartura gegen die Burgunder', dachte Hitto. Vielleicht war es besser, wenn die Tochter nicht Witwe wurde, sondern einen anderen Lebensweg einschlug.

Er räusperte sich. „Schwester, du kannst stolz sein, wenn eines deiner Kinder sein Leben der Kirche opfert."

„Ich war dabei, als Atha starb!", fauchte Vuillidrud und wandte sich an ihre Tochter. „Willst du das? Kalt und starr in der Kapelle liegen?"

„Vuillidrud", mahnte Hitto. „Sprich mit Vuiberat. Sie wird das Mädchen nach Sante Georien schicken. Dort wird sie vor Sonnenaufgang aufstehen, beten, spinnen und das Federvieh versorgen. Vielleicht kehrt sie vor Martini nach Hause zurück."

Er musterte die Kleine, die noch am Rockzipfel ihrer Mutter gehangen hatte, als sie vor ihrer Pilgerreise in Chostinze weilten. Vuillidrud war erschöpft gewesen, ganz im Gegensatz zu jetzt.

„Sie schickt meine Tochter in den Wald zu diesen Wilden?"

„Dort ist es sicherer, als wenn sie hier unten Kebini hilft", antwortete Hitto. Gestern hatte es wiederum eine Schlägerei unter den Pilgern gegeben. Einmal standen sich verfeindete Familien gegenüber. Dann gab es wieder Streit, weil die hinteren drängelten. Und am wenigsten waren die Kranken auszuhalten, ihr Jammern und der Gestank der vereiterten Wunden. Nun bauten die Mönche eine Zelle für die dritte Klausnerin. Der Andrang der Pilger würde noch größer und gefährlicher werden.

Vuillidrud betrachtete ihre Tochter säuerlich. „Im Wald werden dir keine Engel erscheinen", sagte sie. Die Tochter blickte wütend zurück. Hitto musste ein Lächeln verkneifen. Die Tochter hieß nicht nur so wie ihre Mutter, sie schien wohl auch so einen starken Willen zu haben wie diese.

„Im Kloster Lindouwi werden adelige Mädchen geschult", sagte er zu dem Mädchen.

„Steck ihr nicht noch weitere Flausen in den Kopf", fuhr Vuillidrud ihn an. „Hier werden du und Vuiberat ein Auge auf sie halten."

Hitto nickte. „Vuiberat wird sich freuen, wenn ihr sie besucht", ergänzte er. „Deiner Tochter wird es hier gut ergehen. Vuiberats Weisheit ist in aller Munde und ihre Ratschläge sind hoch angesehen."

Vuillidrud erhob sich. „Müssen wir da draußen vor der Klause anstehen?", fragte sie.

„Kommt nach Komplet in die Kirche", antwortete Hitto. „Dort sprechen wir mit Vuiberat durch das Gitter."

„Wie geht es meiner Nichte?", fragte Vuiberat.

„Sie streitet sich mit Pertherad, weil diese die Gebetszeiten nicht einhält", antwortete Kebini.

Ein Lachen drang aus der Klause.

„Schick sie zu mir, schick beide zu mir."

Kebini schüttelte den Kopf. „Sie werden sich schon wieder vertragen. Vuillidrud, die Jüngere, tut heiliger als alle Heiligen."

„So wie ich", ertönte es aus der Klause. Kebini kicherte.

„Sie lässt dich fragen, ob sie im Laien-Infirmarium arbeiten darf wie wir damals."

Es blieb still.

„Würdest du sie begleiten?", fragte Vuiberat. Kebini schüttelte den Kopf. Vor der Klause warteten schon genug Verkrüppelte und Kranke. Sie wollte nicht noch ins Infirmarium. Zudem würden sie hier bald mehr als genug Arbeit haben.

„Ich lasse sie nur in Begleitung hin", entschied Vuiberat. „Irgendjemand wird sich finden."

Kebini nickte, betrachtete die behauenen Steine, die neben der Klause lagen. Das Baumaterial für die dritte Klause.

„Wann wird die Gräfin ankommen?", fragte sie.

„Nur der Herr weiß das."

Kebini konnte die Anspannung in Vuiberats Stimme hören.

Nach Pfingsten war ein Bote im Kloster erschienen, mit einer Nachricht der Gräfin von Buchhorn. Diese hatte ihren Mann während eines Ungarnfeldzugs verloren. Nun wünschte sie sich, in einer Klause neben der verehrten Inkluse Vuiberat zu leben. Hartmann hatte endlich die Steinmetze beauftragt, eine Klause zu bauen.

Kebini hatte Vuiberat selten so ungehalten erlebt.

„Wenn die Gräfin nicht weiß, was sie mit ihrem Leben anfangen soll, soll sie ein Kloster gründen und Äbtissin werden", hatte sie gezetert. „Wir führen hier kein Asylum für reiche Witwen."

„Man sagt, die Gräfin Wendilgard sei gottesfürchtig und gütig", versuchte Kebini Vuiberat zu beruhigen.

„Ich bete, dass es so ist." Kebini hörte ein Seufzen. Die Gräfin hatte dem Kloster viel Geld gespendet. Dies würde auch den Klausnerinnen zu Gute kommen. Vielleicht würde es für mehr heißes Wasser reichen und für mehr Holz im Winter. Vuiberat sollte doch glücklich sein.

8 Herbst Anno Domini 919

„Vuiberat? Seid Ihr noch wach?“

Vuiberat erhob sich, trat an die Maueröffnung. Kühle Luft wehte herein. Sie wickelte sich in ihr Fell, bald käme sie von hier nicht weg. Wendilgard würde lange sprechen. Wenn sie nicht sprach, weinte sie. Das Sprechen war angenehmer. Vuiberat verschränkte die Hände. Würde der Herr ihr einen kleinen Schwatz verzeihen?

Keine ihrer Ängste hatte sich bewahrheitet. Die Gräfin beklagte sich nicht über ihr Schicksal. Weder über die Kälte, die Dunkelheit, noch über die Mauer. Sie sprach mit jedem, der sich an sie wandte, tröstete die Leute. Und sie kannte die Psalmen, viele Psalmen. Während den Horen erhoben sie beide ihre Stimmen mit denen der Priester in der Kirche, ließen Seine Worte erklingen. Damit diese galten für die Ewigkeit.

Vuiberat sprach gerne mit Wendilgard. Die Gräfin war gebildet und weit herumgereist. Sie hatte König Konrad, den Herzog und viele andere getroffen. Sie verehrte Salomo, vom neuen Bischof hielt sie nicht viel.

Einzig in der Nacht, da weinte sie, weinte um das Leben, das sie geführt hatte. Vuiberat lauschte ihrem Schluchzen und ahnte, dass Rachild dasselbe tat.

„Heute fragte mich ein Bauer, ob er auf den Winter seinen dritten Ochsen verkaufen solle. Warum fragte er mich, Vuiberat? Nie im Leben habe ich mich um Ochsen oder Kühe gekümmert!“

Vuiberat strich über den breiten Stein an der Brüstung. Seit Wendilgard eingemauert war, strömten noch mehr Pilger herbei. Welcher Bauer konnte sonst Rat von einer Gräfin bekommen?

„In ihren Augen führen wir ein reines Leben. Wir wissen alles."

„Vorher der Müller, der fragte, ob er das Korn schon mahlen solle und später die Magd, mit dem vierten Kind schwanger. Wie kann ich ihnen helfen?"

„Was hast du der Magd gesagt?"

„Es liege alles in der Hand des Herrn."

„Dann hast du ihr geholfen."

Vuiberat tastete nach ihrer Spindel, suchte den Rocken. Die Ratschläge einer Inkluse wogen so viel wie Gold. Sie mussten weise, voller Demut und ehrfürchtig sein. Rachild sprach nicht viel, das war weise, aber die Pilger mieden sie.

Vuiberat horchte auf die andere Seite. Rachild mischte sich nie in ihre Gespräche ein. Nur während des Betens hörte sie ihre Mitschwester.

„In Buchhorn gibt es einen Platz hinter dem Buchenwald. Dort verscharren sie die toten, ungetauften Kinder."

Vuiberat klemmte den Rocken unter den Arm.

„Diesen Platz gibt es hier auch. Das nächste Mal gebt Ihr der Frau noch etwas zu Essen mit und segnet ihren Bauch. Den Müller habt Ihr mit seinem Anliegen ins Kloster geschickt. Oder?"

„Er kam vom Kloster und wollte von mir eine Bestätigung."

Vuiberat nickte. Sie kannte das. Sie drehte die Spindel, zog an der Wolle. Der Herr lenkte alles. Sie mussten es den Menschen nur immer und immer wieder sagen.

„Das Holz wird nicht für die ganze Nacht reichen", wechselte Wendilgard das Thema. Vuiberat blickte auf die glühenden Kohlen im Becken zu ihren Füßen. Rachild verzichtete seit zwei Tagen auf Holz. Der Herbst zeigte sich in seinen schönsten Farben. Holz und Kohle würden sie später umso nötiger gebrauchen.

„Es heißt, dass Ihr im Winter Frostbeulen an Füßen und Händen habt", meldete sich Wendilgard.

Vuiberat wickelte den Faden auf. Ihre Finger konnte sie schon lange nicht mehr strecken. Die Füße – die ledrige Haut war trocken geworden, tiefe Risse drangen in die Ferse.

„Pertherads Salben heilen alles", antwortete sie. Sie sprach nicht von der Prüfung des Herrn, über die Herrschaft Seines Wortes über den Körper. Die Winterkälte würde die Gräfin packen und erst im Frühling würde es sich zeigen, wie stark sie das Wort Gottes in sich verankert hielt.

9 Frühling Anno Domini 920

Sie hatte eben die Hand zum Segnen erhoben, als sie lautes Rufen hochschauen ließ. Ein Büttel drängte die Pilger zur Seite, verkündete laut des Herzogs Ankunft. Seine Standarte flatterte im Wind. Die Menschen traten zur Seite, knieten sich hin. Nebel lag über der Wiese, die schwache Frühlingssonne konnte ihn noch nicht durchdringen. Der Riedbauer trat zur Seite, gerade noch konnte Vuiberat ihn am Wams packen.

„Du bekommst noch deinen Segen. Der Herzog kann warten", sagte sie. Der Mann blickte ängstlich um sich. Aus den Augenwinkeln erkannte sie, dass der Büttel ihre Klause ansteuerte und nicht Wendilgards.

Kebini hatte Vuiberat auf ihre Anweisung drei Zuber gebracht, die sie unter dem Fenster verkehrt übereinandergestapelt hatte. Seit sie darauf sitzen konnte, überblickte sie die Pilgerschar vor der Klause.

„Der Herzog will die Klausnerin Vuiberat sehen", verkündete der Büttel laut.

In aller Ruhe sprach sie das Paternoster, reichte dem Bauern ein Stück Brot. Dieser verbeugte sich und hastete davon.

„Hast du deine Sünden gebeichtet?", wandte sich Vuiberat an den Büttel. Der Mann blickte um sich, bemerkte dann, dass sie mit ihm gesprochen hatte.

„Ich melde Euch den Herzog", erklärte er.

„Knie dich hin", befahl sie. Der Büttel zögerte, blickte dann wieder um sich. Doch der Herzog war weit und breit nicht zu sehen.

„Willst du dem Herrn trotzen?"

Der Büttel zog die Mütze vom Kopf. Er stützte sich an der Mauer ab, sank nieder. Seine Knie in den feinen Lederhosen sanken in die aufgeweichte Erde. Vuiberat legte ihre Hand auf sein Haupt.

„Ehrst du den Namen des Herrn?", fragte sie. Der Mann antwortete nicht. Sie sprach das Paternoster. Dann erblickte sie die vier Krieger, die zur Klause hochschritten. Der Breite mit der silbernen Fibel am Umhang musste Herzog Burchard sein. Sie zog die Hand zurück. Der Büttel erhob sich mit einem roten Gesicht.

Der Herzog war nicht groß, aber kräftig. Das Schwert hing an seinem Gurt. Sein dunkler Bart war kaum gestutzt. In Vuiberats Vorstellung hatte Burchard immer Hartlieb geglichen. Doch seine Augen standen enger, die Züge waren finsterer.

Wendilgard hatte ihr erzählt, dass der Herzog nur darauf wartete, vom Abt gerügt zu werden, damit er ihn mit Hohn und Spott übergießen konnte. So hatte Vuiberat über Hartmann dem Herzog mehrmals ausrichten lassen, er solle sein räuberisches Verhalten gegenüber der Kirche mäßigen. Eine Antwort hatte sie nie bekommen.

Gestern war der Herzog mit seinem Tross im Kloster angekommen. Dass er nun schon den Weg zu ihrer Klause hochstieg, musste bedeuten, dass Hartmann ihre Botschaft übermittelt hatte.

Breitbeinig stellte sich Burchard vor ihre Klause, die Fäuste in die Seiten gestützt.

„Ihr wollt mich sprechen", brummte er.

Der Mann stand wie ein trotziger Junge vor ihr. Vuiberat konnte ein Lächeln nicht unterdrücken und senkte deswegen den Kopf.

„Dank gebührt Euch, Herzog Burchard, dass Ihr vorbeischaut."

Ein ungeduldiger Blick traf sie. Sanft legte sie ihre Hände auf die Brüstung. Im Gegensatz zu Abt Hartmann stand sie hinter einer Mauer und verwaltete keine Kirchengüter. Sie schöpfte ihre Kraft aus Seinem Wort, welches Burchard seit Jahren verspottete und befleckte. Vuiberat reckte sich.

„Heute Nacht ist mir der Heilige Gallus erschienen", rief sie und beugte sich hinaus. „Er trug ein zerrissenes und schmutziges Gewand." Burchards Blick wurde finsterer. „Ein Tyrann hat mir tiefes Leid bereitet', erzählte mir unser Schutzpatron. ‚Er hat mein Land verwüstet und ausgeplündert. Meine Ländereien unrechtmäßig seinen Spießgesellen als Lehen übertragen. Durch Hunger und Leiden quält er die Mönche. Ein goldenes Reliquienkreuz hat er gestohlen. Besser, er wäre nie geboren worden!“

Vuiberat lehnte sich noch mehr hinaus. „Und Ihr wagt es, Euch dem Heiligen Gallus zu nähern, dem Ihr so großes Leid zugefügt habt!“, schrie sie und ihre Stimme schallte über die Lichtung. Die Krieger wandten die Köpfe, musterten die Pilger, während sich ihre Hände auf die Schwertgriffe legten.

Der Herzog hatte seinen Unterkiefer vorgeschoben, packte nun auch die Brüstung, stellte sich auf die Zehenspitzen und brüllte: „Wettere nur, du eingeschlossenes Weib! Meinst du, ich lasse mich von einer belehren, die sich in einem Loch verkriecht?“

„Bei Wintartura habt Ihr die Burgunder geschlagen“, antwortete Vuiberat ganz ruhig. „Eure Soldaten konnten genug plündern. Wann gebt Ihr Euer Raubgut der Kirche zurück?“

Burchard schaute sie verdutzt an. Dann schimpfte er: „Die Kirche hat ihren Tribut zu zahlen, wenn sie beschützt werden will!“

„Aber nicht, indem Ihr Euch nehmt, was Euch gefällt!“, fuhr sie ihn an.

Burchard fluchte und wandte sich ab.

„Herzog!“ Vuiberat packte seine Schulter, „Ihr habt vor König Heinrich das Knie gebeugt.“ Burchard riss sich los. Der alemannische Adel hatte nur mit Widerwillen zugeschaut, wie ihr Herzog vom neuen König gezwungen wurde, sich ihm zu unterwerfen. „Solange die Risse in Gallus Gewand nicht durch Buße geflickt werden, schwankt euer Herzogtum“, sagte Vuiberat eindringlich. Der neue Bischof und Abt Hartmann würden einem reuigen Herzog mit offenen Armen verzeihen. Sie sah, wie der Herzog zögerte. Er wusste das!

„Ihr und Eure Untertanen brauchen die Kirche als Stütze, weidet sie nicht aus."

Der Herzog brummte etwas.

„Was geschieht mit Eurem Sohn, wenn Ihr tot seid?", fragte Vuiberat. Er hob schnell den Kopf. „Mein Sohn wird mein Nachfolger!", rief er. Sie blickte ihn nur an, schüttelte dann unmerklich den Kopf. „Ihr werdet meinen Sohn nicht daran hindern, mir nachzufolgen!", polterte er.

„Ich nicht, aber Ihr", sagte Vuiberat. Er öffnete den Mund, seine Unterlippe zitterte.

„Was habt Ihr gesehen?", fragte er.

Sie brauchte nicht in die Zukunft zu schauen, um zu wissen, dass König Heinrich nach Burchards Tod einen Herzog einsetzen würde, der ihm getreu folgte. Eine Wahl des Adels, wie das bei Burchard geschehen war, würde es nicht mehr geben. König Heinrich hielt seine Untertanen besser im Zaum als sein Vorgänger.

„Abt Hartmann wird Euch nach der Messe einen goldenen Kelch und ein Lehen überreichen, um Euch seine Ehre zu erweisen. Nehmt beides nicht an."

Burchard musterte sie. Er hatte dunkle, durchdringende Augen. „Meinst du die Burgunder bleiben ruhig, nachdem wir sie geschlagen haben? Weißt du, dass plündernde Krieger vom Süden her nach Rätien drängen? Meinst du, meine Krieger brauchen nichts zwischen die Zähne? Wenn ihr hier in Ruhe beten wollt, dann bezahlt für diese Ruhe!"

Vuiberat betrachtete seine funkelnden Augen. Sie konnte sich den Mann gut auf einem Streitross vorstellen, wie er brüllend seine Krieger in die feindlichen Horden hineinführte, so wie es in vielen Psalmen besungen wurde. Das Land gedieh unter einem starken Herzog. Aber das Land gedieh noch mehr, wenn eine Jungfrau unter der schützenden Hand der Kirche schadlos zu Fuß von Sante Gallen nach Chostinze eilen konnte.

„Tut, was ich euch rate", sagte sie. Sie würde für seine Sünden beten.

Sie hob die Hand zum Segen. Der Herzog stand da, starrte in ihr Gesicht. Sie blickte zurück. Dann ganz langsam neigte er den Kopf. Sein Haar fühlte sich unerwartet fein an. Bevor sie geendet hatte, riss er sich los und marschierte mit seinen Kriegern davon. Ehrfürchtig blieben die Pilger in einem weiten Umkreis stehen. Vuiberat trat in die Mitte ihrer Zelle und kniete sich hin, den 24. Psalm auf den Lippen.

Aber sie kam nicht zum Beten. Waldram rief ihren Namen. Vuiberat verharrte kurz und wandte sich dann dem Holzgitter hinter sich zu. Waldram nahm ihr sonst frühmorgens die Beichte ab.

Er hielt das Gitter umfasst, presste sein Gesicht daran.

„Salomo hätte es nicht besser gemacht!", rief er mit leuchtenden Augen. Vuiberat strich über ihre Unterarme. Sie wusste darauf nichts zu erwidern. Sie hatte Waldram noch nie so entflammt gesehen.

Die Unruhe vor der Klause entstand schon während der Non. Hittos Gesang erklang aus der Kirche, auch Wendilgard war neben ihr zu hören. Vuiberat betete weiter. Kebini würde für Ruhe sorgen.

Als Hittos Stimme verklang, blieb sie auf dem Boden knien. Die Begegnung mit dem Herzog ließ sie nicht los. Sie sollte demütig und nicht stolz sein. Einen Herzog wie einen Tölpel anzuschreien! Würde Gott ihr alle Sünden verzeihen? Ihre Hände hielten das Bußhemd gepackt. Sie rieb es über ihrer

Brust hin und her. Als sie sich erhob, wurde ihr schwarz vor den Augen. Die Kette schlug gegen ihre Beine. Sie tastete nach der Mauer, lehnte sich gegen den kühlen Stein, wartete, bis sie wieder klar sah.

Als sie sich zur Öffnung drehte, erblickte sie einen grünen Seidenschleier. Darunter glitzerten Rubine in den Kugelkopfnadeln, die das Haarnetz befestigten. Relingind, die Herzogin, hatte sie nicht so schnell erwartet. Vuiberat stieg auf ihre drei Zuber.

Die Augen der Herzogin waren rot umrändert, das Gesicht bleich.

„Wie kann ich meinen Sohn vor dem Zorn des Königs retten?", begann sie ohne Umschweife. Vuiberat legte die Hand auf die Brüstung. Sie kannte das Schicksal der Menschen nicht.

„Die Ländereien um Wintartura habe ich in die Ehe gebracht. Ich werde dort ein Kloster gründen", ergänzte Relingind. Vuiberat nickte ihr zu. Ein Klostereintritt nach des Herzogs Tod würde sie retten, aber nicht ihren Sohn. Sie hätte mit Wendilgard darüber sprechen sollen.

„Hast du Verwandte am Hof des Königs?", fragte Vuiberat. Relingind schüttelte den Kopf. Dunkle Haarkringel zierten ihr schmales Gesicht.

„Du darfst dich nicht gegen deinen Gatten wenden." Vuiberat machte eine Pause. „Solange er lebt", fügte sie dann hinzu.

Relingind blickte auf, musterte sie, ihre Lippen kräuselten sich. „Und dann. Wie beweise ich König Heinrich meine Treue und die meines Sohnes?", fragte sie.

„Zeige sie dem König und der Kirche", ergänzte Vuiberat. Die beiden Frauen blickten sich im Einverständnis an.

„Lass uns zusammen beten", sagte Vuiberat endlich. Relingind senkte das Haupt. Vuiberat warf einen Blick zu Wendilgards Fensterloch hinüber. Drei verhärmte Mägde standen davor. Dahinter zwei Bauern und der Köhler. War der nicht schon gestern bei Wendilgard vorbeigekommen? Sie würde die Herzogin nachher zur Gräfin hinüberschicken. Diese kannte König Heinrich und wusste der Kirche zu schmeicheln.

10 Herbst Anno Domini 920

Vuiberat stand an der Mauer, hielt sich zurück, sie zu berühren. Rachild betete auf der anderen Seite. Wie gerne hätte sie sich zu ihr gesetzt, hätte sie um Rat gefragt. Sie blickte die dunklen Steine an, folgte dem Umriss ihres Schattens, der im Licht der Öllampe zitterte. Aus dem Kircheninnern ertönte Bruder Waldrams Stimme. Sie drehte sich um und kniete sich hin.

„Domine labia mea aperies ...", erklang es. Fein und zart war auch Rachilds Stimme zu vernehmen. Vuiberats Lippen blieben geschlossen. Bruder Waldram hatte eine volle, tiefe Stimme. Das Amen verklang schneller, als sie es erwartete. Reglos blieb sie knien. Die Kälte kroch durch ihre Knie die Beine hoch. Als sie ihre Füße nicht mehr spürte, erhob sie sich, schlug auf Beine und Knöchel, bis das Blut wieder hindurchfloss. Dann faltete sie die Hände.

„Uuerde uuillo diin", flüsterte sie und trat zur Maueröffnung. Weder Mond noch Sterne waren zu sehen.

„Wendilgard", rief sie. Die Mitschwester antwortete sogleich. Aus Rachilds Klause konnte sie Geräusche vernehmen, sie würde sich an die Maueröffnung stellen und ihnen zuhören.

Seit Pfingsten war Wendilgard unruhig. Anschließend hatte sie Relinginds Besuch aufgewühlt. Im Sommer, als ihnen die ersten Zwetschgen gereicht wurden, hatte Wendilgard nichts mehr essen wollen, nur die Pilger stumm angestarrt.

„Du bist nun ein Jahr eingemauert", sagte Vuiberat. Von Wendilgards Seite horte sie keinen Laut. Die Gräfin hatte ihre Söhne verlassen, ihr Land in die Hand eines Verwalters gelegt. Ihre beiden Dienerinnen schliefen bei Kebini und standen Tag für Tag vor ihrer Klause. Nach Maria Himmelfahrt waren sie an Vuiberat herangetreten und hatten ihr zugeflüstert, dass sie sich Sorgen um ihre Herrin machten. „Beten wir", hatte Vuiberat geantwortet. „Der Herr kennt den Weg."

Nun waren die Kräuterstauden geschnitten. Die Äste der Apfelbäume beugten sich unter ihrem Gewicht. Bald würde der Wind schneidend durch ihre Maueröffnungen wehen. Und Wendilgard würde wiedererkennen, dass die Kohle nicht für die ganze Nacht reichte.

„Du warst standhaft in deinem Glauben", sagte Vuiberat.

Bald würde die Zeit kommen, in der die Wassertropfen an den Mauern zu Eis erstarrten, und sie bebend vor Kälte nicht mehr schlafen konnten. Die Zeit, in der sie sich am Morgen mit Ruten schlagen mussten, bis sie bluteten, um die Füße wieder zu spüren. Die Zeit der Dunkelheit, in der man sich so gerne hinlegen und nie mehr aufstehen wollte.

„Es ist an der Zeit, dass du in dein altes Leben zurückkehrst", sagte Vuiberat und starrte in den düstern Himmel. Wendilgard war stark und weise. Sie würde eine gute Gräfin sein.

Sie hörte ein Schluchzen und wischte sich die eigenen Tränen aus dem Gesicht.

11 Winter Anno Domini 925/ 926

Es donnerte. Die Tür bebte. Das unruhige Licht der Fackeln huschte über die erstarrten Glieder. Vuiberat konnte den Rauch riechen, hörte die Schreie. Warum schrien sie? Sie waren doch tot. Da spürte sie die Hand ihrer Muhme an ihrem Nacken. Der raue Stoff kratzte an ihren Wangen. Beten! Sie sollte beten. Doch als sie ihren Mund öffnete, drang der trockene Stoff hinein, kratzte in ihrer Kehle, stopfte ihr den Mund. Sie riss sich hoch und erblickte die Flammen, wie sie sich ins Pergament fraßen.

Vuiberat schreckte hoch, schüttelte sich. Die Kälte der Nacht legte sich über sie, sie war dankbar darum. Zitternd strich sie sich die Haare aus dem Gesicht.

„Vuiberat?", konnte sie Rachilds Stimme vernehmen.

Vuiberat antwortete mit ein paar beruhigenden Worten, legte sich hin und zog sich das Fell bis über die Schultern. Es war ein Traum gewesen. Gallus war nicht vorgekommen – nur ein Traum. Wenn sie die Augen schloss, schossen die Flammen hinter ihren Lidern in die Höhe, leckten an den Holzdeckeln der Bücher, fraßen sich durch das Pergament. Sie vernichteten Sein Wort. Sie fuhr sich über die Stirn, wischte mit den Händen durch die Luft. War der Widersacher am Werk?

„Ihr müsst es Abt Engilbert berichten", insistierte Vuiberat. Bruder Waldram blickte sie zweifelnd durch das Holzgitter an. Seine Haare waren grau geworden, die Falten in der Stirn tiefer. Als Abt Hartmann gestorben und Engilbert zum Abt gewählt worden war, hatte er noch gehofft, wieder so bedeutend zu werden wie unter Salomo. Aber Engilbert ließ ihn weiter Leutepriester in Sante Mangen sein – und ihr Beichtvater.

„Glaubt Ihr mir nicht?“, fragte sie. Bruder Waldram wich ihrem Blick aus.

„Denkt an all die Bücher, das Wort des Herrn!“, rief Vuiberat, packte das Holzgitter und stieß fast das Kohlebecken neben sich um. Wenn Waldram nichts tat, würde sie Hitto schicken, oder Kebini, selbst Pertherad. Sie waren fett und faul geworden da draußen.

„Der Heilige Gallus selbst sprach ein Schutzgebet über diese Stätte. Das Kloster steht unter seinem Schutz“, entgegnete Waldram.

„Das Kloster wird brennen!“, rief Vuiberat. Erschreckt ließ sie das Gitter los. Nein, es war nicht der Widersacher, der ihr diese Worte auf die Zunge legte. Aber sie sollte besonnen bleiben. Wie konnte sie die Mönche überzeugen?

„In seiner dreihundertjährigen Geschichte ist das Kloster noch nie geplündert worden“, beharrte Waldram auf seiner Meinung.

„Die Barbaren kümmern sich nicht um Gallus‘ Segen. Diesmal werden sie angreifen!“, insistierte Vuiberat, fast war es, als hörte sie das Knistern der Flammen. Gerne hätte sie ihren Beichtvater am Habit gepackt, aber das Holzgitter hinderte sie daran. Die Mauer – ihre Haut – ihr Wort musste die Mauer durchdringen.

„Die Ungarn sollten schon seit dreißig Jahren kommen. König Heinrichs Heer ist mächtig und Herzog Burchard würde ...“ Waldram stockte. Herzog Burchard war in der Langobardia gefallen. König Heinrich würde einen seiner Vasallen einsetzen und bis der in Alemannien seine Stellung erkämpft hatte, konnten die Ungarn im Herzogtum frei wüten. Vuiberat blickte ungeduldig durch das Gitter, das hatte sie eben dem Mönch erklärt.

„Da fällt mir gerade ein“, sagte Waldram, „Herzogin Relingind hat den goldenen Kelch zurückgeschickt.“

„Den Kelch, der Abt Hartmann hier im Kloster ihrem Gatten überreicht hatte?“

„Ja, und die geraubten Lehen hat sie dem Kloster wieder überschrieben. Sie befindet sich auf dem Weg zu König Heinrich.“ Waldram nickte ihr anerkennend zu. Seit sie damals den Herzog getadelt und vor dem Volk beschimpft hatte, achtete er sie.

Jetzt aber schüttelte Vuiberat den Kopf. Weder hatte sie an Relingind gedacht, noch für sie gebetet. Die Herzogin würde für ihre Söhne einstehen und vielleicht - wenn der Vasall, den Heinrich einsetzte, ledig war ... Auch Heinrich wusste, dass man den Alemannen dank einer Heirat mit einer Alemannin einen fremden Herzog schmackhaft machen konnte. Aber dies hatte alles keine Bedeutung, wenn die Heiden kamen.

„Sie wird auf ihrer Reise eher in Buchhorn absteigen als hier im Kloster“, sagte Bruder Waldram und blickte sie eindringlich an. Vuiberat verstand den Hinweis. Gräfin Wendilgard hatte wieder geheiratet und ihr im letzten Herbst stolz ihren jüngsten Sohn gezeigt. Der Abt wünschte sich wohl, dass sie über die Gräfin der verwitweten Herzogin etwas ausrichtete. Sie winkte ab. Die Mönche hatten den Blick für die wahre Gefahr verloren.

„Salomo würde die Bücher in Sicherheit bringen“, sagte sie und ließ ihre Worte wirken. „Geht und berichtet nun Engilbert!“

Bruder Waldram blickte sie düster an. „Es ist Winter“, sagte er.

„Ob Winter oder Sommer“, antwortete Vuiberat, „die Barbaren werden kommen.“

Abt Engilbert schüttelte den Kopf. Vuiberat konnte es durch das Gitter gut erkennen. Hitto stand hinter ihm im Kircheninnern. Auch Kebini hatte Vuiberat dabeihaben wollen. Diese kauerte neben dem Hagioskop. Sie würde Pertherad alles haarklein erzählen, was hier gesprochen wurde.

„Seit Jahrhunderten lagern hier die größten Kostbarkeiten des Abendlandes unter Gallus‘ Schutz ...“, fing Engilbert an.

„... und Gallus hat mir offenbart, dass diese Kostbarkeiten in Gefahr sind“, wiederholte Vuiberat.

„Ihr verlangt zu viel“, sagte der Abt, „wo sollen wir im Winter hingehen? Und all die Bücher, die Kreuze, die Behältnisse mit den Toten- und Verbrüderungsverzeichnissen, die Reliquien des Heiligen Gallus, die Reliquien des ...“ Engilbert stockte, als würde ihm erst jetzt bewusst, was sie verlangte. „Die Wege sind vereist und zugeschneit, kein Karren kann sie passieren.“

„Ich sehe die Schriften jede Nacht in Flammen aufgehen“, insistierte Vuiberat. „Wollt Ihr das?“

Engilbert winkte ab. „Selbst die Ungarn werden irgendwo ein Winterquartier aufbauen“, erklärte er.

„Die Ungarn wissen, welche Schätze ihr hier im Kloster hortet. Wollt ihr die den Flammen preisgeben?“, fragte sie.

Der Abt warf einen Blick zu Hitto hinüber und antwortete: „Wir werden darüber beraten.“

Vuiberat schüttelte den Kopf. Sie hatten keine Zeit, weder zu beraten noch zu beten. Das Wort Gottes, hier hundertfach niedergeschrieben, vervielfältigt und mit den schönsten Kostbarkeiten verziert, durfte nicht zerstört werden!

Sie zog ein brennendes Scheit aus dem Kohlebecken, unterdrückte ein Stöhnen, als sich ihre Finger an dessen Glut versengten.

„Alles wird brennen“, rief sie laut und blickte Engilbert in die Augen.

„Vuiberat“, rief Hitto warnend. Aber sie hatte mit ihrer freien Hand schon ihr Kopftuch runtergezogen, ihre Haare fielen ihr ins Gesicht.

„Alles!“, rief sie und hielt die Flamme unter ihr Haar. Kebini schrie auf.

„Wir werden dem Bischof und dem Kloster auf der Reichenau schreiben“, sagte Engilbert rasch. Hitto brüllte etwas, griff am Abt vorbei ans Gitter, rüttelte daran. Vuiberat starrte in Engilberts Antlitz, roch ihr versengtes Haar, hörte das Knistern. Ihre Finger brannten, brannten so wie die Bücher des Herrn. Die Hitze verschlug ihr den Atem.

„Wir können die Waldfeste bei Bernhardzell verstärken, die, um die die Siterunam fließt“, rief der Abt. Vuiberat schleuderte das Scheit ins Kohlebecken, warf sich gegen die feuchte Mauer. Es zischte, als die Glut der versengten Haare erstickte. Hitze und Schmerz durchzuckten sie. Rauch drang in ihre Nase.

„Sein Wort“, flüsterte sie. „Ihr müsst Sein Wort retten.“

Engilberts Mund war offen. Er nickte wie in Trance. „Das werden wir tun“, stotterte er. Kebini war schon aufgesprungen und rannte davon. Hoffentlich würde sie eine Heilsalbe bringen. Vuiberat zitterte. Schweiß bildete sich auf ihrer Stirn. Brust und Finger brannten.

Hitto trat an die Öffnung heran, blickte sie mit aufgerissenen Augen an. „Siehst du in deinen Träumen“, fragte er, „wann genau die Barbaren ...“

„Nein“, keuchte sie, verschluckte sich und hustete. „Ich sehe es nur brennen, alles brennt.“

Hitto war schon lange nicht mehr in Sante Georien gewesen. Er hatte von dem Wall gehört, der das Anwesen nun umschloss: Zwei Hütten, den Stall und die Kapelle.

Pertherad stellte ihm einen Becher mit dampfendem Wein hin. Das Bärenfell, das er ihr einmal geschenkt hatte, hing ihr über die Schultern. Lachend rannte Mundawulfa mit zwei weiteren Kindern durch den Raum.

„Sie ist ganz außer sich", sagte er.

„Es geht um ihre verehrten Bücher", antwortete Pertherad und setzte sich. „Kann Vuiberat sehen, wann die Ungarn kommen?"

Hitto schüttelte den Kopf. Vuiberat konnte gar keine klaren Angaben machen, nur dass sie sogleich alle Bücher und sich selber in Sicherheit bringen müssten. Er zog seinen Umhang enger um sich.

„Jetzt im Winter ...", sagte er. Die Barbaren brandschatzten im Winter nicht. Vuiberat war schon so lange eingeschlossen, vielleicht wusste sie gar nicht mehr, wie das Leben hier draußen vor sich ging.

„Wie könnt ihr ihre Warnung in den Wind schlagen!", rief Pertherad. „Alle ihre Ratschläge und ihre Visionen haben sich bewahrheitet."

Hitto nickte zögerlich. Engilbert hatte Handwerker zur Waldfeste geschickt, um deren Wälle zu verstärken. Auch Dagolf, Kebinis Geliebter, war darunter. Aber mehr konnten sie nicht tun.

„Wir müssten hunderte von Büchern zu Fuß über die Hügel in die Waldfeste tragen, wo es feucht und kalt ist. Darunter die edelsten Schriften des Abendlandes mit Elfenbein und Gold verziert. Die meisten meiner Mitbrüder sind geschwächt und krank. Und bald haben wir Fastenzeit."

Pertherad zuckte die Schultern.

„Vuiberat lässt dir ausrichten, dass ihr euch auch in die Feste begeben sollt", sagte Hitto.

„Wir?", rief Pertherad ungläubig.

Hitto blickte sie nachdenklich an. Wenn die Barbaren kamen, würden sie die Frauen in Sante Georien kaum in Ruhe lassen.

„Man erzählt sich, dass die Heiden mit Vorliebe Nonnen schänden", sagte er.

„Wir sind keine Nonnen!", brummte Pertherad. Hitto schüttelte den Kopf. Die Ungarn würden kaum auf religiöse Spitzfindigkeiten eingehen.

„Ich möchte auch, dass ihr flieht", er blickte sie bittend an. Weder das Kreuz, noch aufgehängte Wolfskadaver konnten die Frauen hier oben vor den Barbaren schützen.

12 Frühling Anno Domini 926

„Wir müssen Inventar machen. Wir müssen genau auflisten, welche Bücher wohin gebracht werden!".

Hitto hob ein weiteres Paket auf den Karren, blickte kurz zum Bibliothekar hinüber, der mit dem Abt diskutierte.

Seit zwei Tagen waren die Wege schneefrei. Gestern waren die Klosterschüler und Greise losmarschiert in Richtung Wasserburg beim Bodemsê. In ihrem Gepäck geräucherter Speck und ihre Gebrauchsbücher. Heute sollten die Karren mit den Bibliotheksbüchern zur Insel Richenouwi losfahren.

„Wir zählen die Bücher, das reicht", antwortete Engilbert harsch, legte zur Bestätigung seine Hand auf den Schwertknauf. Hitto wandte den Blick ab. Ein bewaffneter Abt, seit Engilbert das Schwert trug, war er herrischer geworden.

An der Esse wurden Wurfspieße geschmiedet. Schleudern wurden geflochten, selbst Bretter und Weidekörbe dazu umfunktioniert. Speere und Knüppel härtete man am Feuer. Engilbert traute seinen Ministerialen nicht. Das Kloster rüstete sich.

„Die Mönche auf der Richenouwi werden unsere Bücher nicht mehr zurückgeben", fing der Bibliothekar an.

„Ruhe!", donnerte Engilbert. Hitto hastete seinen Brüdern Richtung Bibliothek hinterher. Die Ungarn hatten Augsburg belagert und dann aufgegeben. Nun zogen sie plündernd in kleinen Schwärmen durch Alemannien.

Wenn die Barbaren nicht gerne Festungen belagerten, müsse man dort Zuflucht suchen, hatte Engilbert entschieden. Die Mönche des Klosters Richenouwi hatten versprochen, die Bücher von Sante Galle bei sich aufzunehmen und dann alle Schiffe zu verbrennen, damit man die Insel nicht erreichen könne. Auch auf der Wasserburg wollte man so verfahren. Und die Waldfeste auf der Halbinsel bei Bernhardzell wurde dort verstärkt, wo die Siterunam nicht einen natürlichen Wassergraben bildete. Hitto warf einen Blick um sich, bevor er das Scriptorium betrat. Der Wall um das Kloster war viel zu niedrig, die Barbaren würden ihn ohne Schwierigkeiten überwinden.

Die Schreibstube lag verwaist da. Hitto wollte den Stich nicht spüren, der ihm der Anblick bereitete. Selten hatte er sich hier aufgehalten, hatte auch nie über das schwache Licht, die schmerzenden Augen und den gebeugten Rücken klagen müssen wie seine Mitbrüder. Seine Buchstaben waren immer eckig gewesen, die Rundungen und den Schwung hatte er nie beherrscht und so als Schüler oft den Stock auf dem Rücken gespürt. Trotzdem hatte er in der Stube durch das Formen der Buchstaben die Nähe zum Ewigen erfahren, zu etwas Höherem, Heiligen, wie es die Schwester verehrte, wie er es beim Singen wahrnahm.

Die Regale in der Bibliothek waren leer. Waldram stand auf einem Schemel und strich fast liebevoll über den Holzdeckel eines Psalters. Ein Bruder nahm ihm das Buch entschlossen aus der Hand, legte es auf einen Stapel und wickelte diesen in ein Wachstuch. Waldram blieb mit herunterhängenden Armen auf dem Schemel stehen und blickte ins Nirgendwo. Hitto hob einen Packen auf und eilte hinaus.

Draußen hörte er die Peitschen knallen. Das erste Ochsengespann zog an, begleitet von zwei Reitern und vier kräftigen Mönchen, die langen Spieße in den Händen, den 23. Psalm singend. Engilbert hatte sie eben gesegnet. Hitto verlangsamte seinen Schritt, legte das Bündel in einen Karren und trat zu einer Gruppe Mönche, die alle dem Gespann nachschauten. Wenn eine Achse brach oder ein Rad, würde der Verlust unermesslich sein. Er bekreuzigte sich.

Vuiberat stand in einem lichtdurchfluteten Raum, in schwindelerregender Höhe bogen sich die Pfeiler zur Decke. Sie hörte den Chor der Engel. Fast mühelos schwebte sie nach vorne zur thronenden Gestalt, beugte ihr Haupt. Eine Hand legte sich darauf. Wellen warmen Wassers schwappten durch ihren Körper, wuschen ihn rein. Als sie aufblickte, sah sie in das Gesicht Lothars. Das Erstaunen kräuselte nur ihre Oberfläche. Papst Johannes X. musste gestorben sein. Nochmals senkte sie ihr Haupt, spürte seine Hände auf ihren Schultern, ihren Armen. Das sanfte Rauschen des Wassers vermengte sich mit den hohen Stimmen der Engel. War sie schon angekommen?

Tränen benetzten Rachilds Gesicht. Sanft strich Vuiberat diese weg. Sie hatte das Antlitz der Betschwester seit Jahren nicht mehr gesehen. Nur ihrer Stimme gelauscht, auf ihre Fragen und ihren Dank geantwortet. Rachilds Haut war rein, das Haar kräftig. Nichts wies mehr auf die Krankheit hin, die sie vor Jahren aufs Lager geworfen hatte. Einzig die spitze Nase und die tiefen Augenhöhlen zeugten von ihrer Askese.

Hiltruda war vor wenigen Tagen vorbeigekommen. Um Chostinze brannten die Dörfer. Vuiberat hatte sogleich den Steinmetz rufen lassen. Sie hatte sich an die Kirchenmauer gedrängt, als die Männer ihre schweren Hämmer gegen die Mauer donnern ließen, die Hände auf ihre Ohren gepresst. Das dumpfe Krachen fuhr durch ihren Körper. Mörtel rieselte auf sie. Da trat sie in die Mitte ihrer Zelle, die Hände erhoben. Sie stimmte den 13. Psalm an und wenig später antwortete ihr Rachild.

Nun stand die Mitschwester vor ihrer Maueröffnung. Vuiberats Pilgerstab diente ihr als Stütze. Den Mantel eng um sich gezogen, als würde er die Mauer ersetzen. Mit zitternden Lippen, die Augen rot umrändert, hatte sie Vuiberats Segen empfangen. Vuillidrud, die Jüngere, stand mit einem Bündel daneben und blickte verwirrt von einer Frau zur anderen.

„Du wirst widerkehren", sagte Vuiberat. Rachild umklammerte den Stab, unterdrückte ein Schluchzen. „Achte darauf, dass immer eine hier unten weilt", sagte Vuiberat. „Nur so kann die Gemeinschaft in Sante Georien bestehen."

Rachild nickte, schluchzte nun trotzdem.

„Du kannst das Kreuz tragen“, sagte Vuiberat. „Ich weiß es.“

„Nein!“, schrie Rachild. „Nein!“ Sank in die Knie und umfasste den Grundstein der Mauer. Ihre Nichte blickte Vuiberat ängstlich an. Diese starrte zum grau verhangenen Himmel empor, verdrängte die Vorstellung, wie es wäre, wenn man sie der Mauer entriss.

Kebini kam herbeigeeilt, bückte sich, sprach auf Rachild ein. Mit Leichtigkeit hob sie die schmale Gestalt hoch und nahm sie zwischen sich und Vuillidrud. Kebini warf Vuiberat einen kurzen fragenden Blick zu. Dann zogen sie davon.

Vuiberat strich über ihren Arm, stellte ihr krumm gewordenes Bein ab und humpelte zur Bettstatt. Sie konnte ihre Zelle nicht verlassen.

„Sie meint, sie müsse irgendein Opfer bringen! Sie meint, weil die Bücher und wir in Sicherheit seien, müsse sie ausharren.“ Pertherad blickte ihn wütend an, als sei sein Gott wieder einmal schuld daran, dass Vuiberat sich weigerte, ihre Klause zu verlassen.

Hitto rückte Mundawulfas Tunika zurecht, drückte ihr ein kleines Bündel in den Schoß. Er hatte gehofft, dass Pertherad seine Schwester umstimmen könne.

„Ich werde zusammen mit Engilbert mit ihr sprechen“, sagte er und trat vom Karren zurück. Die Frauen hatten nicht viel Gepäck dabei. Einige Fellbündel, Töpfe und Tiegel, einen Sack mit Hühnern, die Schweine grunzten hinter dem Karren.

„Du wirst nicht ohne deine Schwester in die Waldfeste kommen!“ Pertherads drohender Ton war schwächer geworden. Hitto erkannte die Furcht in ihren Augen, bemühte sich, sein eigenes beklemmendes Gefühl in der Brust zu unterdrücken.

„Wir können sie gegen ihren Willen rausholen“, sagte er. Pertherad schnaubte.

Sie blickte an ihm vorbei in den Wald. Sie war schmaler geworden, vom Alter gebeugt. Das Haar war fast gänzlich grau. So wie seines.

„Häng um die Waldfeste keine toten Wölfe auf“, frotzelte er. Sie warf ihm einen kurzen Blick zu, lächelte spöttisch. In ihrem Gürtel steckten zwei Messer. Imma und weitere Frauen stützten sich stolz auf einen Speer. Plötzlich hingen seine Arme schwer hinunter, waren seine Beine steif. Dann zwang er sich, den ersten Schritt zu tun.

Hatte sie sich in seine Arme geworfen? Mager fühlte sie sich an, nicht mehr prall und voll, wie er sie in Erinnerung hatte. Seine Finger fuhren über ihr Haar, der Duft nach Ringelblumen hing noch immer an ihr.

Gerne hätte er ihr gesagt, dass sie auf sich aufpassen solle. Gerne hätte er ihr gesagt, dass er dafür bete, dass sie sicher in der Feste ankommen. Aber er wusste, dass sie das nicht mochte.

„Gott segne dich und euch“, flüsterte er in ihr Haar. Dann lösten sie sich voneinander.

Rasch trat er zur Seite. Sie hatten bloß einen Ochsen vor den Karren gespannt. Die Frauen würden das Gefährt am Hang stoßen müssen. Nur die Kinder und Rachild kauerten deswegen zwischen den Fellbündeln. Rachild hatte ihren Umhang eng um sich gezogen. Sie umklammerte einen Wanderstock, ihr Gesicht hielt sie hinter einer Kapuze versteckt. Falls er Vuiberat überzeugen konnte, ihre Mauern zu verlassen, würde er sie tragen müssen, nach so langem Eingesperrt-Sein würde sie kaum mehr weit gehen können.

Hinter den Frauen trottete der Gerber mit seiner Familie. Der Schmid und die Zimmerleute waren schon aufgebrochen. Kebini fehlte. Sie würde mit ihm, dem Abt und einigen Mönchen, die am Grab des heiligen Gallus beteten, ausharren. Engilbert zögerte immer noch, ob er die Gräber des Otmar und Gallus aufbrechen und ihre Knochen mitführen solle. Im Rat hatte man dies abgelehnt. Gallus und Otmar gehörten hierher, beschützten das Kloster. Und nach Berichten von Fliehenden ließen die Heiden die Toten in Ruhe, sie hatten es nur auf irdische Schätze abgesehen. Es blieb noch genug anderes zu tun. Aber wenn die Kundschafter das Nahen der Horden meldeten, würden sie das Kloster verlassen. Und Vuiberat?

Sie war kurz auf ihren Zubern eingenickt, schreckte hoch und blickte hinaus in den Sternenhimmel. Kebinis Hand hielt immer noch die ihre. Schon die ganze Nacht. Seit Tagen waren keine Pilger mehr vorbeigekommen. Nur verschreckte Flüchtlinge, denen Hitto den Weg zur Waldfeste erklärt hatte. Diese musste schon gänzlich überfüllt sein. Wenigstens hatten sie dank der Siterunam genug Wasser dort.

Vuiberat musterte den Horizont, der von den Bränden erhellt wurde. Sie lehnte ihren Kopf an den kühlen Stein, strich über Kebinis Hand. Sie hatten über ihre Mütter gesprochen, über den Fronhof, Hartlieb und sie alle. Nun fanden sie keine Worte mehr. Hitto würde bei Tagesanbruch vorbeikommen, mit ihm Engilbert. Beide würden sie sicherlich nochmals bitten, sie zu begleiten. Sie spürte den kühlen Stein an ihrer Wange. Danach wäre sie allein.

Ihre letzte Prüfung – ihre Lippen kräuselten sich. Seltsam, dass die da draußen so ein Getue darum machten. Sie hatte sich an den Ort gebunden – stabilitas loci. Unter Gottes schützendem Wort.

Kebini sackte kurz zusammen und schreckte hoch. Vuiberat umfasste ihre Hand fester. Da lehnte ihre Dienerin schon wieder an der Mauer und atmete regelmäßig. Sie benötigte den Schlaf. Morgen lag ein langer Fußmarsch vor ihr.

Ihre freie Hand griff an ihr Bußhemd, ihre Finger spielten mir den harten Haaren. Rau fühlten sich Mörtel und Stein unter ihrer Wange an. Ihre zweite Haut.

„Ein Käfer verlässt seinen Panzer nicht", hatte sie Hitto erklärt.

„Du bist kein Käfer, du bist ein Mensch", antwortete er.

„Ich habe es dem Herrn versprochen", erwiderte Vuiberat. Sie würde ihre Zelle nicht lebendig verlassen. „Dann bleibe ich auch", stieß er hervor. Sie schüttelte den Kopf, der Bruder war nicht an einen Ort gebunden. Er sollte den Herrn nicht herausfordern.

Der Herr nimmt und gibt. Sein Wort hatte sie so lange leben lassen. Die Zeit war da.

Sie tastete ihr Gehänge ab, löste den Kamm. Den Hornkamm mit der Kupferverzierung, den Walha ihr geschenkt hatte. Nun gehörte er Kebini. Der Schmid erwartete sie in der Waldfeste. Sie selbst würde keinen Kamm mehr benötigen.

Vuiberat kniete in der Klause. Das Rufen, die Schreie, das Torkeln der Betrunkenen und Knistern des Feuers, es war Teil ihres Psalms. Der Lärm außerhalb ihrer Mauer kam näher, den anschließenden Wortwechsel verstand sie nicht.

Da hörte sie die ersten Schritte auf dem Dach, hörte die Schläge und hielt die Augen geschlossen.

„Pater noster ..." Staub und Holzsplitter bröselten auf sie hinunter. „... sanctificetur nomen tuum." Es knallte. Wie von selbst duckte sie sich. Ihre Hände strichen über die eingestampfte Erde. War die Muhme schon weg?

„Veniat regnum tuum."

Schindelstücke prasselten zu Boden.

„Fiat voluntas tua, sicut in caelo, et in terra."

Lange hatte sie gewartet.

„Panem nostrum supersubstantialem da nobis hodie."

Eine Latte schlug auf ihre Schulter, sie fiel nach vorne, stützte sich ab. Wie von selbst wollte sie ihren Bußgürtel enger ziehen, unterließ es dann aber.

„Et dimitte nobis debita nostra,
sicut et nos dimisimus debitoribus nostris."

Sonnenstrahlen drangen durch die Decke, fielen auf die nackte Erde, auf ihre Hände. Jemand brüllte etwas.

„Et ne inducas nos in temptationem, sed libera nos a malo", rezitierte sie.

Die Zeit war da.

Kebini stand neben dem Tor, beobachtete, wie die Männer weitere Baumstämme übereinander hievten, ineinander verkeilten und so den Wall verstärkten. Lautlos war Rachild neben sie getreten. Den Mantel eng um sich geschlungen, die Kapuze ins Gesicht gezogen. Als sei sie gar nicht da, als wolle sie nicht da sein.

Kebini musterte den dunklen Wald hinter dem Wall. Tagelang hatten die Brände die Nacht erhellt, auch aus der Richtung, wo das Kloster lag. Wenn alles brenne, sei es ein Zeichen, dass sie abziehen, sagten die einen. Sie kehren wieder zu ihren geplünderten Orten zurück, sagten die anderen. Am Tag zuvor, am Fest zur Kreuzauffindung, waren Engilbert und Hitto mit mehreren bewaffneten Brüdern losgezogen, um nachzuschauen. Kebini drückte Vuiberats Kamm gegen ihr Herz. Wenn es irgendein Zeichen von der Herrin gäbe!

Sie schreckte hoch, als Dagolf neben sie trat und ihr einen Schlauch mit verdünntem Wein reichte. Dankbar trank sie daraus. Als sie ihn Rachild weiterreichte, schüttelte diese den Kopf. Kebini gab ihn zurück. Jahrelang hatte sie die wartenden Pilger vor der Klause betreut. Nun wartete sie selbst.

Dagolf stellte sich neben sie, eilte dann aber zu den Männern, half den Stamm zu stützen. Wenn die Barbaren hierherkämen, würden sie die Festung nicht preisgeben. Der Palisadenwall beim Fronhof kam Kebini in den Sinn. Sie bekreuzigte sich, hoffentlich hatten die Barbaren den Hof in Ruhe gelassen.

Wieder suchten ihre Blicke zwischen den Bäumen nach zurückkehrenden Mönchen. Einmal mussten sie kommen und von Vuiberat berichten.

Nachdem ihnen Engilbert die Nachricht übermittelt hatte, brachen seine Mitbrüder in Jubel aus, knieten sich hin und stimmten ein Dankesgebet an. Die Barbaren hatten die Siedlung um das Kloster abgebrannt, aber das Kloster war heil geblieben. Vorratskammer und Weinkeller waren geplündert. Fäkalien und Erbrochenes verschmutzten die leergeräumte Kirche. Aber alle Gebäude standen noch. Herumschweifende Krieger hatten die weiterziehenden Horden verfolgt und einen Gefangenen gemacht. Der habe berichtet, dass zwei Barbaren vom Dach des Glockenturms gefallen seien, als sie den goldenen Hahn vom Dach herunterholen wollten. Die Heiden hätten daraus gefolgert, Gallus sei ein Feuergott und beschütze das Kloster. Engilbert erhob beide Hände zum Gebet. Gallus und Otmar hatten ihnen ein Zeichen gesendet.

Hitto blickte sich um, suchte Kebini in der Menge, entdeckte sie, wie sie und Rachild sich an den Mönchen vorbeidrängten und trat ihnen entgegen.

Auch die Kirche des Heiligen Magnus hatten die Heiden stehen lassen. Den angebauten Klausen jedoch waren auf dem Dach die Schindeln eingeschlagen und verbrannt worden. Die Barbaren waren in Vuiberats Zelle, die während zehn Jahren verschlossen gewesen war, eingedrungen.

Kebini brach sogleich in Tränen aus und drückte Vuiberats Kamm an sich. Rachild stützte sie. Hitto schluckte, versuchte, das Zittern aus seiner Stimme zu drängen.

Auch er und Engilbert waren über das Dach in die Klause gestiegen. Seine Schwester lag in ihrem eigenen Blut, von den Barbaren erschlagen. Um den Leichnam vor wilden Tieren zu schützen, hatten sie sie sogleich gewaschen, die Totengebete abgehalten und begraben. An dem Ort, an den sie sich gebunden hatte. Engilbert hatte gelobt, hier ein Grabmal für sie zu errichten.

„Habt ihr gewusst, dass ihr Körper ..., ihr Bein ...“ Hitto suchte nach Worten. Vuiberats Körper war voller Wunden gewesen, aber auch voller Narben. Alte Narben. Ein Unterschenkel war ganz verkrümmt.

Rachild, die sanft über Kebinis Rücken strich, warf ihm einen warnenden Blick zu. Hitto nickte, sprach das Geheimnis seiner Schwester nicht aus. Sein Blick schweifte über die Menge. Er konnte Dagolf erkennen. Vuiberat hatte ihm aufgetragen, Kebini nochmals auf eine Heirat und eine mögliche Mitgift anzusprechen. Aber so wie er Kebini kannte, würde diese lieber ... sein Blick schweifte weiter. Endlich konnte er Pertherad ausfindig machen. An der Haltung, wie sie Mundawulfa an sich drückte, erkannte er, dass sie Kebinis Reaktion gesehen und verstanden hatte. Ihre Blicke trafen sich.

Engilbert verkündete, dass die Mönchsgemeinschaft in wenigen Tagen ins Kloster zurückkehren würde. Dort würden sie erfahren, ob ihre Mitbrüder in der Wasserburg und die Bücher auf der Richenouwi auch gerettet worden seien.

Pertherad würde mit ihren Frauen wieder nach Sante Georien ziehen. Niemand würde ihnen den Aufenthalt dort streitig machen. Sofern er Rachild richtig verstanden hatte, wollte sie wieder ihre Klause bewohnen und Vuiberats Erbe aufnehmen. Wenn er in Sante Mangen die Psalmen sang, würde ihre Stimme die seine begleiten.

Hitto legte seinen Arm um Kebinis Schultern und drückte sie an sich.

Schon wenige Wochen nach der Beerdigung erzählt man sich von ersten Wundern an Wiboradas Grab. Es entsteht eine erste Heiligenvita.

1047 wird Wiborada von Papst Clemens heiliggesprochen und als Schutzpatronin der Bibliotheken verehrt.

Wiboradas Vorbild fand während des ganzen Mittelalters Nachahmerinnen, die sowohl in St. Georgen als auch bei St. Mangen als Jungfrauen und Inklusinnen lebten. Die letzte bekannte Inklusin bei St. Mangen war Barbara Hornbogin, die dort 1509 starb. Im 16. Jahrhundert wurde in St. Georgen das Kloster St. Wiborada gegründet.

Personenverzeichnis Vuiberat

Name	Historisch verbürgt	Kommt in der Legende vor	
Albrich			Vuiberats Onkel, dem der Fronhof gehört
Atha		x	Vuiberats jüngere Schwester
Beata			Albrichs erste Frau
Berta			Halbfreie auf dem Fronhof
Bertram			Mitschüler Hittos, der für seine Vergehen nach Rom geschickt wurde.
Burchard II	x	x	Herzog von Schwaben, + 926
Cilia		x	Inkluse in Konstanz
Dagolf			Schmied in St. Gallen
Duomhard			Rompilger, Edelmann aus der Region Mainz
Erchanger	x		Alemannischer Graf, später Herzog von Schwaben, + 917
Engilbert	x	x	ab 925 Abt des Klosters St. Gallen
Feisthard			Mönch in St. Gallen, Vorsteher über das Laien-Infirmarium

Gaudentius			Priestermönch, Leiter von Vuiberats Pilgergruppe
Gertrud			Halbfreie auf dem Herrenhof, Sigrids Dienerin
Gisalja			Anhängerin von Vuiberat, Bewohnerin der oberen Klause
Hadamar		x	Vuiberats Vater
Hartlieb			Albrichs Sohn, Vuiberats Vetter; Erbe des Herrenhofs
Hartmann	x	x	Stellvertreter-Abt, Nachfolger von Salomo III, + 925
Hartmut			Mönch im Kloster St. Gallen
Hildigarda			Rompilgerin, Walhafrids Frau
Hiltruda		x	Rachilds Schwester
Hitto	x	x	Vuiberats Bruder
Imma		x	Kindsmörderin, Bewohnerin der oberen Klause
Irmina			Rompilgerin, aus der Region Mainz
Isenrich			Rompilger, Edelmann aus der Region Mainz
Kebeni		x	Vuiberats Dienerin

Konrad I	x		911- 919 König des Ostfränkischen Reiches
Marozia	x		Herzogin von Spoletto und Geliebte von Sergius III, 914-918 Senatrix von Rom
Mundawulfa			Pertherads Tochter
Notker Balbulus	x		Dichter und Mönch im Kloster St. Gallen, + 912
Otto			Rompilger, Schmied
Pertherad		x	Uneheliches Klosterkind, Haushälterin Hittos, später Dienerin von Vuiberat
Rachild	x	x	erste Inkluse nach Vuiberat
Relingind	x	x	Gattin des Herzog Burchards II
Salomo III	x	x	Bischof von Konstanz und Abt des Klosters St. Gallen, + 919
Sergius III	x		904 -911 Papst von Rom
Sieglind			Anhängerin Vuiberats, Bewohnerin der oberen Klause
Sigbert			Mönch in St. Gallen, Vorsteher des Scriptoriums

Sigmund			Rompilger, Händler um Konstanz
Sigrid		x	Vuiberats Mutter
Thomas			Mönch in St. Gallen
Vuiberat	x	x	Adelige Inkluse bei der Kirche St. Mangen, + 926, 1047 unter dem Namen Wiborada heiliggesprochen
Vuillidrud		x	Vuiberats ältere Schwester
Vuillidrud, die jüngere		x	Tocher von Vuillidrud
Waldram	x	x	Mönch im Kloster St. Gallen, Vuiberats Beichtvater
Walha			Rompilgerin aus der Region Mainz
Walhafrid			Rompilger, Händler und Gatte von Hildigarda
Wendilgard	x	x	Gräfin von Buchhorn, Gattin des Grafen Ulrich V von Buchhorn und Inkluse
Wilfrid			Aus dem Hause Freiklingen in Konstanz, Vuillidruds Gatte
Winithar			Rompilger, Schmied

Zeittafel Vuiberat

	St. Gallen, Alamannien und Bistum Konstanz	Ostfränkisches Reich und Rom
890	Bischof Salomo III (Alaholfinger) wird Abt von St. Gallen	
891		
892		
893		
894		
895		
896		
897		Leichensynode in Rom: Die Leiche von Papst Formosus wird ausgegraben, von Papst Stephan VI verurteilt und in den Tiber geworfen. Ein Erdbeben zerstört die Lateranbasilika
898		
899		Der römische Kaiser und König des Ostfrankenreiches Arnolf von Kärnten stirbt. Die Lombardei wird von den Ungaren überfallen.
900	Abtbischof Salomo III wird Berater von Ludwig dem Kind	Ludwig das Kind, der Sohn von Arnolf von Kärnten, wird mit 6 Jahren König des Ostfrankenreiches. Die Ungaren bedrohen Bayern und Mähren. Mehrere Päpste, deren Legitimität unklar ist, wechseln sich mit Gegenpäpsten ab.
901		
902		
903		

904		Sergius III wird Papst Marozia heiratet den Markgraf von Spoleto.
905		Kaiser Ludwig III wird von Berengar geblendet Hatto von Mainz reist nach Rom
906		
907		Schlacht von Pressburg, die Ungarn gewinnen gegen Ludwig das Kind (AA 908)
908	Die Kirche St. Mangen wird von Salomo geweiht.	
909	Salomo wird Kanzler für Ludwig das Kind. Pfäfers wird von Salomo eingenommen	
910	Graf Burchard I und sein Bruder Adalbert (Hunfridinger) gründen ein eigenes Herzogtum Alemannien.	
911	Burchard I und sein Bruder werden von Salomo III des Hochverrats angeklagt und hingerichtet, ihre Kinder werden verbannt. Konrad I besucht an Weihnachten St. Gallen und feiert mit Salomo III zusammen.	Ludwig das Kind stirbt. Neuer König wird Konrad I. Anastasius III wird Papst
912	Tod Notkers des Stamlers, Poet und Bibliothekar des Klosters	
913	Salomo wird von Pfalzgraf Erchanger wegen Land- und Machtstreitigkeiten gefangen gesetzt, aber bald befreit.	Der Alaholfinger Pfalzgraf Erchanger zerstreitet sich mit König Konrad I, zur Versöhnung vermählt er seine Schwester Kunigunde mit Konrad I. Lando wird Papst
914	Das Kloster St. Gallen distanziert sich immer mehr	Johannes X wird Papst

	von Abtbischof Salomos Politik, die gegen den Adel und für die Interessen des Königs fungiert.	Marozia wird Senatrix und bestimmt die Papstfolge, bis sie 932 von ihrem Sohn abgesetzt wird
915	Erchanger und Burchard II kehren aus ihrer Verbannung zurück. Erchanger schlägt die Ungarn beim Inn, verbündet sich gegen König Konrad I und wird zum Herzog von Schwaben ausgerufen.	Berengar wird von Johannes X zum Kaiser gekrönt.
916	In der Synode von Hohenaltheim wird Erchanger und Burchard zur Klosterhaft verurteilt. Abtbischof Salomo III kann Regeln zu Gunsten der Kirche durchsetzen. Rudolf II von Hochburgund expandiert nach Osten ins Herzogtum Schwaben (Basel, Zürich werden erobert) Inkludierung von Vuiberat an die Kirche St. Mangen.	
917	Erchanger wird im Januar hingerichtet. Burchard II wird vom alemannischen Adel zum Herzog ernannt. Er erhebt sich und nimmt Erchangers und klösterliche Besitztümer an sich.	
918		
919	Salomo stirbt, Noting wird Bischof Pfäfers wird wieder ein selbständiges Kloster. Schlacht bei Winterthur Burchard II gewinnt gegen Rudolf II von Hochburgund. Der Thur- und Zürichgau kommen zum Herzogtum Schwaben zurück.	Heinrich I (Liudolfinger) wird König des Ostfränkischen Reichs. Herzog Burchard anerkannt ihn, um Hilfe gegen die Hochburgunder zu bekommen.

920		
921		
922	Rudolf II heiratet Burchards Tochter Berta, damit zwischen Schaben und Hochburgund Frieden herrscht. Hartmann wird Abt	
923		
924		
925	Engilbert wird Abt	
926	Die Mönche evakuieren das Kloster und nehmen die Bücher mit. Das Kloster St. Gallen wird von den Ungarn überfallen und geplündert. Die Inkluse Vuiberat wird erschlagen. St. Gallen wird dem König als Schutz unterstellt, nicht mehr dem Herzog.	Tod von Herzog Burchard Hermann I wird Herzog von Schwaben (vom König eingesetzt, nicht vom Adel gewählt). Er wird Relingind, Burchards Witwe, ehelichen.

Glossar

Evangelistar	Buch, in dem festgehalten wird, an welchem Tag welcher Teil aus welchem Evangelium gelesen wird
Gehänge	Die Alemanninnen hingen ihre wichtigsten Utensilien an den Gürtel und nannten diese Gehänge.
Hagioskop	Kleines Fenster von der Klause der Inkluse ins Kircheninnere.
Horen	Stundengebete, auch Offizium genannt, nach denen der Tag aufgeteilt wurde: Laudes, Prim, Terz, Sext, Non, Vesper Komplet, Vigil
Infirmarium	Ort, an dem Kranke gepflegt wurden
Kebse	Nebenfrauen bei den Alemannen, später ein Synonym für Hure
Komplet	Nachtgebet, mit dem der Tag beendet wird
Laudes	Stundengebet zum Sonnenaufgang
Ministeriale	Krieger des Klosters

Moniale	Frauen, die in klösterlichen Abgeschiedenheit leben, jedoch nicht das Gelübde abgelegt haben
Muhme	Tante, Schwester der Mutter
Nachen	Ruderboot
Non	Kleine Hore, die ca. um 15.00 gebetet wird.
Principes	Synonym für Herzog
Rocken	Utensil für das Spinnen. Stab oder Rohr, auf dem die vorbereiteten Fasern aufgewickelt werden, um beim Spinnen zu Garn verarbeitet zu werden. Die Spinnerin klemmt sich den Rocken unter den Arm und hat so beide Hände frei.
Sax	Einschneidiges kurzes Schwert
Sext	Stundengebet zur Mittagszeit
Scriptorium	Raum im Kloster, in dem geschrieben wurde
Terz	Kleine Hore, die zur dritten Stunden (ca. um 9.00) gebetet wird.
Vesper	Hore, mit der die Arbeit des Tages beendet wird. Der Sonntag und die Hochfeste beginnen am Vorabend mit der Vesper.
Vigil	Stundengebet in der Nacht auch Mette genannt
Weinsieb	Utensil der Freifrauen, um den mit Kräuter angereicherten, gekochten Wein zu filtern

Ortsverzeichnis

Namen im Roman	Namen heute
Abbazelle	Appenzell
Bussenanc	Bussnang
Bodemsê	Bodensee
Bregenze	Bregenz
Casetze	Casaccia
Chostinze	Konstanz
Genua	Genua

Gunkels	Kunkelspass
Karinthia	Kärnten
Klevene	Chiavenna
Kure	Chur
Lindouwi	Lindau
Lombardia	Lombardei
Moguntia	Mainz
Meilan	Mailand
Pfevers	Pfäfers
Richenouwi	Reichenau
Rîn	Rhein
Rôme	Rom
Sante Gallen	St. Gallen
Sante Georien	St. Georgen
Sante Mangen	St. Mangen
Seckinga	Säckingen
Septemen	Septimer
Stamheim	Stammheim
Steinaha	Steinach
Siterunam	Sitter
Tuggun	Tuggen
Tumlesc	Domleschg
Turgouwi	Thurgau
Wintartura	Winterthur
Zurichgouwi	Zürichgau

Karte vom Weg der Wiborada

1 Sante Gallen, 2 Marstettin – Märstetten, 3 Chostinze – Konstanz, 4 Bregenz, 5 Pfevers – Pfäfers, 6 Cazis, 7 Casetze – Casacia, 8 Klevene – Chiavenna, 9 Meilan – Mailand, 10 Genua

———	heutige Landesgrenzen
———	Gewässer
———	Pilgerweg

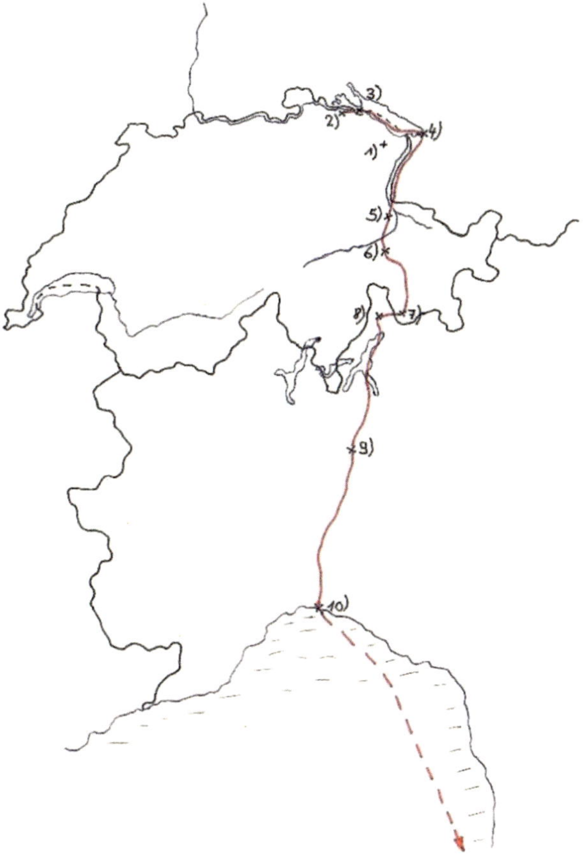

Dank

Ein großes Dankeschön gehört Andreas Friedli, der immer ein offenes Ohr für mein Projekt hatte, tatkräftig recherchierte und mir zeigte, dass man bedenkenlos Fachleute anfragen kann. Zudem hat er das Manuskript als erster gegengelesen.

Ich danke This Fetzer, für die Angaben und Rekonstruktion der Ortsnamen. Auch den Mitarbeitern der Stiftsbibliothek St. Gallen, die meine Fragen zu Details beantworteten, gebührt ein grosser Dank.

Zudem danke ich den Autorinnen und Autoren des Tintenzirkels, die mich bei der Entstehung der Geschichte unterstützten. Vor allem Isabella Benz, die sich immer wieder mit dem Ablauf beschäftigte.

Mein Dank gehört auch den Mitarbeitern des Campus Galli, die mir Einsicht in die Bauweise und Tuchherstellung des 10. Jh. gegeben haben.

Susanne Mathies danke ich für das kritische Überprüfen des Manuskriptes und dem IL-Verlag, dass der Roman ein Zuhause gefunden hat.

Und vor allem danke ich Roland Ochsner, der mit mir Wiboradas Pilgerweg unter die Füsse nahm und mich bei den Höhen und Tiefen der Entstehung dieses Buches begleitete.

Dorothe Zürcher